법률의 지평 특별호

이 공 현

공화와 공론

법무법인[유] 지평

박영사

축사

　이공현 변호사님의 고희를 기념해 문집을 준비했다. 『법률의 지평』 특별호로 발간되는 이 책의 제목은 '공화와 공론'이다. 이공현 변호사님이 늘 강조하던 화두이다.

　공화(共和). 대한민국은 민주공화국이다(헌법 제1조 제1항). 그동안 공화는 민주보다 무시되거나 소홀히 다루어졌다. 독재와 싸우던 시대, 권력에 맞서던 상황에서는 민주가 중요했지만, 이젠 공화의 의미를 새겨야 할 때다. 개인주의와 자유주의가 깊이 자리 잡으며 사회는 양극화되고 갈등은 첨예해졌다.

　공화의 어원은 라틴어 '레스 퍼블리카'(res publica, 공공의 것)다. 자유주의가 개인이 공동체 이전에 존재한다는 정신에 기반한 것이라면, 공화주의는 개인이 공동체와 함께 존재한다는 세계관에 기초한다. 자유주의가 서구적이라면 공화주의는 동양적이다. 주관과 객관을 뚜렷이 분리하는 서구적 세계관과 달리, 동양적 세계관은 주관과 객관이 결합되고 하나로 연결된다.

　공론(公論). 여럿이 의논한다는 뜻이다. 공론은 공화의 메커니즘이다. 공동체는 공론을 통해서 공화에 이른다. 우리는 이념과 계층, 세대와 성별 간 갈등과 분열이 깊다. 다름을 존중하기보다는 배격하고, 차이를 좁히기보다는 대화를 거부한다. 다양성은 실종되고 공동체는 분열되어 있다. 갈등과 대립을 해소하는 메커니즘, 즉 공론의 과정이 작동하지 않기 때문이다.

　코로나 19는 인류와 사회를 돌아보게 했다. 자유주의와 개인주의로는 인류의 위기를 헤쳐나갈 수 없다는 것을 실감하게 했다. 공화와 공론이야말로 이 위기를 극복할 열쇠이다.

　지평은 '사회에 공헌하는 법률가 공동체'를 지향한다. 법률 '회사'가 아니라 '공동체'이다. 이 공동체의 앞에는 이공현 변호사님이 계신다. 공동체의 조화가 무엇인지, 공론은 어떻게 형성되는지 몸소 보여주신다. 사리보다는 공리를 늘 앞세우신다. 권위가 아닌 수평적 토론으로 해결책을 찾는다. 누구에게든 밝고 따뜻하게 인사하시고 후배의 방에 찾아와 토론하신다. 그와 함께 하는 동안 우리는 행복하다. 이공현 변호사님의 건강과 평화를 기원한다.

대표변호사 **임성택**

발간사

　지평이 발간하는 책자인 "법률의 지평"은 이번에 이공현 대표님을 위한 특별호로 "공화와 공론"을 발간하게 되었습니다.

　이공현 대표님과는, 대표님이 최종영 대법원장 비서실장으로 근무하시던 1999. 9. 제가 법원행정처 법정심의관으로 발령받으면서 처음 인연을 맺었고, 2004. 대법원 부장 재판연구관으로 부임하자 당시 법원행정처 차장으로 계시던 대표님을 다시 만나게 되었다가 지금 지평에서 재차 모시게 되어 그 인연이 깊다 할 수 있습니다.

　지평은 2000년에 창립한 이래 도약과 성장을 거쳐 현재 확장기에 접어들었다고 할 수 있는데, 지금도 꾸준히 다수의 프로를 영입하여 규모를 확대하고 디지털혁신팀, ESG센터, 중대재해대응센터 등 신분야에 선제적으로 대응하고 있으며, 2022. 2. 21. 본사를 이전하여 "숭례문－서울역 시대"를 역동적으로 열어가고 있습니다.

　"법률의 지평"은 2019년부터 매년 발간하여 올해까지 4호가 발간되었는데, 이번에는 4호의 발간에 더하여 이공현 대표님을 위한 문집으로 "공화와 공론"이라는 특별호를 내게 되어 그 의미가 남다릅니다. 특별호는 제목에서 알 수 있다시피 이공현 대표님이 추구하는 철학을 짐작할 수 있는 내용들로 꾸며졌는데, 먼저 이공현 대표님과 사봉관 변호사의 대담을 시작으로 헌법행정팀 소속 변호사들의 칼럼을 거쳐 다양한 헌법행정분야에서의 쟁점을 깊게 연구한 논문이 다수 실려 있어 참고할 내용이 많습니다.

　"공화와 공론"의 발간은, 지평이 추구하는 "믿고 맡길 수 있는 로펌", "탁월한 고객경험을 제공하는 로펌", "차별적 고객가치 실현" 및 "친밀한 고객관계 유지를 최우선으로 하는 로펌"을 실현하기 위한 노력의 일환으로서 지평의 비전을 달성하는데 크게 기여할 것이라 생각합니다.

끝으로, 업무로 바쁜 와중에도 시간을 내어 훌륭한 글을 써 주신 이공현 대표님을 비롯한 집필진 모두와 출판을 위해 고생하신 지평의 모든 관계자들의 노고에 경의를 표하고, 수고 많았습니다.

대표변호사 **윤성원**

차 례

전 문

칼 럼

논 문

전 문

대담

이공현 · 사봉관

질의자: 사봉관, 답변자: 이공현, 정리: 유현정

[들어가며]

오늘 대담을 준비하기 위해 대표님에 대한 기존 인터뷰를 조금 찾아보았는데, 2007년 신동아 인터뷰, 2011년의 중앙일보 이철희 선임기자 인터뷰가 있었습니다. 그 내용이 모두 인상적이지만, 이철희 선임기자 인터뷰에는 대표님이 좋아하는 음식, 즐겨 입는 양복, 즐겨 신는 구두 같은 개인적인 취향에 대한 언급이 있어 흥미로웠습니다. 아직도 '빨질레리' 정장을 즐겨입으십니까?

'빨질레리' 정장이 없어졌습니다. 현대백화점 안에 있는 매장이 철수해서… 2007년 신동아 기자가 마음먹고 특집을 꾸렸습니다. 2011년 무렵은 퇴임하면서 5~6군데에서 인터뷰를 했습니다. 2017년 에는 사법농단 관련해서 경향신문에서 인터뷰한 적도 있습니다. 블랙리스트 의혹을 규명하기 위해 서 국회 국정조사가 가능한 해법이 될 수 있다는 내용이었는데, 법원 내부에서 원망도 많이 들었습니다.

[지평 합류 이전]

대표님은 최연소 임관 판사, 문세광 사건 주심 등 주목받는 판사였습니다. 판사 재직 시절의 소회가 궁금합니다.

최연소 판사가 된 것은 제가 심장판막 수술을 받아 군대를 가지 않게 되어서 그렇게 되었습니다. 연수원 마치고 바로 서울형사지방법원 합의부의 배석판사가 되었습니다. 당시 저는 자신감이 있었습니다. 사건을 잘 들여다보고, 열심히 노력하면 다 해결 가능하다고 생각했습니다. 그런데 처음 맞닥뜨린 사건이 강도살인 사건이었는데, 피고인들이 범죄사실을 모두 부인하고 있었습니다. 검사는 사형을 구형했습니다. 충격에 빠졌습니다. 제가 아는 지식만 가지고 판단하는 것이 너무나도 무섭다고 생각했습니다. 사람이 하는 재판의 한계에 대해 많이 생각했던 것 같습니다.

문세광 사건도 그렇습니다. 문세광은 한국말을 하나도 못했습니다. 원로 법조인인 국선변호인이 변호를 맡았습니다. 제가 당시 신경을 쓴 것은 절차의 공정함입니다. 정말, 한치의 어긋남도 없이 소송법 절차대로 하고자 노력했습니다. 당연히 재판은 공정해야 합니다. 그러나 공정하게 보이는 것도 중요합니다. 저는 항상 피고인, 당사자의 이야기를 잘 들어주려 노력했습니다. 그 사람에게는 무엇보다 중요한 자신의 문제이니까요. 지금도 '경청'이라는 덕목을 매우 중요하게 생각합니다.

판사 초임 시절에 기억나는 에피소드가 있으신지요?

당시에는 법관으로 임관할 때, 법복을 지급하지 않았습니다. 자기가 비용을 지급하고 법복을 맞춰야 했습니다. 주문제작 하는 것이니 시간이 걸립니다. 법복이 나오기 전에는 다른 사람 걸 빌려 입고 재판에 들어가야 합니다. 총도 주지 않고 전투하라는 것인지… 재판하는 날 옆방에 가서 법복을 빌려왔던 기억이 납니다.

그 무렵에는 서울중앙지방법원에 여자화장실이 따로 있지 않았습니다. 남자와 여자 화장실이 같이 있었습니다. 당시 여자 판사는 있었습니다. 그런데 화장실이 따로 없었습니다. 그래서 두 칸은 '여자용'이라고 써붙여놓고 화장실을 같이 사용했습니다. 그때와 비교하면 이제는 정말 사람 사는 동네가 됐습니다.

장흥 지원장으로 부임하셨던 분의 에피소드도 생각이 납니다. 장흥은 지원장실이 2층에 있었는데, 2층에는 여자화장실이 없었다고 합니다. 그때까지 지원장이 여자인 적이 한 번도 없었던 것입니다. 부랴부랴 공사에 착수해서 부임 전에 겨우 여자화장실을 만들었다고 합니다. 장흥을 포함하여 지방 근무하시면서 기억나는 에피소드가 있으신지요.

장흥에는 저도 인연이 있습니다. 검찰 시보를 장흥으로 갔습니다. 제가 전라도 출신이지만 장흥은 그때 처음 가봤습니다. 당시 연수원 부원장이 차 한잔 준다고 해서 갔더니, "자네가 전라도 출신이고, 나이도 제일 아래이고, 총각이고… 장흥 가소"라고 합디다. 그래서 1973년에 장흥에 갔습니다. 길도 포장이 되기 전이고… 유치고개를 넘어 갔습니다. 한쪽의 기와집이 장흥지청이었습니다. 화장실도 구식이고… 4개월 동안 정말 고생했습니다.

제가 사법시험 8회 검찰시보 이후에 장흥지청에 처음 온 시보라고 합니다. 장흥 칠거리에 있는 다방의 마담이 말해 준 내용입니다. 칠거리 다방에서 커피를 사먹었습니다. 커피에 달걀 노른자를 꼭 띄워줬던 기억이 납니다.

또 대표님께서 20대에 금산지원장으로 근무하셨다는데 맞나요?

당시에는 '단독지원'이라는 것이 있었습니다. 단독지원에서는 단독 사건만 재판하고, 합의부 사건은 본원으로 갑니다. 금산, 무주, 진안을 관할했습니다. 검사도 1인만 배정되었습니다. 단독지청장이 수사는 다 하고, 합의사건을 기소할 때는 전주로 보냈습니다. 당시 지청장은 법조계 선배님이었습니다. 나이 차이가 꽤 있는데도 행사 때마다 의전 서열에서는 제가 더 앞서서 다소 난처했던 기억이 납니다.

하버드 로스쿨로 유학을 가게 된 계기가 궁금합니다. 하버드 로스쿨에서 어떤 점이 인상 깊으셨는지도 소개해주시면 좋을 것 같습니다.

제가 바로 '법관 해외 연수 1기'였습니다. 당시 법원에서 급하게 외국 유학을 보내야겠다고 결정해서 그 날부터 종로학원에 다니기 시작했습니다. 20일간 다녔습니다. 당시 하버드는 토플 560점이 커트라인이었습니다. 다행히 562점이 나와 턱걸이로 입학했습니다.

입학 허가가 3월 말 무렵에 나와서, 7월에 떠나려고 했습니다. 제가 처음 외국 가려고 탄 비행기가 하버드 유학가려고 탄 비행기입니다. 저는 관용 여권이 있었고, 가족들은 일반여권을 신청했는데 바로 반려되었다가 다행히 여권심사위원회에서 일반여권을 발급해주는 것으로 결론이 났습니다. 여권은 있고, 이제 비자가 필요했습니다. 일반여권으로 비자를 받으려면 주한미국대사관에 가야 하는데, 하루에 300명만 비자심사를 해 줍니다. 80년대의 이야기입니다. 통금이 있었습니다. 통금이 풀리는 새벽 4시가 되면 미 대사관에서 담벼락에 줄 서있는 사람들에게 번호표를 나눠줍니다. 지방 사람들은 관철동에 있는 여관에서 자고 나갑니다. 저는 한강 남쪽에 살았는데, 한강다리는 새벽 4시가 되어야 철책을 엽니다. 한강다리에 바리케이드가 쳐져 있고, 택시들이 부릉부릉 기다리고 있습니다. 4시 정각에 바리케이드가 열립니다. 1호 터널을 지나 대사관까지 가는 데 5분도 걸리지 않은 것 같습니다. 담벼락에 줄을 서니, 300등 안이라고 합니다. 택시기사한테는 성공보수를 줬습니다. 4시 20분쯤 되자 200번대의 번호표를 받았습니다. 영사 인터뷰를 하러 갔는데 이번에는 '당신이 법관인데 법관 해외연수에 가족을 동반하는 것이면 관용여권이 있어야 하는 것 아닌가? 그런데 일반여권을 발급받아야 하는 것이면 법원이 반대한 것 아닌가?'라고 합니다. 결국 내일 다시 오라며 '보류' 판정을 받았습니다. 어찌저찌 사정을 소명해서 일반여권으로 비자는 받았는데, 정말 쉽지 않았습니다.

연수에 다녀온 선배가 없어서 힘들었습니다. 소위 '소크라테스식 문답법'이라는 수업 방식이 익숙하지 않았습니다. '어디쯤 가고 있을까'라는 제목의 노래가 있습니다. 집에 와서는 맨날 그 노래만 불렀습니다. 교과서를 아무리 읽어도 수업은 문답식으로 진행되어 참 쉽지 않았습니다. 지금도 1년간 살아남은 것이 기적이라고 생각합니다. 법제사, 법학교육, 법조윤리 같은 과목들을 많이 신청했습니다. 민사소송법도 듣고 싶었는데… 그 때 김석조 교수님이 하버드 로스쿨에 연구원으로 근무하였습니다. 유신 때 망명하신 분입니다. 그분이 '민사소송법을 신청하면 너무 어려워 학점을 받지 못할 것'이라고 일러주셨습니다.

유학을 다녀왔다는 이유로, 덜컥 대법원장 통역도 맡게 되었습니다. 전문 통역가도 있었지만 법률용어에 대해 다룰 일이 많기 때문에 전문 법관의 통역이 필요합니다. 구체적인 내용은 많이 잊었지만, 외국 대법원장, 대법관과 대사의 호칭까지도 고민했던 것은 기억납니다.

그러다가 풀브라이트 재단에서 연구기금을 받게 되어 하버드 로스쿨에 다시 방문 교수로 갈 수 있는 기회를 얻었습니다. 그때는 학점의 압박 없이 사람들도 두루 많이 만나고, 수업도 듣고 싶은 것을 많이 들었습니다.

사법연수원 교수도 하셨습니다. 대표님께서 제 은사이기도 합니다만, 혹시 당시 못다한 이야기가 있으신가요…

1991년 연수원 교수가 되었습니다. 그때 연수원 23기 5반 담임을 맡았습니다. 한반에 40명 정도였습니다. 우리반에 사봉관 변호사가 있었습니다. 당시 사 변호사가 장차 대학에 기부하여 건물을 지으면 어떻게 이름을 붙일까 걱정할 필요없이 '사봉관'이라고 지으면 되겠다고 농담하던 기억이 납니다. 2년동안 가르치면서 많이 배웠습니다. 민사, 형사 판결에 대해 정리하는 시간이었습니다. 사 변호사는 나중에 헌법재판소 연구관으로도 같이 근무했습니다.

사실 제가 헌법재판소 연구관으로 지원하게 된 것도 대표님 영향이 큽니다. 대표님께서 대법관이 아니라 헌법재판소 재판관으로 임명되신 경위나 소회가 궁금하네요.

처음에는 대법관 후보로 거론되었습니다. 그러다가 헌법재판관으로 가게 되었습니다. 처음에는 겁이 났습니다. 법을 적용만 하던 새 가슴인데 이제 법을 날려야 하게 되었습니다. 판단의 대상이 달라지니 시각도 달라집니다. 헌법재판소에서 받아보는 보고서는 한 사건에 대해 입법 취지, 운용 실태, 문제점, 위헌일 때의 파급효과까지 전반적인 내용이 다 들어갑니다. 비교법 검토도 물론 포함됩니다. 법을 해석해서 적용하는 것과 법이 유효인지 무효인지 다루는 건 차원이 다릅니다. 그런 의미에서 헌법재판관의 구성이 더 다양화됐으면 좋겠습니다.

헌법과 헌법재판소법이 담긴 작은 법전은 헌법재판관들도 호주머니에 넣고 다니기도 합니다. 우리 헌법은 미국 헌법에 비하면 참 친절하고 자세합니다. 조항도 많습니다. 헌법 제1조 제1항을 보면 "대한민국은 민주공화국"이라고 합니다. '민주'는 알겠는데, '공화'가 과연 무슨 의미인지 알고 싶어 문헌을 많이 보았습니다. 공동체, 공동선, 시민… 이런 것은 최근의 화두이기도 합니다.

재판관으로 근무하시면서 내린 결정 중 가장 인상 깊은 결정이 무엇인가요?

아무래도 혼인빙자간음죄와 간통죄에 대한 결정인 것 같습니다. 퇴임할 때 기자들이 가장 많이 물어본 것이, 혼인빙자간음죄는 위헌이라고 해놓고 간통은 합헌이라고 판단한 이유가 무엇인가 하는 것입니다. 저는 혼인빙자간음죄는 지금 봐도 아주 이상한 조항이라고 생각합니다. "음행의 상습이 없는 여자", 대상을 음행의 상습이 있는지 없는지로 나누어서 가린다? 이런 법이 아직도 있을 수 있나… 이렇게 생각했던 것입니다. 간통의 경우, 처벌할 것인지 도덕으로 남겨놓을 것인지는 사회 상황과 구성원의 인식에 따라서 바뀌는 것이라고 생각합니다.

대표님은 항상 넓은 시야, 글로벌한 안목을 강조하셨습니다. 헌법재판관으로 재임하시는 도중 위원으로 참여하신 베니스위원회가 우리 재판소가 국제 무대에 설 수 있는 기회가 되었다고 알고 있습니다.

우리나라는 베니스위원회에 2006년에 가입했습니다. 베니스위원회는 1989년에 베를린 장벽이 무너지면서 출범한 기관입니다. 동유럽에 민주주의가 이식되면서 헌법을 제정하고 재판제도와 선거제도를 설계하는 것을 도와주기 위해 베니스위원회를 만들었습니다. 유럽 사람들이 자기들 땅에서 1,2차 세계대전을 겪고 나서 반성적으로 Council of Europe, 유럽 평의회를 만들고 유럽인권협약을 채택하고 유럽인권재판소도 설치했습니다. 베니스위원회도 Council of Europe 산하에 있습니다.

베니스위원회가 영향력이 있는 이유는, EU 멤버 가입의 조건이 되기 때문입니다. 헌법과 선거, 재판 제도 등에 관해 베니스위원회가 보고서를 작성합니다. 그리고 보고서를 토대로 가입 여부를 결정합니다.

우리나라의 경우 남북 통일에 대비하여 동서독 통합 과정에서 배울 것이 있을 것 같아, 외교부 주관으로 가입 신청을 하였습니다. 베니스 위원회의 위원 자격은 개인에게 주어지고 국가가 분담금을 냅니다. 민주화된 동구권의 헌법, 선거제도, 재판제도에 대해 많은 보고서를 검토하였습니다.

3년동안 활동하고 나니, 집행위원으로 선출되었습니다. 집행위원회는 전체회의의 진행을 준비하는 모임입니다. 최초로 유럽 이외 국가에서 집행위원회 구성원이 나왔다고 합니다. 당시 외교부에서도 집행위원이 되었다는 소식에 참 좋아했습니다.

베니스위원회 활동을 하며 참 많은 것을 배웠습니다. 동료 위원들과 이야기를 나눈 것도 기억 납니다. 한국에는 공무원 노동조합이 없다고 이야기했더니 매우 놀라워했습니다. 공무원 노동조합도 없는 나라에서, 어떻게 노동3권이 헌법상 보장된다고 하는 것이냐는 이야기까지 들었습니다. 제가 그때까지 생각하고 있던 내용과 너무 다른 것이 많아 내가 살던 세상이 좁았구나라는 생각을 했습니다.

지금까지 바쁘신 중에도 많은 논문을 작성하셨는데, 그 중 국제거래 내지 국제사법에 관련된 글도 많습니다. 위 주제에 대해 관심을 가지게 된 경위가 궁금합니다.

과실을 논하라	법정(새) 2권 8호 (72.8) / 한국사법행정학회
확정판결의 부당취득과 청구이의	민사판례연구 7권 / 박영사
외국판결의 승인과 집행	재판자료 34집 (하) / 법원행정처
주택임대차보호법상 대항력요건으로서의 부실한 주민등록	대법원판례해설 8호 (88.12) / 법원도서관
주택임대차보호법상 대항력요건으로서의 주민등록대상자	대법원판례해설 8호 (88.12) / 법원도서관
확정판결에 의한 주채무의 소멸시효기간의 연장과 보증채무의 시효기간	민사판례연구 10호 / 박영사
명의대여자의 사용자책임	대법원판례해설 9호 (89.12) / 법원도서관
소송사기와 법원의 재판	대법원판례해설 9호 (89.12) / 법원도서관
외화채권의 변제	민사판례연구 14권 / 박영사
이자의 제한	법학논집 : 취봉 김용철선생 고희 기념 / 박영사
민사조정제도	인권과 정의 209호 (94. 1.) / 대한변호사협회
국제재판관할권의 결정기준	민사판례연구 17권 / 박영사
법조일원화	21세기를 위한 법조인력 양성방안 / 법원행정처
선하증권상 면책약관	법과 정의 : 경사 이회창선생 회갑기념 논문집 / 박영사
민사소송법 개정안	인권과 정의 269호 (99. 1.) / 대한변호사협회

1973년 당시 있던 사건들과, 지금 문제가 되는 사건들은 종류가 너무 다릅니다. 당시는 부동산 거래나 대여금 사건이 대부분이고 지금과 같은 상업거래가 많지 않았습니다. 국제거래사건은 더욱 없었습니다. LC(신용장), LC 개설에 따른 금융소송, 선박충돌 등 사건에서의 관할, 준거법, 이런 이슈들이 있었는데 재판부마다 미제로 쌓아놓고 있었습니다. 당시 서울지방법원장께서 도저히 안되겠다고 해서, 국제거래부라는 전문부를 만들어서 사건을 모았습니다. 국제거래부의 초임 부장이 되었습니다. 세미나도 열고 하면서 개선책을 만들었습니다.

[지평 합류 이후]

지평에 합류한 후 소감을 한 마디로 정리하신다면.

별난 줄 알고 왔는데 별 볼 일 없더라(?). 금도를 벗어나지 않으면서 전문성을 가지고 법률 서비스를 제공하면서 우리 사회에 공헌하자는 것이 지평의 목적입니다. 참 어려운 일인데 지평을 세운 설립자들이 여기에 합의하고 이를 실천하고 있다니 참 귀한 일입니다. 이렇게 해 온 것이, 정도를 지키면서 커 온 것이 대단합니다. 이제 다음 단계로 나아가는 것인데, 그 과정을 잘 넘겨야 할 것입니다.

마침 저기 정원 변호사가 지나갑니다. 정원 변호사님, 이공현 대표님에 대해 기억나는 일이 있으신가요?

정원 변호사 라운지에서 무엇을 하시나 했더니, 대담 중이셨군요. 이공현 대표님이 지평에 오시기 전까지 지평에는 법조계에서 일반적으로 말하는 부장판사 이상의 경력을 가진 '전관' 변호사가 없었습니다. 박영주 변호사가 예비판사로 1년 재직한 것을 내세우며 '전관'이라고 할 정도였으니까요. 그러다가 중앙지법에서 4년 근무하고 퇴직한 신인수 변호사가 오면서 박영주 변호사에게 '예비판사가지고 전관 행세를 하냐'고 농담했던 기억이 납니다. 이후 중앙지방법원 부장판사를 하신 이홍철 변호사님이 합류해서 부장판사 이상 경력으로는 처음 지평에 합류하신 분이었습니다만 아쉽게도 몇 년 후 세종으로 옮기셨습니다. 당시 지평은 젊은 피들이 모여 열심히 해보려고 노력했지만 규모가 커지면서 조금 힘에 부치고 있었습니다. 고객의 눈높이를 맞추려면 법원에서 많은 사건을 다루어본 변호사님들이 합류해야 했지만 '전관 불모지'에 쉽게 오시려는 분을 찾기 힘들었습니다. 그 때 정말 영광스럽게도 이공현 변호사님이 지평에 오시게 된 것입니다. 지평에 어떻게 오기로 결정하셨는지 여쭈었는데 지평에 전관 변호사도 없고 이곳에서 젊은 사람들이 열심히 하는 것을 도우면 의미가 크겠다고 말씀하셨던 것이 지금도 뭉클하게 기억에 남습니다.

현재 카카오 부사장으로 일하고 있는 강성 변호사님은 지평 역사서를 쓴다면 명예의 전당에 추대해야 합니다. 다른 이유가 아니라 단지 이공현 대표님을 지평으로 모셔왔다는 것 하나만으로도 그래야 합니다. 이공현 대표님이 오시고 나서 2년 후 김지형 대표님, 강성국 변호사님, 사봉관 변호사님 등 차례로 오신 것으로 기억합니다.

이공현 대표님 개업 소연과 이전 소연을 함께 했습니다. 이제 이사온 건물에서 예전에 쓰던 상공회의소 건물도 보이는데… 대표님 사모님도 오셨고 국회 법사위원장인 우윤근 의원, 정운찬 총리도 오셨던 기억이 납니다.

어떤 사건을 맡겨도 직접 찾아오셔서 사건을 다 설명해주시고, 잘 부탁한다고 말씀해주셨습니다. 변호사들은 늦는 게 일상인데 늘 정각에 도착하여 먼저 기다려주시고… 법률서비스업에 꼭 필요한 레거시와 디센시의 전범을 보여주셨습니다. 그러니까, 이공현 대표님을 모시고 나서 우리 회사에 로펌으로서의 품격이 생겼습니다. 이전에는 열심히 하는, 젊은 사람들이 노력하는 회사였다면 이공현 대표님 오신 후부터 달라졌습니다.

이공현 대표님 처음 지평에 합류했을 때 제가 60대였습니다. 조용환 대표가 50대였고, 다른 분들은 모두 40대 이하였습니다. 정말 젊은 회사였습니다. 변호사를 하면서 많이 배웠습니다. 법조계 고위직에 계신 분들께 "변호사 안해보면 법조인이 무엇인지 알 수 없다"고 말했습니다. 부장별로 재판 진행 방식도 다 다릅니다. 변호사가 아니면 알지 못할 것들이 많이 있습니다.

강성 변호사는 22기이고, 연수원 시절 알게 되었습니다. 심지어 강성 변호사는 우리 반도 아닌데, 서초동에 오면 점심 같이 먹자고 늘 살갑게 굴었습니다. 제가 재판소에 있을 때도 "다음주 수요일에 강북 갈 일이 있으니 점심 먹자"고 연락하곤 했습니다. 그러다가 "이번에 지평하고 지성이 합병합니다. 후배들과 함께 하시면 좋겠습니다"고 연락이 왔습니다. 나는 그때만 해도 로펌은 다 비슷할 거라고 생각했습니다. 나오니까 천차만별이긴 합니다만…

지평 고유의 문화나 지평의 후배들이 꼭 지켰으면 하는 문화가 있을까요?

이공현 대표님 처음 지평 왔을 때에는 점심을 다 같이 먹고, 특별한 일이 없으면 저녁도 같이 먹고, 일이 있어도 저녁은 먹고 나가는… 그런 분위기가 있었습니다. 2011년도 상공회의소에 있던 시절입니다. 그때는 One Firm이라는 느낌이 확실했습니다. 지금은 규모가 상당히 커져서 그렇게는 못하지만, 그때가 참 좋았습니다.

입사하고 2년 간은 매주 토요일마다 토요세미나에 참석했습니다. 나는 한번도 빠지지 않고 개근했습니다. 아침 8시반에 상공회의소에서 건설관계, 도시개발 같은 공부모임을 했습니다. 그때 '변호사는 밖에서 아는 척하고 들어와서 공부하면 되는데, 지평 사람들은 공부만 한다'고 농담했던 기억이 납니다.

그러다가 공부만 하면 뭐하냐고, 후배들에게 글을 쓰도록 독려했던 기억이 납니다. 정원 변호사는 국토일보 칼럼, 전기신문은 김태형 변호사… 구글에 검색이 되지 않으면 존재하지 않는다는 말도 있습니다. 변호사는 계속 세상에 노출이 되어야 합니다. 정원 변호사는 1년동안 칼럼을 혼자 다 썼습니다. 정말 대단합니다.

은마아파트 재건축위원회에서 절 찾아왔습니다. 저는 정원 변호사가 박사라며 소개해줬는데, 회의하고 돌아가는 길에 전화가 왔습니다. 정말 박사라고, 박사를 소개해줘서 감사하다고. 지금까지도 은마아파트 쪽 일을 계속 하는 이유입니다. 그만큼 글을 쓰는 것이 중요합니다.

정원 변호사 그때는 아침에 공부하는 모임을 많이 했습니다. 지금은 어쏘들이 밤에 일을 많이 해서… 그때만큼 공부 모임이 많지는 않습니다. 올해는 누구나 남에게 알려줄 수 있는 특기가 한 가지는 있다는 모토하에, 세미나를 더 확대해보려고 합니다. 그럼 저는 이만 나가보겠습니다. (정원 변호사 퇴장)

지평의 나아갈 길에 대해서는 어떻게 생각하십니까? 1 위라는 김장과 비교해서… 우리가 더 나은 것은 무엇일까요? 우리가 김장 모델을 따라갈 수 있을까요?

양영태 대표님과 설립자들이 제일 잘 알겠지만… 우리는 지평만의 길을 걸어왔습니다. 뭔가 다른, 지평 같은 로펌이 있어야 한다는 점에는 모두 다 공감했습니다. 전문성 있는 서비스를 제공하는 것은 기본이고 사회에 기여해야 된다, 원칙을 지켜야 한다는 것인데… 참 살아남기 어렵습니다. 회의감을 느끼는 사람도 있는 것 같습니다. 지평의 가치에 공감하고 우리를 지원해주는 사람들이 살기에는 사회가 참 빡빡합니다. 힘든 일입니다. 그렇지만 그런 로펌도 꼭 있어야 한다는 점에는 아직까지 사람들이 공감한다고 생각합니다.

지평 법정책연구소를 설립하여 활동하고 계신데 설립 취지와 목적을 말씀해주십시오.

원래 정책하는 사람들은 법률가들이 개입하는 걸 싫어합니다. 위헌이라고, 다른 법규정이나 제도와 체계적으로 조화를 이루어야 한다고 할까 봐 그런 것 같습니다. 그렇지만 원래는 법과 정책이 분리될 수 없다고 생각합니다. 정책을 추진하기 위한 도구로서 법을 만들 수 있고, 정책 결정의 산물로서 법을 만들 수도 있습니다. 정책이 얼마나 효율적으로 집행되고 있는지, 그 둘 사이를 연결해보자는 취지입니다. 법이 정책을 효율적으로 실행하는 도구가 될 수 있도록, 이를 모색하는 연구소입니다. 공감대가 형성되어야 만들겠다고 했는데, 그래도 지평에서 30명 정도 공감한다고 해서 단체를 설립하게 되었습니다. 법이 효율적으로 작동하고 있는지, 법이 정책의 실현 수단으로 기능하고 있는지 살펴보고자 합니다.

이른바 4 차 산업혁명 시대에서 살고 있는데요. 최근 알고리즘에 있어서 성차별성이나 인종차별 등, 기술 발전에 있어서 법률가들이 수행해야 할 일들이 자꾸 생기는 것 같습니다.

법정책연구소의 창립 세미나 주제가 '기술혁신과 인간존엄'이었습니다. 기술혁신이 우리 헌법 제10조와 어떻게 연결되는가, 인간 존엄이라는 가치가 어떻게 보전되어야 하는가가 항상 고민입니다.

국립외교원에서 오래 강의를 해 오신 것으로 알고 있습니다. 주된 강의 내용이 무엇인 지요.

외교활동의 결과는 '조약'입니다. 다자관계나, 양자관계 모두 그렇습니다. 결국 법률문서로 결론이 납니다. 외교원에서 강의 부탁이 왔습니다. 열두번의 강좌로 리걸마인드를 길러달라는… 아주 어려운 부탁이었습니다. 강의 제목은 '법적 사고와 법 체계'이고 1기부터 9기까지 강의를 했습니다. 헌법의 이념과 기본 원리, 민형사법, 조약과 헌법, 법치와 외교 등의 주제에 대해 강의했습니다.

한국-유럽 범죄인 인도 협정에 보면, 우리나라는 사형제도가 있고 유럽은 사형제도가 없습니다. 유럽인권협약에 위배되기 때문에, 우리나라에서 유럽에 있는 범죄인을 인도받기 위하여 법무부장관이 사형 집행을 하지 않는다는 보증을 했습니다. 법치주의의 관점에서 이에 대해 논평하는 것을 과제로 준 적이 있습니다. '한·일 위안부 합의'가 위헌심판의 대상이 아니라는 헌법재판소 결정에 관해서도 논평하게 한 적이 있습니다.

최근까지 여시재라는 재단법인의 감사로 활동하셨습니다. 이와 관련해 말씀해주고 싶은 내용이 있으신지요.

여시재는 우리나라의 미래를 모색하고 동북아 협력을 추구하는 씽크탱크입니다. 한달에 한번 정도 조찬모임을 하며 강의를 들었습니다. 책을 미리 보내주면 책을 읽고 저자에게 질의합니다. 지금은 그래도 법조인이 다양한 직역에 나아가고는 있지만… 아직 법조인의 활동 영역이 좁습니다. 미국 연방준비제도의 의장인 제롬 파월과 유럽중앙은행의 총재인 크리스틴 라가르드는 둘 다 변호사입니다. 세계 금융 책임자 둘이 변호사인 것입니다. 이런 점을 고려하여 변호사들이 더 시야를 넓혀 적극적으로 사회 전반에 진출했으면 좋겠습니다.

[기타]

다른 분야도 그렇지만 최근 법조의 변화 속도도 매우 가파릅니다. 급변하는 법조환경에서 법조인이 가져야 할 자세에 대해서 말씀해주십시오.

재판의 경우 서류에서 공판 중심으로 바뀌었다는 점이 그렇습니다. 사회 전체적으로는… 법조인의 역할이 축소된 기분입니다. 경제의 역할이 너무나 커졌습니다.

예전에는 노력하는 사람에게는 기회가 온다고 했는데, 요새는 그런 얘기를 하는 것이 적합하지 않은 것 같습니다. 변하는 부분이 있다면, 변하지 않는 것은 '존재'입니다. 그 사람이 어떤 사람인지… 그러니까 됨됨이 말입니다. 그것으로 사람이 기억되고 평가받는 것은 변하지 않는 것 같습니다. 그래서 법조인의 사고 방식과 행동거지가 중요합니다. 존재 자체로 변하지 않는 부분을 갈고닦아야 합니다.

특히 후배 변호사들에게 바라는 바가 있으십니까?

법조인이 어떻게 업무를 처리하고 어떻게 살아야하는가… 나도 잘 모르겠습니다. 정답이 있는 문제는 아닙니다. 제가 법관생활을 38년… 변호사로서도 일해보니, 조심스럽긴 합니다만 한국의 법조인들의 활동 영역이 참 좁습니다. 앞서 말씀드린 것처럼 제롬 파월, 라가르드 등 현재 세계에서는 법조인들이 경제를 움직이기까지 합니다. 그런데 우리나라는 법조인의 역할은 법조에만 그치는 경우가 많습니다. 우리나라의 경제와 문화는 이미 세계적인 수준입니다. 우리나라의 법조인이 세계 어디에서도 충분한 역할을 했으면 좋겠습니다.

과거 어떤 경험이 현재 대표님의 모습을 형성하는데 영향을 주었을지요?

기성세대는 '외국에게 도움을 받았다'는 열등의식이 있습니다. 나는 지리산 아래 동네인 전남 구례 출신입니다. 1년에 한번 교회에 가서 미국사람들이 보내준 구호물자, 옥수수가루와 탈지분유를 받았습니다. 한번은 스웨터를 받은 적이 있습니다. 우리는 원래 누비옷을 입었는데 스웨터가 너무 따듯하고 부드러웠습니다.

건강 문제도 있습니다. 중1때 류마티스 관절염을 앓았습니다. 열이 많이 났습니다. 후유증으로 심장판막협착증이 왔습니다. 수술하지 않으면 빨리 죽는다고, 수술 성공률은 50%라고 했습니다. 어떻게 수술은 잘 되었습니다. 이런 것들이 다 약점이어서 감추고 살고 싶었습니다. 그래서 절제하고 규칙적으로 모범생같이 살려고 노력했습니다. 33살부터는 교회에 다니기 시작했습니다. 보통 4시에 일어나서 세수하고, 성경 읽고 기도합니다.

법원행정처 차장을 할 때입니다. 법원행정처 출입기자와 매년 회식을 합니다. 서초갈비집에서 기자들을 대접했는데, 제 자리 밑에 콜라와 생수를 섞어 마치 폭탄주처럼 보이는 술잔 4잔을 미리 만들어 놓았습니다. 기자들한테 폭탄주를 말아주고, 마시자고 한 다음 미리 만들어놓은 잔과 바꿔먹고 그랬습니다. 예전에는 '류마티스 관절염을 앓았을 때 페니실린 한 대만 맞게 해줬더라면'이라고 부모님 원망도 많이 했습니다. 그런데 지금은 하나님께서 내 행동반경을 정해주신 것 같다고 생각합니다.

책 추천

우선은 성경이라고밖에 할 수 없을 것 같고… 성경을 제외한 나머지 3권. 첫번째는 에리히 프롬의 "소유냐 존재냐(To Have or To Be?)". 두번째는 리차드 포스너의 "법관은 어떻게 사고하는가(How Judges Think)", 다음은 시몬 페레스의 "작은 꿈을 위한 방은 없다(No Room for Small Dreams)" 가 있습니다.

향후 법조인으로서, 아니면 인간 이공현으로서 계획이 있으십니까?

법조인으로서 사회에서 정말 큰 혜택을 입었습니다. 나는 법률 봉사를 하고 싶습니다. 1990년대에 주일학교 선생님을 했습니다. 그때 교회에서 의료봉사를 하는데, 나는 의료봉사는 할 수 없지만 법전 하나 들고 따라간 적이 있습니다. 손 기술 없이 말로 상담하는 일은 정말 쉽지 않았습니다. 출생이나 상속, 부동산 특조법 등 사건들을 상담해주었습니다. '법률 서비스에서 소외된 사람이 이렇게 많구나'라는 생각을 했습니다. 사회 선배로서, 법률가로서 답답한 문제를 해결하지 못하고 있는 사람들을 찾아가서 도와주고 싶습니다.

생각*

- 이공현의 열린 세상 -

이공현

대한민국은 민주공화국이다

이솝우화로 널리 알려진 이솝은 BC 6세기 그리스의 노예였다. 어느 날 주인이 목욕을 하려고 그에게 공중 목욕탕에 사람이 얼마나 있는지 알아보게 했다. 목욕탕으로 간 이솝은 그 앞에 박혀 있는 돌부리에 오가는 사람들이 모두 걸려 넘어질 뻔 하는 것을 보게 됐다. 넘어지고 발을 다쳐 욕을 퍼부으면서도 누구 하나 돌부리를 치우는 사람이 없었다.

그런데 한 사람이 돌부리를 단숨에 뽑아 내고는 목욕탕에 들어가는 것이었다. 이솝은 사람 수를 헤아려 보지도 않고 집에 돌아와 주인에게 목욕탕에는 한 사람밖에 없다고 했다. 그 말을 듣고 목욕하러 간 주인은 사람이 너무 많은 것을 보고 이솝에게 거짓말을 했다고 책망했다. 그러나 이솝은 돌부리를 치운 그 한 사람만이 자기 눈에는 사람다운 사람으로 보였다고 했다.

우리나라 헌법 제1조 제1항은 "대한민국은 민주공화국이다"라고 선언하고 있다. 제헌 헌법 이래 한결같이 지켜 온 '민주공화국'은 국가 형태에 관한 우리 헌법의 근본

---

* 이공현의 열린 세상과 이공현의 공론장은 2016년 1월부터 2017년 6월까지 서울신문에 연재되었습니다.

정신이다. 2005년 헌법재판관으로 부임한 다음 왜 우리 국민은 민주'공화'국이라는 국가 형태를 채택했을까, 더욱이 영어로는 '리퍼블릭 오브 코리아'(Republic of Korea)라고 할까 하는 의문을 가지게 됐다.

우리는 초등학교 때부터 민주국가에 관해 배우고 익혀 잘 알고 있다고 생각한다. 주권은 국민에게 있고, 다수결의 원칙에 따라 국가 의사가 결정된다는 뜻이다. 지난 반세기 동안 우리나라가 민주화와 경제성장을 동시에 달성한 국가라는 평판에 대해서는 국제사회에서 아무도 이의를 제기하지 않는다.

그렇다면 '공화국가는 무엇인가'라는 질문에 부닥치게 된다. 단순히 군주국가가 아니라는 의미에 그치고 마는 것일까. 그런 의미라면 국민주권이 확립된 오늘날 민주국가라고만 해도 괜찮지 않겠는가.

정부 수립 이후 우리 국민은 자유와 권리를 회복하기 위한 민주화 투쟁 과정에서 국가의 강제와 간섭을 거부한다는 개념으로서만 자유와 권리를 파악하게 됐다. 그 결과 공동체보다는 개인이나 집단의 사적 이익을 추구하기 위한 목적으로 자유를 인식한다는 우려가 제기되고 있다. 현재 우리 사회는 이념적으로 진보와 보수, 계층적으로 부자와 빈자 또는 자본가와 노동자, 지역적으로 서울과 지방 그리고 각 지역으로 나뉘어 국가의 공적인 과제뿐만 아니라 사적인 사안을 두고도 대립과 갈등을 빚으면서 해결책을 찾지 못하고 있다.

공화국이란 공공의 것이라는 라틴어 레스 퍼블리카(res publica)에서 어원을 찾을 수 있다. 개인이 공동체 이전에 존재한다는 자유주의와 달리 공화주의에서는 개인이 공동체와 함께 존재하므로 처음부터 타인과의 관계에서 자유와 권리는 조화, 제한된다고 보는 것이다.

우리 국민이 대한민국이라는 공동체를 이루어 한반도에서 삶을 이루어 가는 목적은 국민 개개인의 삶을 보장하면서도 국민이 만든 공동체의 존속과 안정을 추구하기 위한 것이다. 따라서 공동체 안에서 태어나 삶을 이루어 가는 국민 개개인에게는 공동선을 지향하고 시민적 덕성을 갖추는 게 요청됨은 너무나 당연한 일인 것이다.

총선의 해에 국민의 의사가 제대로 국정에 반영되지 않고 있다는 실망감 때문에 정치적 무관심 속에 투표율이 떨어지지 않을까 우려된다. 공화주의의 입장에서 보면 이해관계가 첨예하게 대립하는 다원주의 사회에서는 공동체 의식과 공동선은 구성원의 참여와 토론을 통해 발견하는 것이 바람직하다. 구성원의 적극적인 의사 표현과 참여가 필요한 까닭이다. 그리고 공동선과 시민적 덕성은 행정부 등 국가기관이 일방적으로 정할 수 있는 것이 아니다. 국민의 적극적인 참여를 통해 지속적으로 이끌어 내도록 제도와 절차를 정비하는 것이 무엇보다 시급할 것이다.

9년간의 우여곡절 끝에 엊그제 삼성전자 백혈병 문제 해결을 위해 당사자와 전문가들이 서로 머리를 맞대고 찾아낸 재해예방 대책은 한 가닥 빛이 되고 있다. 새해를 맞이하면서 모든 국민이 공동체의 과제에 관심을 기울이고 시민적 덕성을 갖추어 이솝의 눈에 사람다운 사람으로 비춰지는 그 한 사람이 되고, 이 땅에 공화국이 이루어지는 꿈을 꾸어 본다.

2016－01－19 30면

합리적인 입법을 통한 법치주의의 확립

고대 그리스의 대표적인 철학자인 소크라테스는 두 가지 죄목으로 고소를 당했다. 청년들을 부패하게 했고, 국가가 지정하는 신 대신 이상한 신을 믿는다는 혐의였다. 사형선고를 받고 집행을 기다리던 소크라테스에게 친구들이 찾아와 탈옥을 권했다. 그때 그는 "나에게 불리해졌다고 해서 법을 어기는 것은 비겁한 일이다"라며 거절했다. 바로 이것이 "악법도 법이다"라는 유명한 말이 나오게 된 배경이다. 법이 일단 만들어지면 지켜야 한다는 준법정신을 강조하기 위해 흔히 소크라테스를 예로 들기도 한다.

악법도 법이라는 명제는 국가 작용이 법에 따라 이루어지기만 하면 된다는 점을 강조한다. 사람에 의한 자의적 지배가 아니라 객관적인 법에 근거를 두면 괜찮다는 것이다. 법을 존중하지 않거나 준법의식이 약한 것을 법치주의에 대한 인식이 부족한 것으로 여겨 탓하는 국민이 있다. 그러나 불행하게도 많은 국민은 법이 일부 특정 집단의 이해관계와 이익만을 보장해 주는 수단에 불과하므로 지킬수록 손해만 본다고 생각하고 있다.

법치주의에 대한 이해가 다르고 진보와 보수 양측의 타협과 절충을 끌어내기 어려운 우리 사회에서 국민이 공감하는 법치주의는 어떤 모습일까. 오늘날의 법치주의는 국회에서 법률이 제정되기만 하면 지켜야 한다는 식의 형식적 법치주의에 그치지 않는다. 법률의 목적과 내용 또한 정의에 합치되는 정당성을 가져야 한다고 헌법재판소는 밝히고 있다. 따라서 국민이 지켜야 할 법이 어떠한 내용을 담는지가 중요한 문제로 떠오르는 것이다. 법률이 제정되고 폐지되는 입법 과정을 통해 국민 개개인의 생활에 직간접적으로 영향을 미치는 많은 제도와 정책들이 변하고 있기 때문이다.

요즈음 우리 사회에서는 일자리 창출을 위해 노동 관련 법률을 개정해야 한다는 논의가 한창이다. 기술 발전에 따른 미래산업을 키워야 한다는 목소리도 들려온다. 특히 우버나 에어비앤비와 같은 온라인 업체가 등장한 O2O 서비스 사업 영역이 시끄럽다.

세상은 바뀌는데 법에 따른 규제가 이를 따라가지 못한다는 지적이 있는가 하면 오프라인 업체와 전통 상인을 죽인다는 아우성이 마주치고 있으나 국회와 정부는 갈피를 못 잡고 있다.

그런데 우리 사회는 아직 이러한 갈등과 대립을 조정하기 위해 어떠한 절차를 밟을 것이냐는 문제조차 합의를 이끌어 내지 못하고 있다. 공청회나 청문회에서도 찬반 의견 대립이 물리적 충돌로 이어지고 끝내 아수라장으로 변하는 장면을 종종 보게 된다.

우리는 이해관계가 첨예하게 대립하고 변화하는 다원주의 사회에 살고 있다. 다양한 의견들이 조화를 이루고 접점을 찾아가면서 법의 목적인 공공의 이익이나 사회질서를 발견할 수 있다.

공적인 논의와 참여 속에서 어떤 결정이 내려지면 그 결정을 지지하지 않았던 사람일지라도 이를 수용할 수 있어야 한다. 비록 경쟁에서 패배해 자신의 주장을 관철할 수 없다고 하더라도 다음에 다시 공론에 부쳐 자신의 견해를 펴고 상대방을 설득할 기회가 충분히 보장돼 있기 때문이다.

그리고 법률의 목적이 공공의 이익과 질서 유지에 이바지하는지 살펴보아야 한다. 법이 택하고 있는 방법이 효과적이고 적절한 것인지도 한번 새겨 볼 일이다. 법이 예상하고 있는 규제와 제한보다 완화된 형태나 방법은 없는지 찾아볼 일이다. 끝으로 법으로 보호하려는 공익이 제한되는 사적인 이익보다 더 큰지 따져 보아야 할 것이다. 물론 이러한 요청이 추상적이어서 실제 적용할 때 다양한 견해차가 드러날 수 있다. 당장은 절차가 번거롭고 비능률적으로 보일지라도 적어도 이러한 요청이 지켜질 때 국가의 입법 작용에 정당성이 인정될 것이다. 그러면 국민은 법을 존중하고 따를 것이고 자연스레 법치주의가 확립될 것이다.

지난 1월 임시국회에서 기업 활력 제고를 위한 특별법, 일명 원샷법 등 40개의 법안이 무더기로 통과됐다. 우리 사회의 대립과 갈등을 조정하고, 법의 목적에 모두 이

바지하는 것인지 꼼꼼하게 따져 본 것 같지 않아 걱정이다. 일생을 법조인으로 살아온 사람의 걱정이 한낱 기우에 그치기를 바라는 마음이다.

2016-03-05 22면

'제중원 터'에서 인류 공영을 생각한다

서울 종로구 재동에 있는 헌법재판소 뒤뜰에 가면 백송 옆에 '제중원 터'라는 돌판이 하나 서 있다. 1885년 미국 선교사 호레이스 앨런이 고종의 윤허를 받아 서양식 병원으로 개원한 제중원 터의 표석이다.

원래 미국 마이애미대학에서 의학을 전공하고 중국에서 선교 활동을 했던 의사 앨런은 미국 공사관의 공의로 서울에 왔다. 앨런의 입국 후 두 달 만에 갑신정변이 일어나 수구파의 대표이며 민비의 조카였던 민영익은 자객의 칼에 맞아 정맥이 끊어져 생명이 위독해졌다. 당시 조선의 의료 수준에서는 가망이 없다고 판단됐으나, 조선 조정의 다급한 요청을 받은 앨런이 어려운 외과적 수술 끝에 민영익의 생명을 살려 냈다. 이로 인해 앨런은 고종의 신뢰를 한 몸에 받게 됐고 그의 시의가 됐다.

조선의 열악한 의료기술과 시설을 염려한 앨런은 고종에게 서양식 병원을 설립할 수 있도록 간청을 했다. 고종 또한 선진 의술의 필요성을 깊이 깨달았기 때문에 이를 허락하고 갑신정변을 주도했던 홍영식의 한성 북촌 집을 하사했다. 우리나라 최초의 서양식 병원인 제중원이 탄생한 것이다. 1900년 제3대 제중원장 올리버 에이비슨의 호소를 들은 루이스 세브란스가 2만 5000달러를 기부했고, 그 돈으로 당시 서울역 앞 복숭아골에 2층 벽돌 건물의 병원 겸 의학전문학교가 세워졌다. 이렇게 탈바꿈을 한 세브란스병원은 20세기 초 전국에 새로운 학교와 병원을 설립한 여러 선교사들에게 귀감이 됐다.

36년의 일제강점기를 거치고 3년간의 한국전쟁을 겪으며 우리나라는 세계 최빈국으로 전락했고, 외국 원조 없이는 국민의 생존 자체가 어려웠다. 그 시절을 겪은 많은 분들은 지금도 성탄절 즈음 동네 마당에서 외국인들이 보내 준 스웨터와 전지분유를 받고 좋아했던 기억을 간직하고 있을 것이다.

그로부터 60년 후 우리나라는 국내총생산 규모에서 세계 11위를 기록할 정도로 경제 발전을 이룩했으며, 그와 더불어 정치·사회 부문에서도 성숙한 나라가 됐다. 특히 우리나라는 2010년 경제협력개발기구(OECD) 개발원조위원회(DAC)에 가입했다. 원조를 받기만 하던 나라가 세계 최초로 빈국 및 개발도상국의 경제·사회 발전을 위해 원조하게 된 것이다. 대한민국 헌법은 전문에서 우리 국민이 항구적으로 세계 평화와 인류 공영에 이바지할 것을 다짐하고 있다. 대한민국이 국제사회의 일원으로서 의무와 책임을 다해야 한다는 점을 강조하고 있는 것이다.

불행히도 현재 우리나라의 대외 원조는 28개국의 개발원조위원회 국가 중 16위 정도이며, 국민총소득 대비 23위에 머무르고 있다. 박근혜 대통령도 이 점을 인식해서인지 한국의 공적개발원조 규모를 앞으로 대폭 늘리겠다고 여러 번 약속했다. 하지만 지난해 국회에서 국제빈곤퇴치기금법안에 대한 공청회가 열렸으나 재원 조달 방법을 둘러싼 논란 끝에 입법이 무산됐다.

오늘날 세계는 교통과 통신의 발달로 정치·경제·사회·문화 등 삶의 모든 영역이 연관돼 있다. 2008년 경제위기 이후 세계는 경제의 장기 침체와 위기를 겪고 있고, 모든 국가들이 이를 극복하기 위해 노력하고 있다. 그러나 경제 불균형은 확대되기만 하고 위기는 반복되고 있다. 또한 테러나 메르스에서 보는 것처럼 전쟁·전염병 및 공해 등 재앙은 어느 한 국가의 문제에 그치지 않는다. 특히 한국처럼 대외 의존도와 개방도가 높은 나라는 자기만의 힘으로 위기를 극복하기 어려운 상황에 처해 있다.

우리 내부의 구조적 문제와 세계 경제의 침체가 겹쳐 경제가 어렵고 국민의 삶 또한 어렵다는 것은 누구나 알고 있다. 그러나 19세기 말 세계에서 가장 가난한 나라 조선을 의료와 교육제도를 통해 도와주었던 손길들과 해방 이후 우리 국민의 생존과 경제발전을 위해 1995년까지 원조를 했던 선진국들을 떠올린다면 우리가 앞으로 나아갈 방향이 어느 곳인지 명확해진다. 국회 공청회에서 유엔 사무총장을 당선시키고 재선시키기 위해 국제빈곤퇴치기금을 만들었다는 누군가의 얘기를 들으며 제중원 터의 표석이 떠오르고 아픈 마음이 드는 것이 비단 나뿐인가 하는 생각이 든다.

2016-04-16 22면

새로운 국회를 기다리며

영국 정치인이자 역사가인 액턴경은 절대 권력은 절대 부패한다는 말을 남겼다. 동서양의 역사를 보면 국가의 권력이 왕이나 군주에게 집중됐을 때 통치자의 의사에 따라 권력이 자주 남용됐다. 그리고 이러한 권력의 남용은 국민의 자유와 권리를 억압하고 결국 국가의 분열과 멸망을 가져왔다.

그런데 국가권력을 제한하는 가장 효과적인 방법은 왕이나 군주에게 독점된 국가권력을 나누어 다른 사람이나 조직에 넘기는 것이었다. 현대에 와서도 히틀러나 동유럽의 구 공산주의 국가들에서 통합된 권력의 위험성은 명확히 드러났다. 결국 인간의 지성과 이성이 아니라 '힘의 분할'과 '힘에 대한 힘의 견제'만이 바람직한 길인 셈이다. 오늘날 민주주의를 지향하는 모든 국가에서는 국가권력을 기능에 따라 나누고, 이를 각각 다른 기관에 맡기는 권력 분립을 채택하고 있다.

5월 말이면 제20대 국회가 출범한다. 4·13 총선에서 우리 국민은 어느 당에도 과반을 주지 않았다. 그뿐만 아니라 새누리당이나 더불어민주당도 국민의당과 힘을 합치는 것만으로는 국회선진화법이 정한 단독 법안 통과 정족수인 5분의3을 채울 수 없게 됐다. 국민의 뜻은 이제는 다른 방식으로 국회가 운영되는 것을 보고 싶다는 것이 아니겠는가. 자기 당만이 옳다는 주장은 적어도 입법 과정에서는 더는 통하지 않게 된 것이다. 앞으로 국회답게 운영되려면 깊이 생각하고 충분히 논의하는 과정을 거치지 않을 수 없게 됐다.

대통령중심제에서는 여소야대가 되면 대통령과 국회의 대립이 극한으로 치달을 가능성이 농후한 것이 사실이다. 그렇기에 우리 국민은 새로운 국회의 출발을 바라보면서 앞으로 국회 운영에서 발생할 문제점에 대해 우려를 나타내고 있는 것이다.

우리 헌법은 권력 분립을 채택하고 있어 대통령이나 행정부에 대해서는 국회의 견제가 당연히 예정돼 있다. 즉 국가 권력기관 간의 통제는 권력 분립의 본질적 요소이기에 일사불란한 입법 과정이란 어설픈 욕심이거나 헛된 꿈일 뿐이다.

우리 사회에서 이해관계가 대립하는 것은 당연하다. 국민의 자유와 권리보장, 사회질서와 공공이익이라는 입법 목적은 각자의 의견이 조화를 이루고 접점을 찾아가는 과정에서 찾아질 수 있는 것이다. 또한 그러한 과정에서 어떠한 결정이 이루어졌을 때에는 비록 그 결정을 지지하지 않았던 사람이라도 그 결정이 입법 목적에 부합하다는 점을 인정해야 한다. 왜냐하면 4·13 총선에서 보듯이 다음 선거에서 국민을 설득할 기회가 보장돼 있기 때문이다.

수 세기 동안 권력 분립의 이론과 제도를 발전시켜 온 서구 민주국가들과는 달리 해방 이후 짧은 기간 권력 분립에 따라 국가를 운영해 온 우리나라는 성숙도에서 아직 많은 차이가 있는 것이 사실이다. 경제에서는 선진국들과 어깨를 견줄 정도로 발전했지만, 정치·사회 분야에서는 우리가 더 노력해야 할 여지가 많다. 성숙한 민주국가로 발전하는 데 부족한 점은 상대방이 나와 다르다는 것을 인정하는 것이고, 다수의 의견에 승복하는 방법을 배우는 것이다.

버락 오바마 미국 대통령은 자신의 정책을 관철하려고 여당 의원과 야당 의원을 가리지 않고 만나 설득하기도 하고 타협점을 찾기도 한다. 필요하면 마을 간담회에서 지역 주민이나 이해관계자를 만나 정책을 설명하고 자유롭게 의사를 교환한다. 정말 부럽다. 4·13 총선 결과는 먼저 우리나라에서 어느 당이나 국가기관에 권력이 집중되기보다 권력이 서로 통제되고 입법부와 행정부가 견제와 균형을 이루어 나갈 수밖에 없는 구조를 만들었다. 그리고 국회에서도 대화와 설득, 타협을 거쳐 국회의 의사가 결정될 수밖에 없는 구도가 생겼다.

제20대 국회의 운영에 대한 우리 국민의 우려는 충분히 이해할 수 있다. 하지만 새로운 국회의 구도가 아니면 성숙한 민주국가를 만들어 갈 소중한 기회가 언제 우리에게 올 것인가. 인내심을 가지고 힘든 과정을 거쳐야 할 것이다. 한층 무르익은 민주주의로 나가기 위한 단련의 때로 삼았으면 하는 바람이다. 모든 국민이 깨어서 지켜보아야겠다.

2016−05−24 30면

신창원과 문제아

절도죄로 수차례 수감생활 후 마지막엔 강도치사죄로 무기징역형 복역 중 1997년 탈옥해 전국을 떠들썩하게 만든 신창원은 교도소에서 이런 편지를 썼다. "저는 의적도 좋은 놈도 아닙니다. 그저 죽어 마땅한 죄인일 뿐입니다. 제가 만난 재소자 중에 90%가 부모의 따뜻한 정을 받지 못했거나 아니면 가정폭력 또는 무관심 속에서 살았습니다. 범죄를 줄이는 방법은 다른 게 없습니다. 가정이 화목하고 자녀들에게 좀더 사랑과 관심을 가진다면 자연히 줄어들게 됩니다."

우리가 누군가를 문제아라고 지칭하는 경우는 대개 부모 입장에서 '하라는 공부는 하지 않고 문제를 일으키고 말썽만 피우는' 자녀를 가리킨다. 특히 컴퓨터 게임중독, 습관적인 결석, 그리고 무단가출로 이어지는 탈선을 보며 뭐가 잘못돼 우리 아이가 문제아가 된 것인지 고민하지 않을 수 없게 된다.

우선 청소년들에 대한 부모의 학대를 큰 원인으로 보기도 한다. 통계에 따르면 청소년 10명 중 4명은 최근 1년간 학대를 경험한 것으로 조사됐다. 특히 부모의 학대에 의한 청소년 우울증 발병률은 일반 학생들보다 1.5~1.7배 더 높다는 연구 결과가 있다. 성장기에 부모에게 억압받은 청소년들이 억눌려 있던 불만을 표출하기 위해 또래들과 스마트폰의 게임이나 소셜네트워크서비스(SNS)에 몰입하면서 청소년 4명 중 1명 정도가 스마트폰 중독에 빠지는 것으로 나타나기도 한다.

많은 부모가 자녀를 대신해 모든 것을 결정하고 학업에 대한 과도한 기대로 자녀들에게 스트레스를 준다. 학창 시절의 비행, 스마트폰 중독, 컴퓨터 게임 중독을 보면 이러한 스트레스가 청소년의 자기 통제 능력을 상실하게 만드는 큰 원인이라는 것을 보여 준다. 2014년 기준 우리나라 청소년 사망 원인 중 자살이 인구 10만명당 7.4명으로 가장 많다. 무엇이 청소년들로 하여금 잘못된 판단과 행동을 하게 만드는 것일까.

통계청의 발표에 따르면 아버지와 대화를 나누는 시간이 주중 1시간도 채 되지 않는다는 청소년들이 56.5%에 이른다. 인간 관계에서 대화가 부족한 경우 서로에 대한 감정을 이해하지 못하는 경우가 발생한다. 특히 청소년기의 감정 발달은 부모와 자녀의 관계에서 학습된다고 한다. '못 참는 아이 욱하는 부모'라는 육아서를 펴낸 소아청소년정신과 전문의 오은영 박사는 감정표현 방식은 대물림된다고 말한다. 대화가 부족한 경우 욱하는 부모 밑에서 자란 아이는 감정 발달과 감정 조절이 미숙해질 수밖에 없다. 결국 당황·민망·슬픔 등 다양한 감정을 대화보다는 부모와 같은 '욱'으로 표현한다는 것이다.

아직 공동체 내에서 독립한 주체로서 자율적으로 행동하고 책임을 지기에는 신체적으로나 정신적으로 덜 성숙한 사람을 미성년자로 구분한다. 올바른 성장에 유해한 외부 환경으로부터 보호하고 훌륭한 사회의 구성원이 되도록 도와줄 부모와 국가가 필요한 것이다. 한편 국가는 가족이라는 기초적인 단위가 모여 이루어진다. 우리 헌법

제36조 제1항은 "혼인과 가족생활은 개인의 존엄과 양성의 평등을 기초로 성립되고 유지되어야 한다"라고 선언하고 있다. 가족을 구성하는 모든 구성원의 인격이 존중된다는 뜻이다. 존엄은 인간이기에 가지는 고유한 가치를 말하며, 인간은 그 자체 목적으로 존재하고 어떠한 경우에도 타인의 소유나 수단으로 존재하지 않는다는 것을 의미한다.

자연의 순리에 따라 임신과 출산을 통해 가족이 이루어지고, 국가의 간섭이 최소화돼야 한다는 것이 우리의 법과 정서다. 따라서 미성년자인 자녀들의 교육은 우선 부모의 책임이다. "나는 우리 아이에게 잘해 준 것밖에 없는데, 왜 나더러 문제 부모라고 하느냐?"라는 이야기를 많이 듣는다. 맹목적으로 잘해 준다고 또는 무조건 혼낸다고 자녀가 잘되는 것이 아니다. 아이들은 어려서부터 부모가 어떻게 판단하고 인간 관계를 설정하는지 보고 배운다. 모든 아이들은 자기만의 개성, 적성, 재능을 갖고 있다. 부모는 자녀가 가지고 있는 가치를 스스로 발견하고 개발하는 데 도움을 주는 것으로 그 역할을 다한다. 부모들이 아이들을 소유한다고 생각하고 가족의 구성원으로 존중하지 않는 한 문제아로 인한 사회문제들은 해결되지 못할 것이다.

2016-07-01 30면

선거의 자유와 공직선거법

2004년 인천에서 제16대 지역구 국회의원이 의정보고서를 제작해 유권자들에게 발송한 선거법 위반 사실로 재판을 받은 적이 있다. 당시 그 의원의 보좌관은 기획 초안을 만든 뒤 관할 선거관리위원회 지도계장에게 전화로 내용이 선거법에 저촉되는지를 문의했다. 그 후 보좌관이 기획 초안을 가지고 가 지도계장에게 보여 주자 지도계장은 중앙선거관리위원회에서 배포한 업무 관련 책자와 질의회답 책자의 내용을 확인하기도 했다. 그리고 인천 선거관리위원회에 초안을 팩스로 전송해 담당자와 전화로 확인 작업한 끝에 의정보고서가 허용된다고 답변했다. 이 사건에서 대법원은 의원이 변호사 자격을 가진 법률 전문가로서 의정보고서에 의문이 나면 관련 판례나 문헌을 조사하는 노력을 다했어야 할 것이라고 했다. 따라서 보좌관을 통해 관할 선거관리위원회에 문의해 허용된다는 답변을 들은 것만으로는 책임을 면할 수 없다며 유죄가 된다고 판결했다.

　총선, 대선과 지방자치 선거에 적용되는 공직선거법 제58조 제2항은 '누구든지 자유롭게 선거운동을 할 수 있다'고 규정해 선거운동의 자유를 선언하고 있다. 그러면서도 제59조 선거 운동기간 제한부터 제118조 선거일 후 답례 금지까지 제한 규정을 두고 있다. 그 많은 금지와 제한 규정을 살펴보면 과연 선거운동의 자유라는 원칙이 지켜지고 있는지 의문이 들 뿐이다. 법률 전문가들조차 어디까지 선거운동이 허용되는지 헷갈리기 쉬울 정도로 규제가 복잡하고 이해하기 어렵다. 선거관리위원회에 문의해 허용된다는 답변을 듣고 의정보고서를 제작·배부한 국회의원 후보자가 선거사범이 된 것은 너무나 당연한 결과인지도 모른다.

　안타깝게도 과거에 과열과 타락, 금권지배, 그리고 당선만 되면 그만이라는 선거법 경시 풍조가 우리 사회에 만연했던 것만은 분명하다. 이에 따라 선거 부정 및 부패의 소지를 제거하고자 선거운동의 금지와 제한을 확대하고 처벌을 강화했다. 그 결과 제20대 국회의원 선거가 끝난 다음날 대검찰청은 당선자 가운데 104명을 공직선거법 위반 혐의로 입건해 수사하고 있다고 발표하기에 이른 것이다. 국회의원 정수 300인 중 3분의 1이 넘는 당선자가 피땀 흘려 천신만고 끝에 의원직에 당선되자마자 의원직을 상실하느냐 유지하느냐 기로에 서게 된 셈이다. 선거범은 100만원 이상의 벌금형이 확정되면 의원직을 상실하게 돼 있다. 당사자에게는 국민의 대표자로서 입법권을 행사하고 행정부를 견제해야 할 국회의 기능보다는 의원직 유지가 당면한 급선무가 된 것이다.

　선거는 오늘날 대의제 민주주의에서 주권자인 국민이 주권을 행사할 수 있는 가장 기본적인 수단이다. 모든 국민이 다 같이 선거에 참여할 기회를 가진다는 것은 국가권력의 민주적 정당성을 담보하는 필수불가결한 전제다. 따라서 민주주의의 성공 여부는 국민의 의사가 얼마나 정확히, 그리고 효과적으로 정치 의사 결정에 반영되느냐에 달려 있다. 또한 선거가 자유롭고 공정하게 실시돼야 함은 당연하다. 그런데 현재의 상황을 보면 공직선거법이 선거의 자유와 선거의 공정이라는 두 가지 가치 중 선거의 공정에 더욱 중점을 두고 선거의 자유를 제한하고 있는 것은 아닌지 우려된다. 선거법의 궁극적인 목적은 유권자의 자유로운 의사를 끌어내는 데 있고, 선거의 공정은 그 목적을 달성하기 위한 수단이다. 결국 민주주의를 실현하는 데 더 본질적이고 중요한 것은 '선거의 자유'다.

　그러나 선거운동의 규제와 금지가 확대된 결과 3분의 1이 넘는 국회의원이 수사와

재판을 받느라 의원으로서 본연의 임무에 전념할 수 없는 지경에 이르게 된 것이다. 헌법재판소도 소셜네트워크서비스(SNS), 인터넷 홈페이지를 통한 선거운동의 제한이 문제된 사건에서 선거운동의 자유를 정치적 표현의 자유와 결부시켜 '자유를 원칙으로, 금지를 예외로' 해야 하고, '금지를 원칙으로, 허용을 예외로' 해서는 안 된다고 결정했다. 정작 민주주의의 핵심 가치인 선거의 자유는 선거의 공정성을 강조하는 과정에서 지나치게 위축된 것이다. 선거 비용의 총액만을 제한하면서 선거운동에 대한 제한을 푸는 방법도 생각해 볼 수 있다. 하루빨리 선거운동의 자유를 회복하는 길이 열리길 기대해 본다.

2016−09−01 30면

법치 수준이 높아야 경제도 성장한다

요즈음 우리 사회를 둘러보면 경제와 관련된 희소식을 찾기 어려운 것이 사실이다. 특히 해운업과 조선업을 생각하면 우리 경제를 지탱하고 있는 커다란 기둥들이 무너져 내린 느낌이 든다.

세계 경제는 글로벌 금융위기 이후 구조적 저성장의 늪에서 빠져나오지 못하고 있다. 이른바 뉴노멀 시대에 각 나라는 저성장 극복과 성장잠재력 확충이라는 근본적인 과제를 해결하기 위해 협력하지 못하고 있다. 대신 브렉시트(영국의 유럽연합 탈퇴)나 미국 대선 후보자들의 공약에서 보듯이 무역장벽을 높여 자국의 이익을 보호하는 방향으로 정책을 수립해 나가고 있다.

그렇다면 우리 경제는 어떠한가. 인구 고령화와 저출산으로 2018년이면 생산인구의 감소로 소비가 하강하는 인구절벽이 다가온다는 경고가 들려온다. 금리를 내리고 통화량을 늘려도 실제로 돈이 돌지 않아 물가와 소비가 제자리걸음이다. 과도한 가계대출의 증가로 금융기관의 부실화를 초래해 또 다른 금융위기를 부르는 시한폭탄이 터지지 않을까 불안하기만 하다.

미국의 금리 인상을 예상하면 걱정이 커진다. 정부도 창조경제를 내걸고 창조경제혁신센터를 통해 창업·중소기업 육성을 선도하고 있다. 기업의 투자 촉진을 통해 일자리를 만들고 성장동력을 회복하겠다고 나섰다. 하지만 올해 3% 미만의 경제성장률 예측을 보면 그 성과는 미약하기만 하다.

영국의 경제학자 애덤 스미스는 일찍이 국부론에서 법률제도가 한 나라의 경제성장에 중대한 영향을 미친다고 서술했다. 사유재산권이 보장되지 않고 계약이 법의 보호를 받지 못하는 국가에서는 상업과 제조업이 발달할 수 없다는 것이다. 국가 권력이 정당한 절차를 통해 법을 집행함으로써 개인과 기업의 자유와 권리가 보장되는 것을 필자는 경제활동에서의 법치주의라고 생각한다. 먼저 국가 권력이 개인의 의사가 아니라 객관적 법에 의해 행사됨으로써 사회현상 및 국가 작용에 대한 예측 가능성이 커지는 것이다.

이로 인해 국민과 기업은 국가 기관이 정해진 법에 의해 행동하고 타인도 법을 따를 것이라고 신뢰하게 되고, 이는 사회적 신뢰로 이어지게 될 것이다. 만약 타인의 잘못으로 개인과 기업의 권리가 침해되면 법적 절차에 따라 재판기관으로부터 그 권리를 보장받을 수 있을 것이다. 결국 법치주의에 따른 경제활동은 이해관계가 다양한 현대사회에서 개인과 기업의 신뢰 관계를 증진하고 경제활동의 효율성을 높일 것이다. 법치가 경제성장에 영향을 미치게 되고 경제발전의 전제 조건이 된다는 결론에 이르게 된다.

세계은행이 2006년부터 2013년까지 발표한 세계거버넌스지수(WGI) 중 법치지수에 따르면 법치 수준이 높을수록 소득 수준 또한 높은 경향이 뚜렷하다는 연구 결과가 있다. 그리고 국제투명성기구가 발표한 공공부문의 부패 정도를 나타내는 부패인식지수(CPI)에 따르면 법치와 부패는 동전의 앞뒤와 같이 밀접한 관계를 나타낸다.

다른 여건이 같다면 법치 수준을 한 단계 끌어올리는 것이 투자율을 높이는 것보다 경제발전에 효과가 더 클 수 있는 것이다. 그러면 우리나라의 법치 수준은 어떠한가. 2013년 세계은행이 평가한 한국의 법치 수준은 전체 211개국 중 45위이고, 경제협력개발기구(OECD) 회원국만 보면 34개국 중 최하위인 27위다. 특히 OECD 평균지수보다 약 26% 뒤떨어져 있어 앞으로 개선의 여지가 많다. 우리의 법치 수준이 OECD 평균 수준으로 선진화된다면 국민 1인당 실질소득이 최소 18.7% 이상 개선될 수 있다는 주장도 있다.

우리나라는 1인당 국민소득이 2006년 2만 달러를 넘어선 이래 3만 달러의 문턱에서 10년 이상 나아가지 못하고 있다. 미래에 대한 불확실성이야말로 경제활동에 가장 큰 장애라고 한다. 이제 "법 따로, 경제 성장 따로"라는 문구가 통하지 않는 사회가 돼야 한다. 소위 김영란법의 시행이 경제에 찬물을 끼얹는다고 많은 국민이 걱정한다. 하지만 이제는 우리가 법치를 통한 경제성장을 위해 시간과 노력을 투자해 볼 때가 되지 않았는지 묻고 싶다.

2016 – 10 – 13 30면

헌법개정을 다시 생각한다

헌법은 국민의 기본권을 보장하고 국가기관의 권한을 정하는 국가 법질서의 근본법이다. 현행 헌법에 이르기까지 헌법개정에서는 주로 통치구조만이 국민의 관심사가 되어 논의의 대상이 되었다. 지금도 여전히 치명적인 문제가 있는 대통령 5년 단임제를 개선해야 한다는 데 개헌 논의가 집중되어 있다. 대통령이 어차피 연임이 불가능한 이상 차기 대선에서 신임을 받을 일이 없고, 국민의 의사와는 상관없는 제왕적 통치자로 귀결되고 만다는 것이다. 무엇보다 5년 단임으로는 임기 안에 급조된 정책에만 매달린 채 통일이나 국가의 영속성을 멀리 내다보는 정책을 세우고 집행해 나갈 수 없다는 이유를 들기도 한다.

지금 우리 국민이 개정을 주장하는 조항은 영토 조항에서부터 마지막 경제 조항까지 정말 다양하다. 그 가운데 아무래도 개헌의 핵심은 권력구조 개편이 될 것이다. 현행 제도 대신 의원내각제, 대통령이 외교와 국방을 책임지고 총리가 내정을 총괄하는 분권형 대통령제 그리고 4년 중임제가 대안으로 제시되고 있다. 그러나 통치구조에만 개헌 논의가 집중되어서는 안 된다는 주장 역시 강하게 제기된다.

국민의 기본권 보장 확대야말로 개헌을 해야 하는 가장 중요한 이유라는 것이다. 예컨대 국민참여재판을 통한 배심재판을 받을 권리가 보장되어야 하고 생명공학의 시대를 맞아 생명권 등에서 미래지향적으로 기본권 보장을 확대하여야 한다는 주장이다. 그리고 대한민국의 영토는 한반도와 그 부속도서로 한다는 조항이 냉전시대의 유물로 한반도의 평화 정착과 통일을 지향하는 데 걸림돌이라는 주장도 제기된다.

재계에서는 국가가 경제에 관한 규제와 조정을 할 수 있다는 경제민주화 조항이야말로 시장경제체제를 부정하는 것이고, 경제성장에 가장 큰 걸림돌이라고 한다. 반면에 노동계에서는 헌법상 노동권의 보장은 국제기준에 한참 모자라므로 공무원을 포함한 모든 근로자의 노동 3권이 철저하게 보장되어야 한다고 주장한다. 지방분권은 국정을 효율적으로 운영하기 위한 국가경영체제로서 중요할 뿐 아니라 우리나라와 같은 분단국가에서는 통일을 실현하기 위한 방안으로 특별한 의미를 가진다는 주장도 있다. 장차 통일이 되면 남한의 지역정부들이 북한 지역정부에 축적된 지방분권적 자치 경험을 전수하여 통일의 충격과 갈등을 완화하고 통일비용을 줄이는 첩경이라는 것이다. 심지어 농림축산식품부 장관은 헌법 제121조에서 선언하는 농지에 관한 경자유전의 원칙이 현실과 동떨어진 것이므로 고쳐야 한다고 말한다. 그 밖에 국회 양원제 도입, 감사원의 국회 이관도 논의되고 있다.

1988년 지금의 헌법재판소가 설립되기 전에는 헌법규정은 그저 장식품에 불과하였다. 대한민국 정부가 수립된 다음 40년 동안 15건 정도의 위헌법률심판이 있었고, 그중 4건에서 위헌 결정이 나왔으니 말이다. 헌법개정에 관한 다양한 의견은 지난 30년간 헌법재판이 활성화된 결과이다.

이제 우리 국민은 헌법규정 하나하나가 얼마나 국가권력의 행사와 국민의 일상생활에 크게 영향을 미치는지 실감하고 있다. 국민의 헌법의식은 점차 높아지고 권리의식도 주목할 만큼 고양되었다. 따라서 헌법개정이라는 판도라의 상자가 열린 순간 모든 국민이 각자의 입장에서 다양한 개정 의견을 제시하게 된 것이다.

헌법은 국가라는 공동체에서 이루어 낸 정치적 합의와 타협의 산물이자, 국민투표라는 공동체 구성원의 합의로 확정하게 되어 있다. 국민과 국회가 공감대를 이루는 것이 급선무이고 나아가 개정절차를 밟는 데 적지 않은 시간이 소요된다.

헌법을 개정하려면 국회 재적 과반수나 대통령의 발의가 있은 다음에도 20일 이상의 공고기간, 60일 이내의 국회 의결, 30일 이내 국민투표까지 최소한 3, 4개월의 시간이 필요하다. 한꺼번에 많은 조항을 손본다는 것이 현실적으로 어렵다고 인정된다면 국민과 국회가 공감대를 이루는 부분만이라도 이제 하나씩 수정하는 방식으로 고쳐 나가는 것이 순리일 것이다. 현행 헌법은 어느 나라 헌법과 비교하더라도 체계와 내용 그 자체는 별로 손색이 없기 때문이다.

2016－12－26 30면

생각

- 이공현의 공론장* -

이공현

대통령 탄핵 심판과 법치주의

헌법재판관을 지낸 전력 때문인지 요즈음 만나는 사람마다 탄핵심판제도에 대한 질문을 한다. 우리 헌법에는 징계나 형벌을 통하지 않고서도 대통령과 공직자를 공직에서 추방할 수 있도록 한 탄핵제도가 있다. 원래 탄핵심판제도는 군주나 지배자의 독단적인 권력 행사나 자의적인 권력 남용에 대한 통제 수단으로 생겨났다. 지배자의 권력 행사에 대한 통제는 주권자인 국민을 대변하는 의회가 담당하는 것이 타당한 것으로 받아들여진다. 하지만 권력이란 남용될 여지가 항상 있고 탄핵도 마찬가지다. 탄핵제도가 전적으로 민주주의에만 의존할 수 없고, 법치주의에도 의존할 필요성이 자연스레 제기된 것이다. 민주주의의 원리에 비중을 두면 탄핵의 주체를 의회로 하고, 탄핵의 이유도 위법행위에 한정하지 않고 정치적 책임도 포함시킨다. 하원에서 소추하고 상원에서 심판하는 영국이나 미국의 제도가 그렇다. 법치주의를 강조하면 탄핵의 사유를 위법행위로 한정하고, 소추는 의회가 하되 심판은 재판소가 하는 양상을 띠게 된다. 우리나라와 독일이 그 예다. 탄핵 심판이 의회의 정치적인 판단이나 고려에 의

---

* 매일경제에 기고한 칼럼을 정리한 내용입니다.

해 과도하게 영향을 받을 수 있는 위험을 방지하기 위한 것이다.

탄핵제도의 목적은 우선 위법행위를 한 공직자를 파면해 헌법 질서와 국가의 법질서를 보호하는 데 있다. 나아가 해당 공직자를 바로 그 직에서 추방함으로써 권력의 남용과 오용을 통제하는 것이다. 특히 대통령은 강력한 권한과 지위 때문에 징계가 허용되지 않고, 5년 임기가 보장돼 있다. 따라서 형사 책임은 나중에 묻더라도 임기가 종료되기 전에 그 직에서 추방할 필요가 생기는 경우가 있다. 지금까지 국회에서 탄핵소추의 의결이 이루어져 탄핵 심판을 하는 단계까지 나아간 것은 2004년 노무현 대통령과 지금 박근혜 대통령의 경우가 전부다. 그전에는 국회에서 대법원장에 대한 탄핵소추 발의가 1건, 검찰총장에 대한 발의가 4건 있었으나 소추 의결이 이루어지지 않았다.

헌법재판소는 노무현 대통령에 대한 탄핵심판 사건에서 탄핵 결정을 하려면 먼저 직무집행에서 위법행위가 있어야 한다고 판시했다. 헌법이나 법률에 위반되기만 하면 고의나 과실에 의한 행위뿐 아니라, 법에 대한 무지에 기인한 행위도 해당한다고 할 것이다. 형사상 범죄 성립 여부와는 상관없는 것이고, 자유민주적 기본질서나 직업공무원 제도와 같은 헌법상 기본 원리를 위반하는 행위도 포함된다.

다만, 국정 운영의 무능, 정책 결정상 오류나 도덕적으로 비난받을 행위는 해당하지 않는다. 무엇보다 공직자를 탄핵으로 파면하기 위해서는 직무수행의 불가성, 즉 직무를 수행하는 것을 더이상 허용해서는 안 된다는 요건이 갖추어져야 한다. 따라서 대통령은 대통령의 직을 유지하는 것이 더이상 헌법 수호의 관점에서 용납할 수 없거나, 대통령이 국민의 신임을 배반해 국정을 담당할 자격을 상실한 때에만 탄핵 결정을 하는 것이다. 대통령이 헌법상 부여받은 권한과 지위를 남용해 뇌물수수, 공금횡령 등 부정부패 행위를 한 때, 대통령이 권한을 남용해 국회 등 다른 헌법기관의 권한을 침해한 때, 국가 조직을 이용해 국민을 탄압하는 등 국민의 기본권을 침해한 때를 헌법재판소는 예로 들고 있다. 이러한 위법행위는 변론과 증거 조사를 거쳐 인정돼야 함은 물론이다.

통치권 등 국정 질서를 규정하고 있는 헌법의 정치적 성격 탓에 헌법재판은 일반 민형사 재판과 비교할 때 법과 정치의 긴장관계가 첨예하게 나타난다. 더욱이 대통령 탄핵 심판이야말로 재판인가, 정치인가라는 의문이 제기될 수도 있다. 그리고 우리 헌법은 입법, 사법, 행정의 3부가 재판관을 추천하거나 임명함으로써 구성에서부터 다양성을 추구하고 있다. 헌법재판관의 성향과 이념에 따라 헌법 해석이 다를 수 있다는 것을 당연히 전제하고 있는 것이다. 그러나 한 가지 분명한 사실은 헌법재판소가 재판 절차를 거쳐 결정할 때에는 헌법 질서의 수호라는 관점에서 궁극적으로 주권자인 국민이 납득할 수 있는 결론을 지금까지 내려왔다는 점이다. 재판관은 탄핵 심판 결정에 각자 자기의 의견을 밝힘으로써 헌정사에 발자취를 남기게 되고, 또한 국민은 두고두고 이를 평가할 것이기 때문이다.

2017-01-17 30면

헌법상 경제질서와 경제민주화 논란

대통령 선거를 앞두었기 때문인지 요즘 경제민주화와 관련된 논의가 달아오르고 있다. 직업의 유무, 소득의 많고 적음에 관계없이 모든 국민에게 같은 금액을 지급하자는 기본소득제가 대선 주자들 사이에서 거론되고 있다. 또한 2월 임시국회에서는 상법, 공정거래법과 같이 대기업 지배 구조를 투명하게 만들려는 법안 처리를 둘러싼 논란이 한창이다. 여기에 개헌 논의 과정에서 경제민주화 조항까지 새로 고쳐야 한다는 주장도 심심찮게 들려온다.

우리 헌법 제119조 제1항은 대한민국의 경제 질서는 '개인과 기업의 경제상의 자유와 창의를 존중함'을 기본으로 한다고 선언하고 있다. 제2항은 국가는 경제주체 간의 조화를 통한 '경제의 민주화를 위하여 경제에 관한 규제와 조정'을 할 수 있다고 규정한다. 재계는 상반된 가치가 공존하는 이 조항 탓에 경제는 자유의 욕구와 평등의 압력 사이에서 길을 잃고 헤매었고, 규제개혁은 사라진 채 시장경제를 뒷받침할 경제적 자유만 실종됐다고 주장한다. 따라서 경쟁과 자유에 바탕을 두고 성장하려면 경제민주화 조항을 제거하는 것보다 중요한 일은 없다고 한다. 4차 산업혁명 시대에 자유와 창의는 어느 때보다도 큰 의미를 갖는다는 주장도 제기된다. 경제민주화는 자유와 창의 다음에 나오는 개념으로 시장 실패에 대비한 보조적 장치라는 것이다.

한편 경제민주화 조항을 명문화했다고 알려진 더불어민주당 김종인 의원은 다음과 같이 주장한다. '경제민주화란 재벌 기업을 지나치게 규제하려는 것이 아니라 어느 특정 경제 세력이 나라를 지배하지 않도록 하기 위한 것이다. 양극화로 경제·사회적 긴장이 고조되어 자본주의와 민주주의가 근본적으로 위협받거나 흔들릴 우려가 커질 때

정부가 그 붕괴를 막기 위해 원용할 수 있는 비상 안전장치를 염두에 둔 것이다. 시장경제는 경쟁을 전제로 하는 데 비해 자유민주주의는 평등을 전제로 한다. 시장경제의 효율을 극대화하되 시장경제가 지속하여 안정적으로 발전하기 위하여는 경제민주화 조항이 함께 작동되지 않으면 안 된다.'

원래 민주주의란 주권은 국민에게 있고 다수결에 따라 국가 의사가 결정되는 제도다. 정치의 영역에서 개인이 공동체의 일원으로서 정치적 의사 결정 과정에 참여하는 것이다. 그런데 경제를 포함한 나머지 영역에서는 다수결이나 평등의 원칙이 적용될 수 없고, 오히려 개인의 개성과 다양성에 기초해 질서가 형성된다. 가정이나 인간 관계에서 모든 문제를 다수결로 해결할 수 없는 것을 보면 알 수 있다.

여기서 경제민주화라는 개념은 불명확하고 다의적 해석이 가능해 논란의 여지가 있으므로 구체적인 경제정책적 목표와 과제에 대한 상위 개념에 불과하다는 견해가 나온다. 그러나 이렇게 보충적으로만 효력을 가진다면 구태여 현행 헌법에서 일부러 경제민주화 조항을 명시했을까 하는 의문이 제기될 수밖에 없다.

경제 문제가 근대 헌법에 나타난 역사와 배경은 경제적 자유주의에 대한 반성에서 비롯된 것이다. 우리 헌법에서도 경제에 관한 규정은 헌법 전문에서부터 제9장 사이에서 널리 찾아볼 수 있다. 우선 전문에서 경제 활동의 자유와 기회의 균등을 선언하고 있다. 또한 경제적 기본권 규정은 경제질서의 형성에 개인과 사회의 자율적인 참여를 보장하고 있다. 아울러 경제에 관한 제9장에서는 국가가 기본 방향과 과제를 제시하며 적극적인 경제 정책을 추진할 수 있도록 하고 있다.

즉 균형 있는 경제의 성장과 안정, 적정한 소득의 분배, 시장의 지배와 경제력 남용의 방지, 그리고 경제의 민주화를 위해 규제와 조정을 할 수 있는 헌법적 근거를 마련해 놓았다. 국가가 경제 정책을 통해 달성해야 할 공익을 열거하고 있는 것이다. 헌법재판소는 경제 영역에서 정의로운 사회질서를 형성하고자 국가가 경제민주화의 이념에 따라 기본권을 제한하는 행위를 정당하다고 판단하고 있다. 경제민주화 조항은 우리나라에서 단순한 사회정책적 목표나 구호에 그치는 것이 아니다. 도리어 시장경제질서와 함께 특정 정책의 헌법 위반 여부를 심판하는 데 주요 기준이 되는 것이다. 앞으로 경제민주화와 관련해 국가 정책들에 대한 헌법재판소의 합리적인 판단을 기대해 본다.

2017－02－18 22면

4차 산업혁명과 규제개혁

트럼프 미국 대통령은 선거공약에 따라 강력한 규제완화 정책을 채택했다. 하나의 규제를 만들 때마다 두 개의 규제를 철폐하는 행정명령을 시행하는 중이다. 전체 규제의 4분의3 이상을 줄이도록 태스크포스를 연방정부 내에 설치하겠다고 한다. 미국 정부의 강력한 의지가 엿보인다. 우리 정부는 어떠한가. 새로운 정부가 탄생할 때마다 각종 규제를 철폐하겠다고 강조했다. 하지만 많은 경우 기존 사업자나 관계 법령들에 발목을 잡혀 용두사미로 끝나는 경우가 허다했다.

바야흐로 전 세계는 4차 산업혁명 시대에 진입하고 있다. 2016년 다보스포럼은 앞으로의 세상이 서로 연결되고 지능화된 사회로 발전할 것이라고 예측했다. 이제는 인공지능과 가상현실 등 개별 기술을 뛰어넘어 기존의 오프라인과 온라인을 통합하는 새로운 세상을 만들어 내고 있다. 제조 현장의 산업혁명에 그치는 것이 아니라 가상과 현실의 융합을 바라보는 시대가 열리고 있는 것이다. 사회와 인간을 아울러서 사회 전체를 최적화하는 총체적 혁명으로 나아갈 것이다.

국가가 앞장서서 경제성장을 주도하고 국민의 생활에 간섭하던 시대에는 국민과 기업의 활동에 제한을 가하는 경제 및 사회적 규제가 중요했다. 이는 인간과 기업의 탐욕으로 인한 폐해를 막는 데 필요했다. 새로운 산업혁명 시대라고 해서 부당노동행위, 정부의 과세권 약화, 공중의 안전에 대한 위험이 없어지지는 않을 것이다. 특히 독과점에 따른 이익을 추구하고 노동력 착취, 소비자 보호의 소홀과 같은 부작용은 항상 각종 규제 철폐의 걸림돌이 되고 있다.

우리 헌법 제10조는 모든 국민은 인간으로서의 존엄과 가치를 지닌다고 선언하고 있다. 인간으로서의 고유한 인격과 가치를 지니고, 국가공동체의 다른 구성원과 더불어 살아가는 자유가 있다는 것이다. 이는 4차 산업사회에서 우리 사회가 나아갈 방향을 제시해 주고 있다. 국민 개개인이 각자 타고난 잠재력을 최대한 발휘해 자아를 실현하고, 그 결과 사회 전체에도 기여할 수 있도록 하는 것이 궁극적 목표가 돼야 한다.

예컨대 택시 면허가 없는 우버 서비스, 숙박업 신고가 불필요한 에어비앤비 서비스는 국가라는 공동체 구성원 전체의 삶에 기여하는지 먼저 따져 볼 일이다. 단순히 기업의 이익이나 상업적 목표를 실현하는 것이 아니라 한정된 자원을 효율적으로 활용하는지 물어야 한다. 그리고 더 저렴한 가격에 공급하고 소비자 선택의 폭도 넓혀 개별적 수요에 대응할 수 있는지 생각해 볼 일이다. 그런데 사회문제를 해결해 공익에 기여한다고 하더라도 기존에 이익을 누려 온 집단의 이해관계가 걸려 규제 철폐는 어려운 정치적 문제가 돼 버린다.

규제의 개혁이 불가피하다면 어떠한 방안이 가능할까. 기존의 이해관계에 미칠 영향을 최소화하면서 혁신을 활성화하는 방법이 있다. 이 경우 규제의 일관성을 유지하면서 기존 사업자와 신규 사업자 사이 이해관계의 조정과 형평을 꾀해야 하는 어려운 숙제가 남는다. 다음으로 과감하게 네거티브 규제방식(원칙적 허용－예외적 금지)을 적용하는 방법이다. 정보통신기술ICT 규제에서는 급격한 기술혁신의 방향을 예측할 수 없다. 따라서 제도가 정비될 때까지 신규 서비스나 제품을 제공할 수 없다면 관련 산업의 발전이 지체될 수밖에 없다.

결국 규제 개혁은 이해관계를 조정하면서 제도를 정비해야 하는 과제이므로 사회적 합의가 전제돼야 한다. 4차 산업혁명의 궁극적 목표가 공동체의 삶의 가치를 높이는 데 있다면 더 말할 나위가 없다. 인공지능과 로봇이 일자리를 대체한다면 당장 일자리 문제가 제기된다. 또한 ICT 플랫폼을 갖춘 거대 기업들의 독과점 이익 추구나 노동력 착취가 우려된 이상 양극화 문제의 해결이 없이는 제도 정비라는 정치적 과제를 풀 수 없다. 혁신의 성과로 획득한 결과물인 부를 공동체에 환원하는 분배 시스템의 확립이 필요한 이유다. 4차 산업혁명으로 시장에 진입할 신규 사업자가 얻게 될 이익 중 일정 부분을 조세나 부과금으로 환수하는 방안을 생각해 본다. 일자리를 잃거나 손해를 입은 기존 사업자에게 보상해 이해관계를 조정하는 세상을 혼자서 그려 보는 것이다.

2017－03－18 22면

헌법해석은 결국 국민 몫

2017년 3월 10일 헌법재판소 심판정에서는 "피청구인 대통령 박근혜를 파면한다"라는 탄핵심판 결정이 선고됐다. 대통령의 임기가 종료되기 전에 대통령직에서 추방하는 첫 사건이 펼쳐진 것이다. 당장 국민이 직접 선출한 대통령을 선출되지 않은 헌법재판관들이 파면하고, 민의를 대표하는 국회가 만든 법을 무효로 할 수 있는지 반문이 들려온다. 국민주권과 대표제의 이념에 비추어 헌법재판은 어떻게 이해해야 하는가.

헌법은 국민의 기본권을 보장하고 국가기관의 권한을 정하는 국가의 최고법이다. 국가라는 공동체 구성원인 국민이 참여해 만들고, 국민투표로 개정되는 것을 보면 알 수 있다. 모든 국가권력이 더 상위의 근본법에 의해 행사돼야 한다는 사상은 오랜 전통을 가진 것이다. 미국 연방대법원은 1803년 마버리 사건에서 헌법은 최고법이고 헌법에 위반되는 국가작용은 효력이 없다고 선언했다. 의회가 제정한 법률이 위헌이면 무효가 된다는 것이다. 그러나 헌법재판제도가 일반화하기 시작한 것은 제2차 세계대전 이후이다.

독일에서 국민이 선출한 나치 정권이 독재체제를 구축하고 세계대전을 일으킨 사건이 발생했다. 국민 다수가 지지한 권력이 폭정으로 이어지고 결국 파멸을 가져올 수 있다는 반성을 하게 됐다. 독일 국민은 국가작용이 아무렇게나 행사되지 못하도록 국민이 만든 헌법에 얽매어 놓아야 한다는 데 합의한 것이다.

권력자가 자기의 권한을 마음대로 행사하는 사회에서는 정치적 평화와 사회적 안정을 꾀하기 어렵다. 공동체 구성원이 인간의 존엄과 가치를 지니고 행복을 추구할 수 없게 되는 것이다. 헌법재판은 한마디로 국가권력이 자의로 행사된 경우에는 헌법질서에 위반되어 예외 없이 무효라고 선언하는 것이다. 설사 그 권력행사가 다수의 지지를 받고, 행사 결과가 사회 전체에 이롭다고 하더라도 마찬가지다.

따라서 국회가 만든 법을 위헌이라고 하면 국회가 반발하고, 대통령의 권한행사를 무효라고 하면 정부가 펄쩍 뛰는 것이다. 국민 대다수가 반대하는 결정을 내리면 민주적 정당성을 갖추지 못한 재판관들이 마음대로 헌법을 해석한다고 여론이 들끓기도 한다.

미국처럼 일반법원에서 헌법재판을 담당하는 국가로는 법체계를 같이하는 캐나다, 호주, 인도와 일본이 있다. 별도로 독립된 헌법재판소를 설치하는 추세는 20세기 후반 독재와 권위주의로 표상되는 구체제가 새로운 민주주의체제로 이행되는 과정에서 확산됐다. 헌법재판소가 독일에서 활성화되자 유럽의 다수 국가, 아시아, 아프리카, 남미의 많은 국가가 헌법재판소를 두게 되었다. 헌법재판소를 따로 두는 이유는 아무래도 헌법문제만을 전문적으로 다루도록 해 헌법에서 정한 국가 법질서를 충실히 지키기 위한 것이다. 우리나라에서는 제헌헌법 이래 헌법위원회나 일반법원이 헌법재판을 담당했으나 그 기능과 역할은 미미한 형편이었다. 법령이 위헌으로 결정된 사건은 4건에 불과했다. 우리 헌정사를 보면 지금의 헌법재판소가 탄생하기 전에는 국민의 기본권 보장과 부당한 국가작용에 대한 통제는 효율적으로 작동되지 못했다.

실제 헌법재판에서는 헌법이 지향하는 가치를 제대로 찾아내야 한다는 풀기 어려운 숙제에 봉착하게 된다. 즉 인간의 존엄과 가치, 자유, 평등과 정의를 헌법해석을 통해 실현하는 일이다. 박근혜 대통령 탄핵소추안이 국회에서 가결된 지 석 달 만에 탄핵결정이 나왔다. 그동안 헌법재판관들은 자나깨나 대통령이 직무를 집행하면서 헌법이나 법률을 위반했는지, 또한 그 위반이 파면할 만큼 중대한 것인지 골똘히 생각했을 것이다. 결정선고일 아침 이정미 헌법재판소장 권한대행은 헤어롤을 머리에 달고 출근했다.

미국 AP통신은 재판업무에 헌신하는 모습을 상징적으로 보여 준 것이라고 보도했다. 헌법재판에서 어떠한 결정이 내려지든 궁극적으로 국민을 납득시키지 못하는 결론은 언제라도 정치과정을 통해 배제되고 만다. 이러한 생각이 헌법재판관들의 뇌리에서 한순간도 떠나지 않기에 일어난 일이다. 결국은 헌법제정권자인 국민 스스로 헌법재판소의 헌법해석이 우리 시대와 사회에 타당한 것인지 판단하게 된다.

2017－04－15 22면

우리 헌법상 대통령의 권한

엊그제 문재인 대통령은 제왕적 권력을 최대한 나누겠다고 다짐하면서 취임했다. 그런데 한편에서는 현행 헌법의 5년 단임 대통령제가 근본적 한계에 다다랐으니 개헌을 해야 한다는 목소리가 들린다. 최순실 국정 농단 사태를 지켜보면서 대통령 한 사람이 독점하는 권력 구조는 분명히 문제가 있다는 지적에 공감하기도 한다. 대통령이 국민과 소통을 끊은 채 완고한 제왕적 통치자로 귀결되고 말았다는 것이다. 과연 우리 헌법상 대통령의 권한은 이처럼 막강한가?

우리 헌법은 국가 권력을 입법, 사법, 행정으로 분할하는 삼권분립을 채택하고 있다. '힘의 분할'과 '힘에 대한 힘의 견제'만이 국민의 자유를 보장한다는 역사적 경험에서 비롯한 것이다. 우리 헌정사에서도 독재와 권위주의 통치를 가능하게 한 대통령의 권한을 축소하고 국회의 권한을 확대·강화한 것이 현행 헌법이다.

우선 국회는 국민주권 원리에 의해 입법권을 가진다. 대통령이 행정에 관한 권한을 행사하려면 반드시 국회가 만든 법에 따라야 한다. 다음 국가의 존속과 유지에 필요한 재정을 국회가 결정한다. 국회의 예산안 의결이 없으면 대통령은 살림살이를 할 수 없다는 뜻이다. 박근혜 대통령 탄핵 사건에서 보듯이 대통령의 위법행위가 있으면 헌법재판소에 파면을 요구할 수도 있다. 나아가 헌법은 국회에 국정 전반에 관해 감사를 실시하거나 특정 사안에 관한 조사를 할 수 있는 권한을 부여한다. 국정 감사·조사의 범위는 아주 넓다. 국무총리와 국무위원을 출석시켜 질문하기도 하고 해임 건의를 대통령에게 할 수도 있다. 그 밖에 상호방위조약이나 중대한 재정 부담을 지우는 조약을 체결하기 위하여는 국회의 동의가 필요하다. 헌법재판소는 헌법 재판을 통해 대통령의 권한 행사를 통제하고 탄핵심판 결정을 하기도 한다. 법원은 행정행위의 효력을 심사한다.

대통령의 권한 행사에는 행정부 내부에서도 통제하는 길이 열려 있다. 국무총리를 임명하려면 사전에 국회의 동의를 얻어야 한다. 국무총리의 제청을 거쳐야 행정 각부의 장관을 임명할 수 있다. 특히 우리 헌법은 대통령이 중요한 사항에 권한을 행사하는 경우 사전에 국무회의의 심의를 반드시 거치도록 하고 있다. 대통령 1인의 독단으로 인한 국가 운영의 오류와 피해를 방지하기 위해 국무회의에서 토의하고 의견을 조정하도록 한 것이다. 따라서 이를 거치지 않으면 헌법 위반이 된다. 국정의 기본계획에서부터 중요한 대외정책과 군사사항, 예산안에 이르기까지 범위가 넓다. 사드 배치 결정이 군사에 관한 중요 사항이고, 한·일 위안부 합의가 중요한 대외정책인데 국무회의의 심의를 거치지 않아 헌법 위반이라는 주장이 나오는 이유다.

대통령의 권한 행사에 국회와 사법부의 통제 장치가 있고, 행정부 내에 권한 남용을 방지하는 장치가 있는데도 제왕적 대통령이라고 하는 이유는 무엇인가? 국회의원은 국민 전체의 대표자다. 헌법 제46조는 전체 국민의 이익, 즉 국가이익을 우선해 직무를 수행할 것을 천명하고 있다. 지금까지 국정 운영의 효율성을 내세워 여당은 국회에서 앞장서 대통령의 정책을 추진하지는 않았는지 살펴볼 일이다. 입법 절차란 토론을 통해 국민의 다양한 견해와 이익을 살펴 공동체의 의사를 결정하는 과정이기 때문이다. 권력 분립 국가에서는 대통령 뜻대로 안 되는 것이 당연한 일이다. 트럼프 미국 대통령이 오바마 재임 시절 입법한 건강보험법을 개정하려고 하나, 공화당 소속 의원들의 반대에 부딪혀 어려움을 겪고 있는 것을 보면 알 수 있다.

국정 감사 및 조사에서도 마찬가지다. 여당이 행정부를 적극적으로 통제하려고 하지 않기 때문에 유명무실하게 됐다. 국정조사권을 외국에서는 여당에 대한 야당의 권리라고 하거나, 국회에서의 소수자 권리라고까지 하기도 한다. 실제 국정 운영에서 여당 주도로 대통령의 정책을 무조건 따르다 보니 입법권과의 권력 통합 현상이 나타났던 것이다. 국정 감사나 조사가 제대로 이루어졌다면 최순실 국정 농단 사태까지 이르지는 않았을 것이다. 헌법이 정한 절차에 따라 투명하고 공정하게 국정을 운영하면 문제 될 것이 없다. 이제부터 삼권이 정확하게 나누어져 상호 견제하는 모습을 보고 싶다. 효율이 능사가 아니라 절차가 중요한 것이다.

2017-05-13 22면

촛불집회와 한국적 민주공화정

지난해 10월 29일 시작한 광화문 촛불집회는 올해 4월 29일 23회 집회를 끝으로 막을 내렸다. 촛불집회 주최 측은 6개월간 국민의 직접적 참여로 박근혜 정권을 퇴진시키고, 최순실 국정농단 사태 책임자들의 구속을 통하여 새 정부를 출범시켰다고 자평하였다. 우리 헌법 제1조 제2항은 대한민국의 주권은 국민에게 있고, 모든 권력은 국민으로부터 나온다고 정하여 국민주권 원리를 천명하고 있다. 오로지 국민만이 주권자의 지위에 있고 통치의 정당성은 국민에 바탕을 둔다는 뜻이다.

원래 민주주의는 국민이 권력을 갖고, 그 권력을 스스로 행사하여 국민에 의한 지배가 이루어지는 제도이다. 근대에 이르러 국가의사를 국민이 직접 결정하기 어려워진 까닭에 대의민주제가 시행된 것이다. 주권자인 국민이 대통령과 국회의원을 선출한다는 면에서 이념적으로만 국민의 자기지배가 관철된 셈이다. 대의민주제에서는 대표자가 전체 국민의 대표이기에 선거구민이나 지지자 등 특정한 집단이 아니라, 전체 국민에게 이익이 되는 결정을 하여야 함이 원칙이다. 그러나 현실에서는 자신의 사적 이익이나 특정 집단의 이익을 추구할 위험성이 항상 있다.

작년 4월 총선을 앞두고 국민의 의사가 국정에 반영되지 않고 있다는 실망감 때문에 투표율이 떨어질까 우려하는 사람이 많았다. 그로부터 채 1년도 안 되어 촛불집회와 대통령선거에 국민이 적극적으로 참여하여 이끌어낸 변화가 놀랍기만 하다. 공동체의 존속과 안정이라는 공화정의 목표가 무너지는 순간 시민적 덕성이 일깨워진 것이다. 국민의 대표인 대통령이 민의를 제대로 반영하지 않아 국민이 대의정치로부터 소외되었다고 느낀 나머지 주권자로서 다시 일어선 것이다. 200만 시위대의 일사불란한 집회와 산회는 우리 국민의 공동체 의식과 국민주권에 대한 신념을 보여 준 것이고, 지구상 어디에서도 볼 수 없는 광경이었다.

우리 헌법에는 저항권에 관한 규정이 없다. 저항권은 국가권력이 불법적으로 행사되어 헌법 질서를 파괴할 경우 이를 타도할 권리를 국민이 갖고 있다는 사상이다. 동서양에서 오래전부터 내려온 것이고 미국의 독립선언서나 독일, 프랑스의 헌법에서 볼 수 있다. 공동체의 존속·유지와 기본권 보장을 위한 최후 수단이기에 폭력적 방법까지 허용된다. 촛불집회와 새 정부의 출범은 우리 헌법이 정한 절차에 따라 헌법 질서가 회복된 것이기에 저항권 행사와는 다르다. 따라서 외신들은 놀라운 시민 정치를 보여준 것이고, 민주주의 선진국들이 배워야 한다고까지 밝히면서 경외감을 표시하였다.

우리 사회는 지금까지 국가라는 공동체보다는 개인이나 집단의 이해관계를 우선 추구하느라 분열과 대립을 일삼아 왔다. 이념적으로 보수와 진보, 계층적으로 부자와 빈자 또는 자본가와 노동자, 그리고 지역적으로도 나뉘어 있었다. 그런데 촛불집회에서는 청소년부터 노년층에 이르기까지 학력과 소득에 관계없이 사회 각층이 참여하여 국민주권을 선언하였다. 나라가 위급하기 때문에 정치권력에 영향을 미쳐야 한다는 절박한 신념을 모두가 굳게 지켰다. 국가의 정치적 운명에 공동책임을 진다는 연대의식을 공유하였다. 그렇기에 6개월간 한파가 몰아치는 광장에서 분노와 절망을 쏟아내면서도 질서 있게 주권자인 국민의 정치적 의사를 공동으로 분출한 것이다.

광화문 촛불집회는 공동체의 존속과 안정을 바라는 시민의식을 깨우고 한국적 민주공화정을 여는 시발점이 되었다. 공동체의 과제에 관심을 기울이고 시민적 덕성을 갖춘 시민들이 참여하였다. 결국 통치의 정당성이 국민에게 있다는 국민주권원리가 회복되었다. 이제 이러한 의식을 바탕으로 국민의 의사와 참여를 존중하는 정치체제를 이루어 가야 하는 숙제가 우리에게 남는다. 우리 헌법은 개인의 자유와 권리뿐만 아니라 국민의 책임과 의무를 동시에 규정하고 있다. 즉 국민에게는 국가의 존속과 안정에 필수불가결한 의무가 요구된다는 것이다. 공동체의 구성원이기에 공동선을 지향하고 사회적 덕성을 갖추어야 하는 책임을 국민 한 사람, 한 사람이 진다는 뜻이다. 국민주권을 지켜내려면 국민 개개인이 국가라는 공동체와 함께 존재한다는 공동체 의식 또한 절실하게 요청된다는 것이다.

2017−06−10 22면

칼 럼

헌법행정팀과 함께 걸어온 길

박성철

시작

사법연수원에 다니면서 헌법재판소 결정례를 쉽게 풀어 소개하는 <헌법줄게 새법다오>라는 대중서를 낸 일이 있습니다. 변호사로 일하게 되면 헌법소송을 마음껏 하게 되리라 꿈꾸었습니다. 2008년에 입사하여 헌법소송을 해보고 싶다는 의사를 겨를이 있을 때마다 표하였습니다. 헌법사건이 생기면 우선 기회를 얻게 된다는 말씀을 들었지만, 그 무렵 회사에서 헌법소송은 찾아보기 어려웠습니다. 그러다 2011년 이공현 대표님이 헌법재판관을 마치고 회사로 오셨습니다. 헌법소송에 흥미가 있다는 이야기를 들었다며 환하게 웃으며 제 방에 들어오시던 모습을 기억합니다. 대표님은 오라고 하시는 법이 없었습니다. 늘 반갑게 찾아오셨습니다. 그러던 맑은 가을 어느 날 제 방에 오셨을 때, 관심이 있는 분들을 모아 일단 헌법 공부를 시작해 보자는 말씀을 나누게 되었습니다.

세미나

헌법행정팀은 세미나를 통해 성장해 왔습니다. 2011년 11월 10일 첫 세미나가 열렸습니다. 처음에는 헌법소송 실무를 중심으로 학습했습니다. 3회까지 <헌법재판실

무제요>를 공부하고, 9회까지 주요 헌법재판소 결정례를 읽고 토론했습니다.

2012년 1월 10회 세미나부터 진행 중인 실제 사건을 주된 논의 대상으로 삼았습니다. 첫 사건으로 '중소기업 판로지원법에 근거한 고시의 위헌성'에 대해 발제를 맡았습니다. 참석하신 분들이 함께 고민을 나누고 덧붙이는 조언이 사건 수행에 큰 도움이 되었습니다. 이후 본격적인 사건 실무 세미나가 회를 거듭하며 이어졌습니다. 소송을 맡은 주심 변호사가 발제하고, 참석하신 여러분들이 자유롭게 의견을 개진하였습니다. 11회 구 지방세법상 과점주주에 대한 조세부과 사건, 15회 한의사의 초음파기기 사용 사건, 17회 산업안전보건법 위헌법률심판제청신청 사건에서 특히 활발한 논의가 있었습니다. 2012년 5월까지 20회 세미나를 마치고, 대외 세미나를 준비하게 되었습니다.

2012년 6월 18일 <기업법제의 위헌성과 헌법소송> 세미나를 상공회의소에서 개최했습니다. 써야 할 서면이 한창 넘치던 5년차 변호사로서 세미나 장소부터 발제, 토론자 섭외까지 도맡아 준비했던 일들이 그땐 버겁게 느껴졌지만, 돌이켜보면 즐거웠던 시간이었습니다. 팀을 새롭게 꾸려가는 활력이 넘치던 시절이었습니다. 세션1은 당시 서울대 법학연구소 헌법·통일법센터장 성낙인 교수님의 사회로 진행되었습니다. 전종익 교수님이 <기업 관련 법과 정책에 대한 헌법통제 의미와 가능성>에 대해 발제하고, 법무부 상사법무과장님, 한국경제연구원 기업정책연구실장님, 김상준 변호사님이 심도 있는 토론을 나누셨습니다. 세션2는 이공현 대표님의 사회로, <건설부동산법제에 남아 있는 위헌성과 극복방안>을 주제로 정원 변호사님이 발제자로 나섰고, 김종보 교수님, 주택산업연구원 선임연구위원님, 국회 입법조사관님이 열띤 토론을 이끌어 주셨습니다. 발제문이 예고보다 늦어졌다는 이유로 하루 전날 참석을 거절하였던 토론자분을 설득하는 데에 어려움을 겪었던 소소한 에피소드를 뒤로 하고 성황리에 마무리되어 마지막에는 모두 흐뭇한 추억으로 남았습니다. 이후 10년 넘게 계속되어 오는 월례 세미나를 지탱하는 주춧돌이 되었습니다.

실무 사건 외에도 헌법과 행정법을 둘러싼 여러 쟁점을 다양한 방식으로 다루었습니다. 2013년 12월 44회 세미나에서는 논문발표회를 열었습니다. 저와 박호경, 장품 변호사님, 지금은 법원으로 떠난 구나영 변호사님이 함께 수행한 헌법소송 변론을 바탕으로 '언론인 선거운동 금지조항의 위헌성'이라는 논문을 <언론과 법>에 기고했고, 세미나에서 토론했습니다. 이후 이 논문에서 주장한 대로 헌법재판소에서 위헌결정을 받는 뿌듯한 성과도 있었습니다.

2014년 1월 46회 세미나에서는 기업·공공기관 법무담당자분들을 초청해 <민법 임대차존속기간 조항의 위헌결정과 시사점>을 주제로 대외 세미나를 진행했습니다. 위헌결정을 받은 사건의 의뢰인 회사 대표님이 참석하셔서 이 결정으로 회사가 기적처럼 다시 살아날 수 있었다며 기쁜 소회를 풀어 놓아 큰 보람을 느꼈습니다. 52회 세미나에서는 인하대 법학전문대학원 김진한 교수님을 초청해 '미국연방대법원의 위헌 심사과정'이라는 주제로 강의를 듣고 토론을 하기도 했습니다.

제가 해외연수를 다녀오게 되면서 51회 세미나부터는 지금은 시립대학교 법학전문대학원 교수로 자리를 옮긴 박보영 변호사님이 간사를 맡아 더 풍요롭게 진행되었습니다. 언뜻 시니컬해 보이지만 자세히 보면 따스한 박변호사님의 적극성이 빛을 발하였습니다. 박변호사님은 51회 세미나에서 삼성그룹 자사고 사건으로 발제하였고, 100회 세미나에서는 헌법재판연구원 연수에서 돌아와 그간 집필한 3편의 논문을 발표하기도 했습니다. 이후에도 박변호사님을 이어 한철웅, 유현정 변호사님이 간사로 많은 수고를 하셨고, 현재 이종준 변호사님이 바통을 이어받아 열심히 달리고 있습니다.

사건 실무 세미나는 2022년 6월 지금까지 10년 넘게 이어지고 있습니다. 이제는 헌법소송뿐 아니라 다양한 규제법 판례와 행정소송 사건도 다루고 있습니다. 소송변호사에게는 가슴 한편을 짓누르는 무거운 사건이 늘 있기 마련입니다. 선후배와 동료들이 함께 사건을 들여다보고 궁리하고 논의하며 해법을 모색하는 일은 언제나 큰 힘이 됩니다. 특히 이공현 대표님은 10년 넘는 기간 동안 한결같이 세미나에서 자리를 지키셨습니다. 가장 많이 출석하셨습니다. 매번 자료를 꼼꼼히 읽어 오시고 논의를 경청하고 혜안을 보여주셨습니다. 대표님을 비롯해 바쁜 일정에도 참석해 자리를 빛내온 구성원 여러분들 모두는 헌법행정팀의 큰 자랑입니다.

사건들

헌법행정팀 승소 사건들은 세미나에서 더불어 연구하고 토론하며 논리를 가다듬어 변론하여 성공적인 결론에 이른 건들입니다. 수많은 행정소송 사건은 다음 기회로 미루고 헌법소송 중 대표적인 몇 건만 살펴보겠습니다.

〈법원조직법 부칙 제1조 등 위헌사건〉

지금은 사라진 사법연수원생들을 대리한 사건입니다. 법원조직법 개정 전에 사법연수원에 입소해 수료 후 법관으로 임용될 수 있다고 믿은 이들의 신뢰를 보호해야 한다는 결정입니다. 대표님의 지도에 따라 당시 구나영 변호사님이 국회 입법자료를 꼼꼼히 분석해 신뢰보호원칙에 위배된다고 논증했습니다. 헌법재판소가 그 논리를 그대로 받아들여 결정문에 담았습니다. 법관으로 임용되게 된 연수생들이 담당변호사들에게 특별히 제작한 감사패를 보내오기도 했습니다.

〈과거사 국가배상청구 소멸시효 위헌사건〉

민법 조항에 대해 위헌결정이 나는 일은 매우 드뭅니다. 특히 총칙이나 재산법 분야 위헌결정은 찾아보기 어려운데, 헌법행정팀은 이 분야 민법 조항에 대해 두 차례 의미 있는 위헌결정을 받았습니다.

첫 번째는 과거사 국가배상청구 소멸시효 사건입니다. 헌법재판소는, 과거사정리법에 규정된 '민간인 집단희생사건', '중대한 인권침해·조작의혹사건'의 특수성을 고려하지 않은 채 민법 소멸시효 조항의 객관적 기산점이 그대로 적용되도록 규정한 것은 국가배상청구권에 관한 입법형성의 한계를 일탈하여 위헌이라고 결정했습니다. 일부 위헌결정을 할 수 있는 대상을 과거사정리법에 규정된 사건으로 특정한 청구인들의 주장을 받아들였습니다. 이 결정으로 대법원에서 국가배상청구권을 행사할 수 없게 패소 확정판결을 받은 피해자들이 재심으로 구제될 수 있는 길이 열렸습니다. 변경된 대법원 판결에 따라 국가배상청구권을 잃게 된 피해자들을 어떻게 헌법재판으로 구제할 수 있을지, 일부 위헌을 구하는 청구취지를 어떻게 구성할지 내부 세미나에서도 여러 차례 고심을 거듭했던 사건입니다.

〈민법 임대차 존속기간제한 위헌사건〉

민법에서 위헌결정을 받은 두 번째 사건입니다. 민법은 임대인이나 소유자가 임차물을 관리해야만 적절하게 존속될 수 있다는 가정하에 제정되었습니다. 이 대목에서 입법자의 전제부터 잘못되었다고 파고들었습니다. 임차물의 가치하락 방지를 위해 임대차 존속기간을 제한하는 방법을 취한다면 필요 최소한의 수단이 될 수 없다고 주장했습니다. 헌법재판소도 수긍했습니다.

나아가 제정 당시에 비해 현저히 변화된 사회경제적 환경을 지적했습니다. 특히 법 제정 당시에 비해 발전된 건축 기술에 대해서도 상세히 밝힌 점이 주효했습니다. 해외 입법례도 낱낱이 분석했습니다. 전 세계 입법례를 모두 찾아도 이런 방식의 기간 제한이 발견되지 않는다고 주장했고, 헌법재판소도 결정문에 그 내용을 담았습니다. 만일 당사자가 20년이 넘는 임대차를 원할 경우 우회적인 방법을 취할 수밖에 없게 하는 문제도 논증했습니다. 결국 사적 자치에 의한 자율적 거래관계 형성을 왜곡하고 있다는 주장이 인정되었습니다. 이로써 과잉금지원칙을 위반해 계약의 자유를 침해한다는 결론을 끌어냈습니다.

〈언론인의 선거운동 금지 위헌사건〉

언론인의 선거운동을 금지하는 선거법이 위헌이라는 의문을 제기했을 때, 맞장구를 치며 긍정하는 이를 만나기는 어려웠습니다. 대개 공정성 훼손을 우려했습니다. 이에 대해 왜 우리나라에서만 금지하고 처벌해야 하는지 물었습니다. 미국·캐나다·멕시코·영국·프랑스·독일·스페인·이탈리아·러시아·일본·오스트레일리아 등등 어느 국가에서도 언론인의 선거운동을 전면 금지하지 않고 있다고 설명했습니다. 대선 후보를 명시적으로 지지하고 반대하는 미국 〈뉴욕타임스〉 사설을 청구서에 직접 인용했습니다. 수백만 구독자를 거느린 유튜버, 트위터에서 리트윗 바람을 일으키는 인플루언서를 예로 들었습니다. 1인 미디어를 표방하며 매일 포스팅하는 검색 1위 파워 블로거를 서면에 담았습니다. 헌법재판소가 주장을 받아들였습니다. 규제되는 언론인의 범위가 모호할 뿐만 아니라 정치적 표현의 자유, 선거운동의 자유를 침해한다는 위헌결정을 받았습니다.

〈형사소송법상 즉시항고 제기기간 3일 제한 헌법불합치사건〉

이 대표님이 국선대리인을 맡아 헌법불합치결정을 이끌어 낸 사건입니다. 민사소송, 민사집행, 행정소송, 형사보상절차 등의 즉시항고기간에 비교하더라도 3일이라는 기간은 지나치게 짧다는 위헌성을 헌법재판소가 인정했습니다. 형사재판 중 결정 절차에서는 결정 일자가 미리 당사자에게 고지되지 않습니다. 그렇기 때문에 불복 여부를 결정하고 즉시항고 절차를 준비하는 데에 상당한 기간을 부여할 필요가 더 큽니다.

더구나 오늘날 형사사건은 내용이 더 복잡해져 즉시항고 여부를 결정할 때 시간이 더 필요할 수도 있습니다. 주 40시간 근무가 확대되고 정착되면서 만일 금요일 오후에 결정문을 송달받으면 사실상 월요일 하루 안에 접수를 완료해야 합니다. 현실에 부합하지 않는 형사소송법 조항이 재판청구권을 침해한다는 결론에 이르렀습니다.

미래

헌법행정팀은 그간 쌓아 온 경험과 노하우를 바탕으로 제2의 도약을 맞이할 때가 되었다고 생각합니다. 헌법과 행정법 분야를 망라하며 공법관계에서 불거지는 복잡한 갈등과 분쟁을 성공적으로 해결하는 전문성을 보여줄 수 있습니다. 헌법이 보장하는 기본권을 사적 영역에서도 더 확장해 가는 인권경영, 신산업 분야의 규제가 헌법에 합치되도록 하는 규제 합리화에도 기여할 수 있습니다. 누군가의 어려운 사건을 말끔하게 풀어내고 나아가 사회 전체의 공익 향상에도 더욱 기여할 수 있기를 바랍니다.

나의 특별한 입사 동기

구나영

2011년은 제 인생에서 손에 꼽힐 만큼 기억에 남는, 의미 있는 해입니다. 제가 사법연수원을 마치고 법무법인 지평(당시 법무법인 지평지성)에서 법조인으로서의 첫 발을 내디딘 해로, 어린 시절부터 오랫동안 간직해 온 꿈을 이제 막 펼치게 되었다는 설레는 맘과 열정이 가득한 시절이었습니다. 그래서인지, 2011년에 만났던 지평의 선배님들, 동기들, 의뢰인들, 담당했던 사건들은 지금까지도 저에게 특별한 무언가로 남아 있습니다. 오늘은 그 특별한 가운데, 더욱 특별했던 저의 2011년 입사 동기에 대한 기억을 나누어 보려 합니다.

처음부터 제가 감히 그분을 '입사 동기'라고 부르려던 것은 아니었습니다. 그분은 제가 태어나기 전부터 이미 법조인의 삶을 시작하셨고, 저의 사법연수원 지도교수님의 사법연수원 시절 지도교수님이셨으며, 그분을 알고 있는 모두에게 마음 깊은 곳에서부터 우러나오는 존경을 받는 분이셨습니다. 이 글을 읽는 누구나 짐작하시겠지만, 그분은 바로 이공현 대표님이십니다. 이공현 대표님께서는 2011년 헌법재판소 재판관 직을 퇴임하시고, 같은 해 3월 법무법인 지평의 대표 변호사로 오시게 되었습니다. 그런데 대표님께서 먼저 당신을 저의 2011년 입사 동기라 말씀하시면서, 스스로 권위를 내세우지 않으시고 친근하게 다가와 주셨습니다. 특히 2011년 입사 1년차를 상대로 한 지평 토요세미나(토요일 아침 9시부터 11시까지 지평 변호사들에 의해 진행되던 사내 법률교육)에 단 한번도 지각하지 않으시고 성실하게 함께 참석하셔서 겸손을 보이셨습니다. 토요일 아침마다 단정한 모습으로 제일 앞자리에 앉아 (뒤늦게 도착한) 저희 1년차들을 밝은 얼굴로 따뜻하게 맞아주시곤 하셨는데, 여전히 생생한 그 장면들은 진정한 권위가 어디에서 나오는지 알게 해준 경험이었습니다.

이 대표님과의 입사 1년차 추억은 토요세미나에서 그치지 않습니다. 이 대표님과 함께 했던 여러 소송 사건 중 가장 기억에 남는 사건 역시 입사 1년차에 시작되었습니다. 너무도 유명한 사건이라 제 추억을 소환하는 정도로 간단하게만 글을 남기겠습니다. 당시 사법연수원 42기들이 주축이 되어 이 대표님을 찾아와, 2011년 개정된 법원조직법에 관한 헌법소원 사건을 의뢰하였습니다. 의뢰인들이 사법연수원에 입소할 당시에는 사법연수원을 수료하면 곧 판사로 임용될 수 있었으나, 입소 이후인 2011년 7월 법원조직법이 개정되면서 일정 기간 이상 법조경력을 갖추어야 판사로 임용될 수 있게 되었습니다. 의뢰인들은 모두 2013년 1월 1일 이후 사법연수원을 수료할 예정이었는데, 법원조직법 부칙에서 개정된 법조일원화 조항을 2013년 1월 1일부터 시행하도록 정하고 있었기 때문이었습니다. 이러한 법원조직법 부칙 조항은 법원조직법 개정 당시 이미 사법연수생 신분을 가지고 있었던 의뢰인들까지도 사법연수원 수료 즉시 판사로 임용될 수 없도록 함으로써, 종전 판사 임용 제도에 대한 의뢰인들의 신뢰를 침해하고 있었습니다. 이 대표님의 지도 아래, 저는 사법개혁 및 법조일원화를 위한 법원조직법 개정 과정, 신뢰보호원칙에 관한 외국 입법례 등을 리서치하고, 변호사 인생 처음으로 '헌법소원 청구서'라는 것을 작성하게 되었습니다. 법 과목 중 헌법을 제일 좋아하던 터라, 이 사건은 그야말로 푹 빠져서 임했습니다. 이 대표님께서 날카로운 통찰력으로 위헌 요소가 있는 쟁점을 잡아주시고, 사건의 방향을 놓치지 않도록 이끌어 주신 덕분에, 사건은 잘 해결되었습니다. 헌법재판소는 2012년 12월 이 사건에서 문제되던 법원조직법 부칙 조항에 대하여 한정 위헌 결정을 내렸고, 의뢰인들은 개정된 법원조직법 조항의 적용 대상에서 제외될 수 있었습니다. 이야기는 여기서 끝이 아닙니다. 이 대표님, 그리고 이 사건을 같이 했던 박성철 변호사님과 저는 의뢰인들로부터 감사패를 받게 되었습니다. 제 방 책꽂이 한 켠에는 사법연수원 42기들로부터 받은 감사패가 자랑스럽게 자리를 차지하고 있습니다. 이 대표님이 아니었더라면 받을 수 없었던 감사였습니다.

이제 입사 1년차의 추억을 마무리하려 하니, 이 대표님과의 추억이 입사 1년차에 머물러 있지 않고 하나씩 하나씩 연달아 떠오릅니다. 제가 많이 아파서 잠시 회사를 쉬어야 했던 시기에 이 대표님께서 저에게 건강을 당부하시며 약을 지어 보내주셨습니다. 그 후 제가 오랜만에 복직해서 업무를 따라잡기 힘들어하자, 이 대표님께서 제 방에 찾아 오셔서 법조 인생을 길게 보는 안목을 주시며 격려해 주셨습니다. 그 시절의 감사한 마음을 지금도 잊을 수가 없습니다. 설렘과 열정이 가득했던 입사 1년차뿐만 아니라 회사 생활 중 지치고 힘들어 낙심했던 때에도 제 특별한 입사 동기는 여전히 특별한 분이었습니다. 이 자리를 빌어 그 동안 다 표현하지 못했던 감사 인사를 드리며, 제 특별한 입사 동기 이야기를 마칩니다.

헌법행정팀 그리고 내가 경험한 헌법소송

한철웅

들어가며

'지평 헌법행정팀의 발자취를 정리하고, 지평법정책연구소의 창립을 기념하고자, 이공현 명예대표변호사님에게 헌정하는 문집을 기획하고 있다'는 소식을 듣고, 아직 짧은 변호사 경력의 저이지만 깊은 감회에 빠져들지 않을 수 없었습니다. 간사로 활동하기도 하는 등 헌법행정팀은 저의 변호사 경력에서 빼놓을 수 없는 부분이기 때문입니다. 이공현 대표님은 헌법행정팀을 처음 조직하시고 이끄시면서, 바쁘신 와중에도 매달 열렸던 헌법행정팀 세미나에 언제나 참석하셔서 후배 변호사들과 격의 없이 토론하시고, 저와 같은 예비구성원 변호사 한 명 한 명에게도 따뜻한 관심과 조언을 아끼지 않으셨습니다.

국가의 제도는 어떻게 설계되어야 하는가? 바람직한 정책의 방향은 무엇인가? 국가의 정책을 위해 제한될 수 있는 국민의 기본권의 범위는 어디까지인가? 학창 시절에는 선문답처럼 느껴졌던 논의들이, 변호사가 된 후 헌법재판을 실제로 경험하면서 '피부에 와닿는 현실적 문제들'이라는 점을 절감하였습니다. 이공현 대표님을 기억하면서, 제가 경험했던 헌법소송 중 특히 머리 속에 떠오르는 사건들, 즉 저의 첫 헌법사건과 공개 변론을 했던 사건을 되돌아 봅니다.

검사직무대리의 기소유예처분 취소

입사하고 한 달 남짓 지난 2015년 4월 어느 날이었습니다. 당시에는 소송파트(현재의 소송 부문) 전체 구성원이 모이는 회의가 매달 있었습니다. 막내 변호사인 저는 일찌감치 회의실에 도착하였는데, 이공현 대표님께서는 저보다 먼저 와 계셨습니다. 한 달간의 변호사 생활에 관하여 이야기를 나누던 중 이공현 대표님께서 '혹시 공법에 관심이 있는지' 물어보셨습니다. 학부 시절부터 헌법에 관심을 갖고 있었고, 헌법 전공으로 잠시 대학원에 적을 두기도 했던 저는 '공법 특히 헌법에 관심이 많다'고 말씀드렸습니다. 그러자 이공현 대표님께서는 헌법재판소 국선대리인으로 선정된 사건을 함께 해보자고 제안하셨고, 그렇게 저의 헌법소송 경험이 시작되었습니다.

헌법재판소에서 송달된 기록과 자료를 살펴보니, 헌법소원심판을 청구하여 검사직무대리의 기소유예처분의 취소를 구해야 하는 사건이었습니다. 청구인은 요양원에서 근무하던 간호조무사였는데, 동료 간호조무사와 다툼이 있었고, 쌍방폭행으로 기소유예처분을 받았습니다. 그러나 청구인은 '자신은 결코 동료를 폭행한 적이 없다'며 억울함을 호소하고 있었습니다. 이공현 대표님은 청구인과 직접 통화하시면서 상담 일정을 잡으셨습니다. 회사로 찾아온 청구인은 '자신은 절대로 폭행을 한 적이 없는데 불기소결정서에 자신도 폭행을 한 것처럼 기재되어 있는 것이 너무나 억울하다'고 하소연 하였습니다. 이공현 대표님은 청구인의 긴 넋두리를 찬찬히 모두 들으시면서 따뜻하게 위로해 주셨고, 사실관계에 대해서도 질문을 하셨습니다. 그리고 기소유예처분의 의미가 무엇인지, 헌법소원심판이 어떠한 절차로 진행되는지, 향후 일정이 어떠한지 등을 상세히 설명해 주셨습니다.

청구인과의 상담을 마친 후 며칠 동안 밤늦게까지 청구서 초안을 작성하던 기억이 생생합니다. 그 때 저의 모습은 전형적인 '열의로만 가득 찬 초짜 변호사'였습니다. 모든 게 서툴렀지만 끙끙대면서 초안을 작성하였습니다. 궁금한 사실관계를 물어보기 위해 청구인에게 전화도 자주 하였고, 자료도 열심히 찾아보았습니다. 정신없이 바쁜 선배 변호사님들에게 이것저것 질문하면서 귀찮게 하기도 하였습니다. 청구인의 설명을 듣고 기록과 자료를 다시 살펴보니, 검사직무대리가 양측의 진술만 듣고 적당히 쌍방폭행을 인정하면서 기소유예처분으로 사건을 종결했다는 느낌을 받았습니다. 그 느낌 그대로 '검사직무대리가 형식적인 조사만 한 채 아무 근거도 없이 양측의 진술만 듣고 실체적 진실에 반하는 부당한 기소유예처분을 하였다'는 취지의 청구서 초안을 완성하였습니다.

이공현 대표님께서는 청구서 초안과 증거를 하나하나 살펴보시면서 검토를 해 주셨습니다. 주장과 사실관계에 관한 설명이 혼재되어 있는 등 어설픈 초안이었지만, 이공현 대표님의 지도 덕분에 체계와 논리가 갖춰진 청구서가 완성되었습니다. 청구인도 만족스러워 했습니다. 청구서를 제출한 후 상대방이 답변서를 냈고, 이를 반박하고자 보충서도 작성하여 제출하였습니다.

보충서 제출 후 세 달쯤 지났을까, 기소유예처분을 취소하는 결정이 내려졌습니다. 저희의 주장을 모두 받아들이면서, 검사직무대리의 중대한 수사미진을 지적하는 내용이었습니다. 사실인정부터 결론에 이르기까지 6쪽에 이르는 상세한 결정문을 보고 어찌나 기쁘던지요. '헌법소원제도는 국민의 기본권 구제를 위한 대표적인 헌법재판의 유형이다'는 교과서의 설명이 실감나는 순간이었습니다. 청구인이 울먹이면서 '정말 고맙다'고 인사를 하는데, 그 순간 '변호사가 되기 잘했다'는 생각이 들었습니다. 이공현 대표님도 축하와 격려의 말씀을 해 주셨고, 이렇게 저의 첫 헌법사건이 마무리되었습니다.

군이 기소유예처분을 다투어야 하는지 의아해하실 수도 있습니다. 청구인이 정말 폭행을 하지 않았는지도 알 수 없습니다. 청구인의 기억이나 진술이 잘못되었을 수도 있습니다. 그러나 폭행 사실은 검사가 엄격하게 증명해야 합니다. 더구나 이 사건의 경우, 사건 초기에 조금만 더 성의를 갖고 조사했으면 객관적인 증거를 쉽게 확보할 수 있었습니다. 그러나 수사기관은 그렇게 하지 않았습니다. 검사직무대리도 '전형적이고 소소한 사건'이라 생각하여 양측의 진술 내용만 보고 처분을 내린 것 같았습니다. 하지만 청구인은 기소유예라는 내용을 견딜 수 없어 했습니다. '자신은 정말로 폭행을 하지 않았다'고 간절히 호소하였습니다. 수사기관에게는 많은 사건들 중 하나였겠지만, 청구인에게는 인생의 중요한 일부분이었습니다. 국가의 공권력 행사가 일반 국민에게 어떤 무게로 다가오는지, 국가가 공권력을 행사할 때 얼마나 깊은 숙고를 해야 하는지 절감하였습니다. 변호사가 사건을 어떻게 대해야 하는지, 저에게도 경각심을 주는 사건이었습니다.

헌법재판소 공개변론

2018년 2월 28일, 자율형 사립고등학교(이하 '자사고') 3개교와 자사고 입시를 준비하는 중학생 3명 및 위 중학생 3명의 학부모 3명이 헌법소원심판을 청구했습니다. 이어 2018년 3월 2일에는 가처분도 신청하였습니다. 초중등교육법 시행령 개정의 내용을 문제삼는 것이었습니다. 이들의 주장은 첫째, 전기 선발 학교였던 자사고를 후기 선발 학교로 바꾼 시행령 개정이 위헌이고, 둘째, (후기 선발 학교가 된) 자사고의 지원자가 평준화 지역의 후기 선발 학교에 중복지원하는 것을 금지하는 개정이 위헌이라는 것이었습니다. 위와 같은 개정으로 인해, 자사고에 지원하였다가 불합격한 학생들은 통학 거리가 멀고 선호도가 떨어지는 비평준화 지역의 후기 선발 학교 추가 모집에 지원하거나, 고입 재수를 할 수밖에 없다는 이유를 들었습니다. 이러한 청구에 대해 지평은 이해관계인인 교육부장관의 대리인을 맡아 위 개정 내용의 정당성을 주장해야 했습니다.

'자사고는 당연히 전기 선발을 해야 한다'는 자사고의 주장은 사실상 '자사고가 우수 학생을 선점해야 한다'는 주장으로서, 지나친 특권 의식의 발로라고 볼 수 있었습니다. 그리고 자사고 지원자가 평준화 지역의 후기 선발 학교에 중복지원하는 것을 금지한 개정은, 그 개정으로 인해 직접 청구인들의 기본권이 침해된 것이 아니라고 볼 수 있었습니다. 교육감의 재량에 따라 학교 배정을 받을 수 있으므로 교육감의 재량행위가 기본권 침해의 원인이 될 가능성이 있을 뿐이었습니다.

2018년 6월 28일, 가처분신청 중 '중복지원을 금지하는 개정에 관한 신청'이 받아들여졌습니다. 이에 따라 위 개정 내용의 효력은 헌법소원심판청구사건의 선고 시까지 정지되었습니다. 개정 내용을 전제로 하여 다음해 입시 절차를 계획하던 교육부 및 각 지역 교육청은 시급히 대책을 마련하느라 정신이 없었습니다. 지평도 자문을 하느라 당시 담당 변호사이셨던 박성철 변호사님, 박보영 변호사님(현재 서울시립대 교수)이 고생을 많이 하셨습니다.

2018년 여름, 주심인 박보영 변호사님이 장기연수를 가시고 제가 주심을 맡게 되었습니다. 이미 박성철, 박보영 변호사님이 큰 논리를 세우고 방대한 분량의 의견서도 제출하셨기 때문에 큰 부담은 없는 상황이었습니다. 그런데 2018년 9월 11일, 헌법재판소로부터 변론예정통지서가 왔습니다. 공개 변론을 진행하겠다는 것이었습니다. 헌법재판소 공개 변론은 보통 1년에 10차례 미만으로 열리는데, 의견이 첨예하게 대립하고 사회에 큰 영향을 미칠 수 있는 주요 사건들을 다루다 보니 언론의 관심을 많이 받습니다.

공개 변론이 잡혔기 때문에 당장 변론요지서 및 프리젠테이션 자료를 준비해야 했습니다. 그리고 4~5시간 동안 진행되는 공개 변론에서 헌법재판관님들의 끊임없는 질문에 답해야 하기 때문에 사건의 내용을 완전히 장악해야 했습니다. 다행히 박성철 변호사님이 잘 지도해주시고, 후배 김재원 변호사(현재 서울남부지법 판사)가 열성적으로 도와주어 순조롭게 공개 변론을 준비할 수 있었습니다.

준비 과정에서 헌법행정팀의 세미나 주제로도 다루었습니다. 작성한 변론요지서 초안에 관하여 많은 분들이 유익한 조언을 주셨고, 생각하지 못했던 쟁점들에 관하여 질문을 해 주셔서 공개 변론 준비에 큰 도움이 되었습니다. 특히 이공현 대표님께서는 변론요지서에 관한 의견뿐만 아니라, 헌법재판소 공개변론이 어떻게 진행되는지, 헌법재판관님들이 궁금해하는 사항들은 무엇인지 등 소중한 조언들을 아낌없이 해주셨습니다. 마치 공개 변론 현장의 분위기가 그대로 느껴지는 듯한 생생한 조언들이었습니다.

2018년 12월 14일, 공개 변론이 열렸습니다. 예상대로 많은 언론이 찾아왔고, 방청석도 가득 찼습니다. 변론 분위기는 치열했지만, 우리측 주장을 충분히 개진하였습니다. 주로 변론하신 박성철 변호사님이 논거를 설득력 있게 설명하셨고, 헌법재판관님들의 질문에도 막힘없이 답변하셨습니다. 저도 준비했던 최종 변론을 무사히 마쳤습니다. 참관하러 오신 교육부 담당자분들이 공개 변론이 끝나자 환하게 웃으면서 저희에게 다가오시던 기억이 생생합니다. 수고가 많았다고, 감사하다고 연신 인사를 하셨습니다.

2019년 4월 11일 결정이 선고되었습니다. 자사고를 후기 선발 학교로 바꾼 개정은 합헌이었으나, 자사고 지원자가 평준화 지역의 후기 선발 학교에 중복지원하는 것을 금지하는 개정은 위헌이었습니다. 자사고 지원자가 평준화 지역의 후기 선발 학교에 중복지원을 하지 못하게 됨에 따라, 자사고에 불합격한 학생들이 통학이 힘든 먼 거리의 학교에 진학하거나, 최악의 경우에는 고입 재수를 해야 할 수도 있었기 때문입니다. 자사고 지원으로 인해 지나치게 큰 불이익을 받는다고 볼 여지가 있었습니다.

어떠한 정책적 목적을 달성하기 위해 동원할 수 있는 수단의 한계는 어디까지일까요? 헌법재판소는 중복지원금지 조항에 관하여 '우수학생 선점 및 고교서열화를 완화하고, 고등학교 입시경쟁을 완화하기 위한 목적을 달성하기 위해 어느 정도 기여하는 수단'이라고 설시하면서도, 그 방법이 지나치다는 취지로 판시하였습니다. 학생들에게 큰 피해가 가는 수단은 정당화되기 어렵다는 것입니다. 결국 이는 정도의 문제(침해의 최소성)로 귀결되는데, 정책을 세우면서 헌법적 가치에 비추어 끊임없이 고민해야 할 사항이라 생각합니다. 공개 변론에서도 양측은 이 쟁점에 관하여 치열하게 논쟁하였습니다. 복잡다단한 사회 문제를 해결하기 위해 여러 정책을 세우는데, 그 정책이 합헌적인지에 관한 고민에는 끝이 있을 수 없습니다. 헌법재판은 이러한 고민을 다룬다는 점에서 매력적입니다.

나가며

교과서로만 접해보던 헌법소송을 입사하자마자 직접 수행해보고, 헌법재판소 공개 변론에도 참여하게 된 것은 제가 헌법행정팀의 일원이었기 때문에 가능한 일이었습니다. 학창시절 막연한 호기심만 가지고 동경의 시선으로 바라보던 헌법이 자신의 모습을 어떻게 사회에 구체적으로 드러내는지, 헌법소송을 직접 수행하면서 알 수 있었습니다. 저에게 이런 소중한 기회와 경험을 선물해주신 이공현 대표님에게 다시 한번 감사의 인사를 드리고 싶습니다. 아울러 지평법정책연구소 및 헌법행정팀의 무궁한 발전을 기원합니다.

논 문

행정소송상 집행정지제도와 본안 승소가능성

곽신재

목 차

I. 문제의 제기

집행정지제도는 처분대상자인 국민이 행정소송을 통하여 처분의 적법성을 다투는 경우에 문제된 처분의 효력 또는 집행을 일시적·잠정적으로 정지하는 제도이다. 본안 소송이 진행되는 도중에 처분이 집행되어 돌이킬 수 없는 손해가 발생하면 국민은 더 이상 소송을 통하여 그 효력을 다툴 실익이 사라진다. 이러한 경우에는 권리구제의 실효성을 보장하기 위해서 본안소송의 결론이 내려지기 이전에 처분의 집행을 잠시 보류할 필요가 있다. 처분의 집행(또는 효력)이 정지된 기간 동안 처분대상자는 소송을 통하여 처분의 적법성을 다툴 수 있으며, 결과적으로 처분이 적법·유효한 것으로 인정되면 비로소 집행이 이루어지게 된다.

다만 집행정지는 언제나 일정한 비용을 발생시킨다. 행정청의 '즉시집행의 이익'이라는 비용이다. 즉시집행의 이익은 처분의 종류에 따라 차이가 있으나, 어떠한 경우에도 완전히 0이 되지는 않는다. 예컨대 일반적으로 즉시집행의 이익이 매우 낮다고 여겨지는 과징금 부과처분의 경우에도, 집행정지기간 동안 과징금 납부 지연에 따른 가산금이 발생하지 않는다는 판례의 태도[1]로 인하여 국가는 집행정지기간 동안의 자금운용이익을 상실하는 손해를 입게 된다. 영업정지처분의 경우에도 마찬가지다. 일반적으로 영업정지처분은 처분대상자의 영업이 지속될 것이라는 전제 때문에 즉시집행이익이 낮다고 여겨지나, 본안소송 도중에 폐업하는 등의 사정으로 더 이상 집행이 불가능해질 가능성이 분명히 존재한다. 뿐만 아니라, 성수기와 비수기의 차이가 큰 사업의 경우 집행정지를 통하여 전략적으로 영업정지기간을 조정하는 행태를 보이기도 한다.[2]

즉시집행의 이익이 뚜렷하게 드러나는 처분도 존재한다. 대표적인 사례가 유해물질 배출 중단을 명하는 처분이다. 한편 즉시집행의 이익을 명확하게 특정하기는 어렵더라도, 집행정지로 인하여 처분의 실효성이 명백하게 감소하는 사안은 흔히 찾아볼수 있다. 예컨대 공정거래위원회가 시장지배적남용행위 등을 원인으로 내린 시정명령에 대하여 집행(효력)정지결정이 이루어진 경우, 소송이 진행되는 동안 산업구조 및 환경이 급속도로 변화함으로써 시정명령이 사실상 무의미하게 될 가능성이 있다. 시정명령이 내려질 당시에는 의미가 있었던 조치가 본안판결 확정 이후에는 더 이상 별다른 의미를 갖지 못하게 되는 것이다.

집행정지의 이익(처분대상자의 집행정지이익)과 비용(행정청의 즉시집행이익)은 '원상회복'의 문제로 이어진다. 집행정지의 결론과 본안소송의 결론이 서로 불일치할 경우에 발생하는 비용의 문제이다. 이러한 비용은 비단 집행정지결정이 인용되고 본안 패소판결이 선고되는 사안뿐 아니라 그 반대의 경우, 즉 집행정지결정이 기각되고 본안 승

---

1) 대법원 2003. 7. 11. 선고 2002두48023 판결

2) 조성규, "부정당업자제재에 비추어 본 집행정지제도의 개선방안에 관한 연구", 공법학연구 18(4), 2017, 339
면은 부정당업자 제재를 위한 입찰참가자격제한처분 취소소송에서 성수기의 입찰참가자격 제한을 피하기
위하여 전략적으로 집행정지를 이용하는 실태를 지적한 바 있다.

소판결이 선고되는 경우에도 똑같이 발생할 수 있다.[3] 대법원은 전자의 경우에 "당초 집행정지결정이 없었던 경우와 동등한 수준으로 해당 제재처분이 집행되도록 필요한 조치를 취하여야" 한다는 원칙을 천명한 바 있으나(대법원 2020. 9. 3. 선고 2020두34070 판결), 본안소송이 진행되는 (결코 짧지 않은) 기간 동안 발생하는 수많은 사정 변화로 인하여 완벽한 원상회복은 사실상 불가능하다. 처분의 범위 및 내용을 변경함으로써 처분의 실효성을 도모하는 방안도 고려해볼 수 있으나, 이 또한 무리한 원상회복 시도로 인하여 국민이 집행정지가 기각되었을 때보다 더욱 큰 불이익을 입을 우려가 있다는 점에서 문제가 있다.[4] 더 나아가, 처분 또는 집행정지를 토대로 복잡한 법률관계가 형성되고 시간이 지남에 따라 법률관계가 고착화되는 경우에는 이를 원상회복하는 것이 사실상 불가능하다. '시간의 흐름'을 멈출 수 없는 이상, 어떠한 측면에서는 반드시 돌이킬 수 없는 손해가 발생할 수밖에 없는 것이다.[5]

이러한 문제가 단적으로 드러나는 사례가 바로 '만족적 집행정지'이다. 만족적 집행정지란 문제된 사안이 매우 급박하게 진행되고 있어 집행정지결정이 사실상의 종국적 판단으로 기능하게 되는 경우를 뜻한다. 2021년의 8.15. 집회금지통고 집행정지 사건, 윤석열 전 검찰총장 해임 처분 집행정지 사건, 백신패스 집행정지 사건, 수능 정답처리 사건 등 근래 사회적 주목을 받은 대부분의 집행정지 사건이 이에 해당한다. 위와 같은 사건들에서는 집행정지이익과 즉시집행이익을 비교·교량하여 판단을 내리는 것이 불가능하거나 지극히 어렵다. 집행정지이익과 즉시집행이익이 우열을 가릴 수 없이 높아, 어느 쪽을 택하든 반대편의 이익을 종국적으로 희생시키는 결과가 발생하기 때문이다. 뿐만 아니라, 본안소송 결과가 집행정지와 달라지게 된 경우에도 이미 집행정지 또는 처분이 사회적 사실관계에 미친 영향은 돌이키기 어렵다. 사실상 집행정지가 실체적 권리관계를 확정짓는 역할을 수행하는 것이다.

---

3) 우미형, "집행정지절차에서의 원칙과 예외—본안승소 가능성과의 관계를 중심으로—", 행정법이론실무학회 제259회 정기학술발표회 (2021. 3. 13. 발표) 4면 참조.

4) 대법원 2020. 9. 3. 선고 2020두34070 판결이 그러한 사안에 해당한다.

5) 관련하여, 이진형, "독일 행정소송에서의 가구제에 관한 연구" 서울대학교 법학박사 학위논문, 2021, 15면 각주 22는 Schoch in: Schoch/Sneide, Verwaltungsgerichtsordnung Kommentar, 38. Aufl., 2020, §80 Rn. 17−18의 견해를 다음과 같이 소개한다. "'시간의 흐름'은 멈출 수 없는 것이므로, 행정의 관점에서는 행정 임무의 수행을 위한 시간의 상실이 있(다). (...) 따라서 가구제의 핵심목적을 '사실이 완성되는 것의 방지'로만 보는 관점을 벗어나서, 어쩔 수 없는 본안결정 이전까지의 시간의 흐름 속에서 관련되는 모든 당사자의 불이익과 리스크를 적절하게 분배하는 것으로 보아야 한다."

"본안 승소가능성"은 바로 이러한 지점에서 대두되는 쟁점이다. 집행정지와 본안 판단의 불일치가 비용을 야기한다면, 가능한 한 두 판단의 결론이 일치되도록 조정하는 것이 바람직할 수 있다. 특히 만족적 집행정지결정과 같이 집행정지이익과 즉시집행이익의 우열을 가릴 수 없고, 사후적 원상회복도 지극히 어려운 경우에는 비용을 최소화하기 위하여 본안과 집행정지를 일치시켜야 할 필요성이 강해진다. 그러나 한편으로 집행정지에서 본안이 개입하는 정도가 높아지면 높아질수록 잠정적 절차로서 집행정지제도가 가지는 기능이 크게 저해될 수 있다. 이렇듯 충돌하는 두 가치의 균형을 어떠한 지점에서 도모하여야 하는지 문제된다.

본 논문에서는 먼저 ① 우리나라의 판례, 학설 및 실무에서 본안 승소가능성을 어떻게 다루고 있는지 살피고, ② 독일, 프랑스, 미국, 일본의 행정소송 가구제 제도와 우리나라의 민사상 가처분 제도에서 본안 승소가능성을 어떻게 고려하고 있는지 살펴본 뒤, ③ 이를 토대로 본안 승소가능성의 바람직한 고려 양상을 검토하고자 한다.

II. 집행정지에서 본안 승소가능성의 위치: 판례 및 학설

1. 판례의 태도

1) 손해의 회복불가능성 및 긴급성 판단기준에 관한 일반론

집행정지결정의 핵심 법리는 '회복하기 어려운 손해'를 중심으로 형성되어 있다. 이에 관하여 대법원이 제시한 일반론은 다음과 같다.

○ '회복하기 어려운 손해'는 특별한 사정이 없는 한 금전으로 보상할 수 없는 손해로서 금전보상이 불가능한 경우 또는 금전보상으로는 사회관념상 행정처분을 받은 당사자가 참고 견딜 수 없거나 참고 견디기가 현저히 곤란한 경우의 유형, 무형의 손해를 일컫는다.

○ '처분 등이나 그 집행 또는 절차의 속행으로 인하여 생길 회복하기 어려운 손해를 예방하기 위하여 긴급한 필요'가 있는지는 처분의 성질, 양태와 내용, 처분상대방이 입는 손해의 성질·내용과 정도, 원상회복·금전배상의 방법과 그 난이도 등은 물론 본안청구의 승소가능성 정도 등을 종합적으로 고려하여 구체적·개별적으로 판단하여야 한다.

위와 같은 일반론 중 두 번째 단락, 즉 '회복하기 어려운 손해를 예방하기 위한 긴급한 필요'를 판단할 때 고려해야 할 제반 사항을 열거한 부분(이하 '포괄적 판단 법리[6]'라 한다)을 최초로 설시한 결정례는 약제상한금액고시에 대한 집행정지 사건인 대법원 2004. 5. 12.자 2003무41 결정이다. 이 결정례는 대법원 2004. 5. 17.자 2004무6 결정, 대법원 2008. 5. 6.자 2007무147 결정, 대법원 2008. 12. 29.자 2008무107결정, 대법원 2010. 5. 14.자 2010무48 결정, 대법원 2011. 4. 21.자 2010무111 전원합의체 결정 등 다수의 후속결정례에서 인용되면서 대법원의 확고한 판례로 자리잡았다.

2) 본안 승소가능성의 고려 여부 및 고려 양상에 관한 결정례

대법원은 본안 승소가능성에 관하여 크게 ① '본안소송에서 처분의 취소가능성이 없음이 명백할 것'을 집행정지의 소극적 요건으로 고려해야 한다는 취지, ② 앞서 본 '회복불가능한 손해 발생을 예방할 긴급한 필요'를 판단하는 제반 고려사항 중 하나라는 취지의 판시를 하였다.[7]

(1) 본안승소가능성을 소극적 요건으로 본 결정례

집행정지의 소극적 요건으로서의 본안 승소가능성(처분 취소가능성)에 관한 판시가 처음으로 등장한 결정례는 대법원 1992. 6. 8.자 92두14 결정이다. 구체적인 내용은 다음과 같다.

> 집행정지 제도는 신청인이 본안소송에서 승소판결을 받을 때까지 그 지위를 보호함과 동시에 후에 받을 승소판결을 무의미하게 하는 것을 방지하려는 것이어서 본안소송에서의 처분의 취소가능성이 없음에도 처분의 효력이나 집행의 정지를 인정한다는 것은 제도의 취지에 반하므로 집행정지사건 자체에 의하여도 신청인의 본안청구가 이유 없음이 명백하지 않아야 한다는 것도 집행정지의 요건에 포함시켜야 할 것이다.

---

6) 김동희·최계영, 행정법 I 제26판(2021), 박영사, 757면은 위와 같은 결정례를 인용하면서, '회복할 수 없는 손해' 요건과 '긴급성' 요건은 각각 독립적으로 판단되는 것이 아니라 합일적·포괄적으로 판단되는 것임을 지적하였다. 본고는 이러한 견해에 따라 위 법리를 포괄적 판단 법리로 약칭하고자 한다.

7) 집행정지의 대상이 될 행정처분이 명백히 위법임을 인정할 수 있는 경우에는 "위법의 개연성"도 집행정지 사유의 하나로 할 수 있다는 취지의 결정례(대법원 1962. 4. 12.자 62두3 결정)가 있으나, 1984년 행정소송법 전부개정 이전의 판시로서 아무런 후속 결정례가 없는 이상 이를 의미 있는 결정례로 고려하기는 어렵다.

위 법리가 인용된 결정례[8] 중 실제로 본안에서의 취소가능성이 없음이 명백하다는 이유로 집행정지신청을 기각한 사안으로는 대법원 1997. 4. 28.자 96두75 결정, 2007. 7. 13.자 2005무85 결정이 있다. 두 결정에서 공통적으로 드러나는 특징은 대법원이 처분의 적법성에 관한 구체적이고 상세한 판단을 하였다는 점이다. 예컨대 96두75 결정의 결정문을 살펴보면, 문제된 서울특별시 교육위원회 의장불신임결의가 실체적으로나 절차적으로 적법하다는 점을 상세하고 구체적으로 판시하고 있어 본안판단을 갈음하는 판결로 보아도 무방하다. 2005무85 결정 역시 마찬가지로, 구체적인 사실인정을 토대로 문제된 판결이 적법함을 적극 인정하고 있다.

반면 위 법리를 인용하면서도 집행정지신청을 인용하는 취지의 결정례[9]에서는 "본안에서 법률적으로 다툴 여지가 있다"는 취지로 간략하게 판단할 뿐, 본안 승소가능성에 관한 구체적인 언급을 하지 않는 경향을 보인다. 본안 선취의 성격이 뚜렷하게 드러나는 인용례와는 달리, 집행정지에 특유한 요건 판단에 그친 것이다. 다만 예외적으로 대법원 2014. 1. 23.자 2011무178 결정은 "본안 승소가능성 정도"를 핵심 쟁점으로 설정하여, 상세한 이유를 근거로 처분이 위법하다고 볼 여지가 많다는 판단을 내렸다.[10]

(2) 긴급성 판단의 요건으로서의 본안 승소가능성에 관한 결정례: 대법원 2011. 4. 21.자 2010무111 전원합의체 결정

앞서 살펴본 바와 같이, 포괄적 판단 법리에 관한 대법원 판시는 본안 승소가능성을 단순히 긴급성 판단에 고려될 수 있는 여러 요소들 중 하나로 열거하고 있을 뿐이었다. 그러나 대법원 2011. 4. 21.자 2010무111 전원합의체 결정에서는 본안 승소가능

---

8) 대법원 1992. 8. 7.자 92두30 결정, 대법원 2004. 5. 17.자 2004무6 결정, 대법원 1994. 10. 11.자 94두23 결정, 대법원 1997. 4. 28.자 96두75 결정, 대법원 2007. 7. 13.자 2005무85 결정, 대법원 2008. 5. 6.자 2007무147 결정, 대법원 2014. 1. 23.자 2011무178 결정 등이 있다.

9) 대법원 2004. 5. 17.자 2004무6 결정, 대법원 1994. 10. 11.자 94두23 결정, 대법원 2008. 5. 6.자 2007무147 결정

10) 위 결정은 본안에 관한 상고심 판결(대법원 2014. 1. 23. 선고 2011두25012 판결)과 같은 날 내려진 것으로서, 원심을 파기환송함과 동시에 원심에서 이루어진 집행정지신청 기각결정을 파기한 결정이다. 결정 시기 또한 2014. 1. 23.으로, 원심에서 집행정지신청을 기각한 2011. 9. 20.으로부터 약 2년 4개월 가량이 지난 이후에 이루어졌다. 이러한 점을 고려하면 위 결정례가 사실상 독자적인 집행정지 심판으로서 가치를 가진다고 보기는 어렵다. 결정문에서 본안 승소가능성을 주된 쟁점으로 설정한 것 역시 본안판결의 기조를 따르기 위한 것일 뿐, 집행정지결정 자체로 의미를 가진다고 보기는 어렵다.

성이 주된 쟁점으로 대두되었다. 신청인(원고)이 처분의 위법성,[11] 즉 본안 승소가능성이 크다는 점을 항고이유로 주장하며 집행정지가 필요함을 역설하였기 때문이었다. 본안의 승소가능성이 크다면 긴급성을 인정하는 기준이 통상의 경우보다 완화될 수 있으므로, 처분의 적법성을 심사하여 집행정지결정에 반영할 필요가 있다는 요지였다. 이에 대한 대법원의 판단은 대법관 9인의 다수의견과 4인의 반대의견으로 갈렸다.

다수의견은 본안 승소가능성에 관한 신청인의 주장이 본안판단 사항인 "처분의 적법성"을 다투는 취지에 불과하여 적법한 재항고이유가 될 수 없다고 보았다. '집행정지사건에서는 행정처분 자체의 적법 여부가 아니라 집행정지요건의 존부만이 판단대상이 되고, 이러한 요건을 결여하였다는 이유로 효력정지 신청을 기각한 결정에 대하여 행정처분 자체의 적법 여부를 가지고 불복사유로 삼을 수 없다(대법원 1991. 5. 2.자 91두15 결정)'는 법리를 재확인한 것이다.

반면 박시환, 김지형, 이홍훈, 전수안 대법관의 반대의견은 포괄적 판단 법리에 포함된 "본안 승소가능성" 요소를 전면에 부각시키면서, 본안 승소가능성에 관한 구체적이고 상세한 판단을 장문에 걸쳐 제시하였다. 즉 문제된 처분은 이익형량, 상위계획과의 정합성, 효율성 검토, 사전환경성 검토 등을 제대로 수행하지 아니하여 위법하다고 볼 여지가 많아 본안의 승소가능성이 높으므로, (다른 요소들과 함께 종합적으로 고려할 때) "회복할 수 없는 손해를 방지할 긴급한 필요성"을 인정할 수 있다는 것이다.[12]

이에 대한 반박으로, 김능환, 안대희, 민일영 대법관은 포괄적 판단 법리에 관한 다음과 같은 해석론을 제시하였다. 첫째, "본안소송에서 승소할 가능성"은 집행정지의 요건이 아니라는 것은 대법원의 확립된 판례이다. 둘째, 포괄적 판단 법리에서 '본안 승소가능성'을 긴급성 판단의 기준으로 고려한다는 것의 의미는 대법원 1992. 6. 8.자

---

11) 위 사건에서는 4대강 살리기 마스터플랜(정부기본계획)과 4대강 살리기 사업 중 한강 사업 부분의 실시계획승인 처분이 취소청구 및 집행정지신청의 대상이었다. 대법원은 전원일치 의견으로 4대강 살리기 마스터플랜의 경우 처분에 해당하지 않는다는 이유로 집행정지신청을 기각하였으나, 실시계획승인처분에 관하여는 본문과 같이 의견 대립을 빚었다.

12) 반대의견은 위와 같은 판시와 더불어 ① 환경소송이 가진 특성, 즉 헌법이 환경권을 기본권으로 보호하고 있고, 환경문제는 시차성, 탄력성 및 비가역성 등의 고유한 특징을 가진다는 점을 집행정지 판단에 중요하게 고려하여야 한다는 점, ② 이 사건 처분으로 침해되는 손해는 신청인들의 재산권뿐 아니라 건강권, 생명권 및 자연환경의 침해 등이 있고, 이는 금전으로 배상하기 어려운 손해에 해당하는 점을 또다른 중요한 근거로 들었다. 다만 반대의견의 대부분이 문제된 처분의 적법성에 관한 검토라는 점을 고려하면, 반대의견의 무게중심은 본안 승소가능성(처분의 위법성)에 놓여져 있다고 생각된다.

92두14 결정의 법리, 즉 본안 승소가능성 없음이 명백한 경우 집행정지를 기각하여야 한다는 법리를 뜻하는 것에 불과하다. 따라서 반대의견과 같이 집행정지사건에서 본안 승소가능성을 전면적으로 다루는 것은 집행정지제도의 취지에 반하고, 법률심인 재항고심의 심판범위를 벗어난다.

전원합의체 결정례의 법정의견은 단지 "처분의 적법성은 집행정지결정의 고려요소가 될 수 없다"는 기본 법리를 재확인한 것에 그친다. 때문에 (환경소송에서) 본안 승소가능성을 적극 고려하여 승소가능성이 높다는 점을 주된 이유로 삼아 집행정지결정을 인용한 반대의견도, 포괄적 판단 법리는 소극적 요건으로서의 본안 승소가능성 법리를 재확인한 것에 불과하다는 보충의견도 판례로서의 가치를 지니지는 않는다. "본안 승소가능성이 높으면 긴급성 요건을 완화할 수 있다"는 명제가 법정의견으로 받아들여지지 않은 것은 분명하나, 그렇다고 하여 보충의견과 같이 소극적 요건 이외의 기능을 전혀 가지지 않는다고 단정할 수는 없다. 본안 승소가능성이 어떠한 방식으로, 얼마나 고려되는 것인지는 여전히 밝혀지지 않은 상태에 있는 것이다.

2. 학술적 논의

집행정지에서 본안 승소가능성의 고려 여부 및 고려되는 방식과 정도에 관하여 학설상의 논의가 활발하게 전개되고 있는 것으로 보이지는 않는다. 대부분의 학설은 판례와 동일한 견해, 즉 잠정처분인 집행정지제도에서는 원칙적으로 처분의 적법 여부에 관한 실체 판단에 나아가서는 안 되고, 다만 승소가능성이 명백히 없는 경우에 한하여 소극적 요건으로서만 기능한다는 입장을 취하고 있다.[13] 이와 다른 견해로서 임시구제수단으로서 집행절차제도가 가진 취지 및 목적을 강조하면서 처분의 적법 여부는 소극적 요건으로서 고려하지 말아야 한다는 취지의 주장[14]이 있으나, 이와 반대로

---

[13] 김남진/김연태, 행정법 I, 법문사, 제22판, 2018, 876~877면; 정하중, 행정법개론, 법문사, 제13판, 2019, 769면; 박균성, 행정법론(上), 박영사, 2018, 1340면; 홍정선, 행정법원론(상), 박영사, 26판, 2018, 1124면. 한편 김동희·최계영(주 6), 757면이나 박윤흔/정형근, 행정법강의(상), 박영사, 30판, 2009, 827면과 같이 견해 대립 및 판례의 태도만을 간략하게 소개할 뿐 저자의 견해는 밝히지 아니하는 경우도 있었다.

[14] 전극수, 행정소송에 있어서 집행정지에 대한 소고, 법학논총 제21집, 숭실대학교 법학연구소, 2009. 2., 10~12면. 위 견해는 본안청구가 이유 없음이 명백한 경우를 소극적 요건으로 보는 판례는 법률의 해석을 뛰어넘는 것으로서 타당하지 않으며, 설령 본안 승소가능성을 요건에 포함시킨다 하더라도 행정청에게 주장·증명책임을 부과하여야 한다고 주장한다.

본안 승소가능성을 집행정지의 독자적 · 적극적 요건으로 고려해야 한다는 견해(즉 신청인에게 처분의 위법성을 소명하게 해야 한다는 견해)는 찾아보기 힘들다.

　다만 판례의 태도를 기본으로 하더라도, 포괄적 판단 법리의 범위 내에서 본안 승소가능성의 고려 정도를 높이는 것이 바람직하다는 취지의 견해가 발견된다. 각 견해의 구체적인 내용을 살펴보면 다음과 같다. 첫째는 본안 승소가능성이 명백히 인정되는 경우에는 다른 요건이 미흡하더라도 집행정지를 할 수 있다는 견해다.15) 집행정지 단계에서 이미 처분의 위법성이 현저하게 드러난 이상 즉시집행의 이익은 작은 반면, 원고의 재판청구권을 보호하여야 할 필요는 크다는 것이다. 둘째로, 적어도 본안 승소가능성을 집행정지결정의 이익형량 요소로 고려할 필요가 있다는 견해가 있다.16) 마지막으로, 본안 승소가능성에 따라 긴급성의 소명 정도를 달리 볼 수 있다는 견해도 존재한다.17) 이 견해는 본안 승소가능성이 명백히 높은 경우에 관한 논의에서 한 걸음 더 나아가 ① 신청인의 집행정지이익이 매우 높은 경우('회복할 수 없는 손해'가 발생하는 경우)나 행정청의 즉시집행이익이 매우 높은 경우('공공복리에 중대한 영향'을 끼치는 경우)에는 승소가능성과 무관하게 집행정지를 결정할 수 있더라도, 두 이익이 비등한 경우에는 이익형량 과정에서 승소가능성을 고려해야 한다는 점, ② 위와 같은 중간지대에서는 본안 승소가능성에 따라 '회복하기 어려운 손해'의 소명 정도가 달라질 수 있다는 점, ③ 본안심리의 선취 문제는 집행절차에서의 심리법위를 '개략적인 심사'로 제한함으로써 대부분 해결할 수 있다는 점을 구체적으로 주장하고 있어 특기할 만하다.18)

　한편 본안 승소가능성이 명백하다는 이유로 집행정지결정을 내려서는 안 된다는 견해도 존재한다. 즉 본안 승소가능성이 명백하다는 이유로 집행정지결정을 내리게

---

15) 김도창, 일반행정법론(上), 1993, 798면; 최광률, "집행정지의 요건과 본안이유와의 관계", 행정판례연구 제1집, 1992, 195면, 우미형(주 3), 33면; 이진형(주 5), 248면.

16) 이일세, 행정소송에 있어서 집행정지제도의 현황 및 개선방안에 관한 고찰, 공법학연구 14(1), 2013, 548면; 이진형(주 5), 249면.

17) 박해식, 회복하기 어려운 손해의 의미와 본안의 승소가능성(2004. 5. 12. 선고 2003무41 판결), 대법원판례해설 제50호, 법원도서관 79~81면.

18) 박해식(주 17), 80, 84면. 이 논문은 포괄적 판단 법리를 최초로 설시한 2003무41 결정의 판례해설이므로, 위와 같은 견해는 대법원이 당시 '본안 승소가능성'을 긴급성 판단 요건 중 하나로 포함시킨 의도에 해당한다고 추단하는 것도 가능하다. 다만 위와 같은 견해가 2003무41 결정의 내용에 직접 반영되지는 아니하였으며, 후속 판례를 통해 구체화되지도 아니하였다.

된다면 임시구제수단인 집행정지가 본안심리를 선취하는 문제가 생길 수 있으므로 처분의 적법 여부를 집행정지의 요건으로 고려할 수 없다는 취지이다.[19]

3. 실무의 태도

판례의 기본적인 태도는 본안판단이 집행정지에 개입하여서는 안 된다는 원칙 아래 본안 승소가능성의 고려범위를 다소 엄격하게 제한하는 것으로 해석되며, 실무 역시 동일한 기조 아래 운영되는 것으로 보인다.[20] 그러나 애초에 집행정지결정의 주된 목적 중 하나가 '원고승소 판결'이 무의미해지는 것을 방지하기 위함임을 고려할 때 실무에서 본안 승소가능성을 전혀 반영하지 않은 채 판단을 내리는 것은 바람직하지 않을 뿐 아니라 현실적이지도 않다. 동일한 재판부가 본안사건과 집행정지사건을 모두 판단하는 우리나라의 현행 제도 하에서는 더욱 그렇다.[21] 실제 집행정지 실무에서 대법원이 동일한 유형의 집행정지사건임에도 불구하고 다른 결론을 내리는 경우가 많은 것은 본안청구의 승소가능성을 실질적으로 고려하였기 때문이라는 점이 지적되기도 한다.[22]

하급심에서 내려지는 집행정지결정은 대다수가 구체적인 이유를 기재하지 아니하고 있어, 본안 승소가능성이 어떠한 정도로, 어떻게 고려되는지 분석하기는 쉽지 않다.[23] 본고에서는 실무의 경향을 파악하기 위한 방편으로 ① 서울행정법원에서 편찬

---

19) 김남진/김연태(주 13), 877면.

20) 법원실무제요: 행정, 법원행정처 편, 2016. 7., 295면은 "신청인에게 본안 승소가능성을 소명할 책임은 없고, 다만 행정청이 처분의 적법성을 적극 소명한 경우에는 집행정지신청을 받아들일 수 없으며, 본안의 승소가능성에 관하여 지나치게 자세한 심리를 하는 것은 제도의 취지를 몰각할 우려가 있어 바람직하지 않다"는 취지이다.

21) 같은 취지로, 정현기, "행정소송 집행정지 사건에 관한 소고", 저스티스 통권 제187호, 97면 참조.

22) 윤영선, 행정소송에 있어서의 가구제 제도, 재판자료 67집, 391~392면; 박해식(주 17), 2004, 78면.

23) 관련하여, 정현기(주 21)가 진행한 서울행정법원 재직 법관들에 대한 설문은 "실무의 경향"을 파악하는 중요한 자료가 된다. 위 논문 98면에 따르면, 설문에 응한 판사 중 약 50%는 "본안청구의 패소가 엄격한지 여부"만을 엄격한 기준으로 판단하고, 약 25%는 본안청구의 승소가능성을 거의 고려하지 않으며, 약 20% 가량은 본안청구의 승소가능성을 적극적으로 심리한다고 답변하였다. 즉 약 75%에 이르는 법관들이 본안 승소가능성을 고려요소로 삼지 않거나 엄격하게 제한된 범위에서만 고려한다고 응답한 것이다. 다만 이러한 응답은 집행정지의 종류를 세분화하였을 때, 즉 만족적 성격의 집행정지 또는 1심에서 원고 승소 판결이 선고된 상황에서의 집행정지 등을 전제로 질의가 이루어질 경우에 얼마든지 달라질 수 있을 것이라고 생각된다.

한 행정재판실무편람의 내용과 ② 결정이유를 비교적 상세하게 기재한 하급심 결정례를 간략하게 살펴보고자 한다.

1) 행정재판실무편람

서울행정법원에서 편찬한 행정재판실무편람(VI)은 본안 승소가능성을 제한적으로 고려하는 판례 및 법원실무제요의 태도를 통설로 소개하면서도, 다음과 같은 두 가지 방향에서 본안 승소가능성을 보다 적극적으로 고려하는 방안을 제시하고 있다.

첫째로, 특정한 유형의 사건에서는 본안의 승소가능성을 고려하는 정도 및 승소가능성에 대한 심리가 가능한 한 충분히 이루어질 필요가 있다고 한다.[24) 실무편람은 승소가능성을 적극 고려해야 하는 유형으로서 ① 제3자효를 갖는 행정처분에서 제3자가 집행정지를 신청하는 경우, ② 의원제명의결에 관한 집행정지와 같이 시간의 경과에 따라 처분이 대상으로 삼는 사실관계가 변경되어 집행을 정지하는 경우와 정지하지 아니하는 경우 모두에서 본안 선취의 결과가 발생하는 경우를 들고 있다. 위 유형에서는 집행정지의 이익과 즉시집행의 이익 사이에서 우열을 가릴 수 없으므로, 결론을 내리는 데 있어 본안의 승소가능성을 충분히 고려할 필요가 있다는 것이다. 반면 ③ 영업취소처분과 같이 행정청에게 즉시집행의 이익이 있으나 처분의 집행으로 인하여 당사자에게 미칠 손해 또한 매우 강력한 경우, ④ 영업정지처분과 같이 즉시집행의 이익은 거의 없는 반면 당사자에게 미치는 손해가 중대하고 회복 불가능한 경우에는 통설에 따라 본안의 승소가능성이 명백히 없는 경우가 아니라면 집행을 정지해야 한다고 보았다.

둘째로, 실무편람은 승소가능성 요건이 매우 높은 정도로 입증될 경우 집행정지의 적극적 요건이 충분히 소명되지 아니하였더라도 집행정지를 허용할 수 있다는 의견을 제시한다. 즉 "행정처분의 적법성에 대한 현저한 의심이 존재할 경우 '회복하기 어려운 손해'에 해당하지 아니한다 할지라도 집행정지를 허용하는 것이 타당"하고, 특히 본안소송의 제1심이 승소판결을 선고할 때 집행정지의 실익이 있다면 집행정지를 고려하여야 한다는 것이다.[25)

---

24) 행정재판실무편람(VI), 서울행정법원 편, 2004, 107~109면(김창석 집필부분).

25) 재판실무편람(IV)(주 3), 111면. 동일한 논지로 김용찬, 집행정지, 행정소송(1), 한국사법행정학회(2008), 369~370면, 정현기(주 21), 109면. 특히 김용찬은 제1심 판결이 원고의 청구를 인용하여 처분을 취소한 경

재판실무편람의 태도가 실무를 어느 정도로 반영하고 있는 것인지 확인하는 것은 어렵다. 다만 적어도 두 번째 제안 중에서 1심 법원이 승소판결을 선고할 때에 직권으로 집행정지를 하는 것이 타당하다는 주장은 실무에서 폭넓게 받아들여지고 있는 것으로 보인다. 실제로 하급심 판결이 원고 청구를 인용하여 처분을 취소하면서 직권으로 집행정지결정을 내리는 사안은 어렵지 않게 찾아볼 수 있기 때문이다. 대법원 결정례 중에서도, 1심 판결 선고 전에는 집행정지신청을 기각하였으며 회복불가능한 손해 및 긴급성을 달리 판단할 만한 아무런 사정 변경이 없음에도 불구하고 원고 승소 판결이 선고된 이후에 집행정지결정을 인용한 사례가 발견된다.[26]

2) 하급심 결정례 검토

집행정지결정 중 대다수는 형식적인 내용의 이유를 기재하는 데 그치나, 예외적으로 비교적 자세하게 이유를 기재한 결정례가 존재한다. 이 중 본안 승소가능성에 관하여 주목할 만한 결정례 일부를 간략히 검토한다.[27]

(1) 근래 가장 주목받았던 집행정지 사건 중 하나인 서울행정법원 2020. 12. 24.자 2020아13601 결정[검찰총장 집행정지 사건]은 본안 승소가능성의 판단범위 및 판단방식을 명시적으로 검토하였다는 점에서 의미가 있다. 위 결정례에서 재판부는 포괄적 판단 법리 및 대법원 2008. 12. 29.자 2008무107 결정을 인용하면서, "신청인의 잔여임기가 단기간이라는 사정은 (징계처분 효력정지의) 긴급성을 뒷받침하는 사정인 동시에 해임처분이 사실상 무의미해질 수 있다는 양면적 성격"을 가지고, 따라서 집행정지결

우 그 취소판결 자체만으로도 행정처분의 집행정지요건이 충분히 입증되었다고 보아야 한다고 주장하면서, 행정처분을 취소하는 판결을 내리면서 집행정지신청을 기각할 수 없을 뿐 아니라 본안판결 이전에 집행정지신청을 기각하거나 신청이 아예 없었던 경우라도 직권으로 집행정지신청을 하는 것이 타당하다고 주장한다.

26) 대법원 2018. 7. 12.자 2018무600 결정. 위 결정은 원고 승소판결 선고 또는 본안 승소가능성을 집행정지결정의 이유로 명시하지는 않았다. 그러나 일반적으로 집행정지이익이 높다고 보기 어려운 정비구역 해제고시 및 재개발 조합설립인가 취소처분에 대하여, 대법원에서 한 차례 집행정지를 기각한 전례가 있음에도 불구하고 집행정지를 인용하는 취지로 파기환송 판결을 선고한 배경에는 본안 승소가능성에 대한 고려가 있었다고 보는 것이 사리에 부합한다.

27) 다만 본안 승소가능성이 명백히 없는 것을 소극적 요건으로 하여 집행정지신청을 기각한 사례는 앞서 대법원 판례 법리를 검토할 때 살펴보았으므로, 이 부분에서는 소극적 요건에 관한 하급심례는 따로 살펴보지 않는다.

정이 그 자체로 만족적인 성질을 가진다는 점을 지적하였다. 더 나아가, 재판부는 양 당사자가 징계처분의 실체적·절차적 정당성을 주요 쟁점으로 삼아 다투고 있으나, "본안 승소가능성에 관한 심리 여부 및 정도에 대하여 의견을 밝혀 달라"라는 재판부의 요청에 대해서는 긴급한 필요를 판단함에 있어 필요한 정도로 심리하면 충분하다고 답변하였음을 적시하였다.

재판부는 위와 같은 전제사실을 토대로 "징계처분의 실체적·절차적 위법상은 집행정지의 법적 요건(회복하기 어려운 손해 및 공공복리)과 종합적으로 고려할 수 있는 정도로 판단하겠다"라고 결론을 내린 뒤, 결정문 대부분을 본안 승소가능성을 검토하는 데 할애하였다(결정문 5~27면). 본안 승소가능성에 관한 검토 정도에 관하여, 실체적 징계사유에 관한 판단은 대부분 "본안에서 추가적인 심리가 필요하다"는 수준에서 그쳤으나, 절차적 요건에 관하여서는 "위법성이 있다"는 취지의 판단을 명시하였다(결정문 27면). 징계처분에 절차적 하자가 있다는 판단은 긴급성을 판단함에 있어 중요한 고려요소로 작용한 것으로 보인다(결정문 32~33면).

결정문에 적시된 재판부의 법리적 결론과 결론 부분의 판단구조[28]에서는 재판부가 대법원의 판례 법리를 벗어나지 않는 범위 내에서 본안 승소가능성을 고려하고자 고심한 흔적이 엿보인다. 그러나 위 결정에서 처분의 적법성이라는 쟁점이 차지한 비중과 본안 승소가능성에 대한 심사의 범위 및 강도는 판례가 설정한 원칙적 범위, 즉 "본안판단이 집행정지에 영향을 미쳐서는 안 된다"는 법리를 분명히 넘어선다. 재판부는 결정 당시까지 확보된 자료를 면밀히 검토하여 사실인정을 한 뒤에 처분사유에 관한 구체적 판단에까지 나아갔는데, 이는 명백히 본안에 해당하는 영역이다. 재판부는 이 사건 집행정지가 만족적·종국적 성격을 가진다는 인식을 가지고 본안 승소가능성을 사실상 결정적인 판단 요소로 삼은 것이다.[29]

---

[28] 결정문 원문을 그대로 옮기면 다음과 같다. "이에 이 사건 징계처분 절차에 징계위원회의 기피신청에 대한 의결과정에 하자가 있는 점을 보태어 보면, 결국 신청인의 본안청구 승소가능성이 없다고 단정하기 어렵다. 또한 이 사건 징계처분으로 신청인에게 회복하기 어려운 손해와 그 손해를 예방하기 위하여 긴급한 필요가 어느 정도 인정되는 점, 피신청인이 주장하는 공공복리에 중대한 영향을 미칠 우려가 있다고 단정하기 어려운 점 등을 종합적으로 고려하면, 현 단계에서는 이 사건 징계처분의 효력을 정지함이 맞다."

[29] "잔여임기가 단기간인 자에 대한 징계처분 사안"에서 집행정지신청을 기각한 사례도 흔히 찾아볼 수 있다는 사정도 이를 뒷받침한다. 실제로 위 결정례가 인용한 대법원 2008. 12. 29.자 2008무107 결정은 잔여임기가 단기간이라는 사정이 가진 "양면적 성격"을 강조하며 집행정지신청을 기각하였고, 서울고등법원 2010. 3. 19.자 2010루51 결정(대법원 2010. 5. 14.자 2010무48 결정의 원심)은 후임 위원장이 임명되었다

다만 위 결정은 본안판결을 선취하는 수준에까지 이르지 않기 위하여 노력하였다는 점에서 의의가 있다. 본안 승소가능성을 적극적으로 검토하고 결정의 주된 근거로 삼으면서도, 집행정지 결정에 사용된 증거자료를 정확히 적시하고 심리범위 및 심리기간을 제한함으로써 판단의 범위를 명확히 하였다. 더 나아가, 본안에서 증인신문 등 증거조사 절차가 추가적으로 진행될 것임을 적시하였고, 현 단계에서 명확하게 결론을 내리기 어려운 실체적 쟁점에 관하여는 "본안에서 추가적 검토가 필요하다"고 판단하였다. 이러한 재판부의 노력이 집행정지 결정으로 인한 사회적 파장을 제한하는데까지는 이르지 못한 것으로 보이나,[30] 적어도 집행정지와 본안의 관계를 정립하고 본안 승소가능성의 심사 범위를 섬세하게 설정하고자 시도하였다는 점에서 괄목할 만하다.

(2) 대표적인 '만족적 집행정지' 사건인 집회금지통고처분취소 사건에서도 본안 승소가능성이 전면적으로 다루어지는 사례가 발견된다. 예컨대 서울행정법원 2021. 9. 24.자 2021아12380 결정[코로나19 집회금지통고처분 사건]에서, 재판부는 전염병 방지를 위한 거리두기 정책은 집회의 자유를 필요최소한으로 제한하는 방법을 전혀 고려하지 않은 채 집회를 전면 금지함으로써 집회의 자유를 본질적으로 침해하였다는 취지로 집행정지신청을 인용하였다. 이는 사실상 행정청의 처분이 위법하다는 판단에 다름아니다. 서울행정법원 2016. 11. 4.자 2016아12248 결정, 2016. 11. 12.자 2016아12308 결정 등에서도 집회의 자유와 교통 소통의 공익이라는 두 가지 가치를 비교형량하여 판단에 나아갔는데,[31] 이는 집회금지통고처분에 관한 본안판결의 판단 방식과 동일하다.[32]

는 점을 근거로 공공복리에 중대한 영향을 미칠 우려가 있다고 보아 집행정지신청을 기각하였다.

30) 당시 징계처분을 둘러싼 정부와 검찰총장의 갈등은 가장 첨예한 정치적 이슈였고, 언론은 집행정지 사건을 검찰총장과 정부의 '한 판 승부'인 것처럼 대대적으로 보도했다("대통령에 대한 소송 맞다"…오늘 밤 집행정지 신청, MBC 뉴스데스크, 2020.12.17. 등 다수). 집행정지결정이 인용되자, 언론은 마치 법원이 종국적으로 검찰총장의 손을 들어 준 것이라는 취지의 보도를 하였고(법원, 윤석열 총장 손 들었다 … 직무정지 징계효력 정지 결정, 한국경제, 2020.12.24. 등 다수), 실제로 국민 여론도 무리한 징계를 강행한 정부의 실책이 크다는 쪽으로 움직였다. 반면 본안판결인 서울행정법원 2021. 9. 16. 선고 2020구합88541 판결은 문제된 징계처분이 적법하다는 판결을 선고하였으나, 특별한 주목을 받지 못하고 있다.

31) 김중권, "집회금지처분에 대한 잠정적 권리구제에 관한 소고–서울행정법원 2016. 11. 4.자 2016아12248 결정–", 법조 통권 725호, 2017, 543~545면.

집회금지통고처분 사건에서 집행정지결정의 두 가지 비교형량 요소, 즉 집행정지 이익과 즉시집행이익이 우열을 가릴 수 없이 높다는 점을 고려하면, 법원이 사실상 본안과 동일한 판단 메커니즘을 취하는 것은 당연하다. 적어도 '문제된 집회를 정해진 일자에 진행할 수 있을 것인지'의 문제는 집행정지결정에 오롯이 달려 있고, 법원의 결정에 따라 패소한 당사자의 이익은 (적어도 당해 집회에 한해서는) 종국적으로 소실된다.[33] 이러한 점에서 집회금지통고 사건은 앞서 본 해임처분에 비하여 만족적 가처분으로서의 성질이 훨씬 더 강하게 나타나는 것이다. 이러한 점 때문에 법원은 집행정지결정의 종국적 성격을 인지한 채 심리에 나아갈 수밖에 없다.

(3) 만족적 집행정지에 해당하지 않음에도 불구하고, 원고의 본안 승소가능성이 명백히 높다는 취지로 판시하면서 집행정지결정을 인용한 사례가 발견된다. 서울행정법원 2019. 2. 19.자 2018아13942 결정이 한 예이다. 위 결정에서 법원은 취소대상인 처분[34]이 후행 처분에 흡수되어서 무효임에도 불구하고 행정청이 독립된 별개의 처분이라고 주장하고 있고, 따라서 형식적으로 존재하는 대상 처분의 효력을 정지하여야 할 필요가 있다는 취지로 집행정지결정을 인용하였다. 즉 행정청이 유효한 독립적 처분이라 주장하는 처분이 무효인 이상 그 무효확인 또는 취소를 구하는 원고의 청구는 승소가능성이 높고, 그 효력을 정지하여야 할 필요가 크다는 것이다. 이러한 취지의 결정은 집행정지와 본안판단을 하나의 재판부에서 진행하는 우리나라 제도 아래에서는

---

32) 백신패스에 관한 일련의 집행정지 결정례 역시 큰 틀에서 집회금지통고처분 결정례와 동일한 구조를 가진다. 서울행정법원 2022. 1. 4.자 2021아13365 결정은 방역이라는 공익과 신청인들의 행복추구권, 자기운명결정권, 평등권 등 기본권을 비교형량하여, 적어도 청소년을 상대로 한 방역패스는 기본권 침해의 합리성, 정당성 및 법익균형성을 갖추지 못하였다는 취지로 집행정지결정을 내렸다. 집회·시위의 권리와 사회안전 등 공익을 비교형량하는 집회금지통고처분 결정례와 같이, 본안과 동일한 메커니즘으로 집행정지 여부를 판단한 것이다.

33) 다만 ① 동일한 이유로 지속적·반복적인 금지통고처분이 이루어지는 등의 사정이 있는 경우에는 위법한 처분이 반복될 위험이 있고(부산지방법원 2016. 4. 1. 선고 2015구합24643 판결), ② 승소 판결이 확정될 경우 다시금 집회·시위를 개최할 가능성이 있다(서울행정법원 2011. 11. 24. 선고 2011구합34122 판결)는 이유로 소의 이익을 인정하는 하급심례가 발견된다. 이와 달리 집회금지통고처분이 정지된 상태에서 당초에 예정된 집회일시가 지났다면, 더 이상 금지통고처분의 취소를 구할 이익이 없다는 판결례도 다수 존재한다(대법원 2018. 4. 12. 선고 2017두67834 판결, 서울행정법원 2007. 5. 22. 선고 2007구합12286 판결, 부산지방법원 2010. 5. 7. 선고 2010구합642 판결).

34) 주식회사의 외부감사에 관한 법률에 근거한 증권선물위원회의 재무담당임원 해임권고, 외부감사명령 등이다.

사실상 처분의 적법·유효성에 관한 종국적인 판단을 내린 것에 다름없다.

유사한 사례로 광주고등법원 2009. 8. 18.자 2009루10 결정이 있다. 이 사건에서는 수용대상토지 소유자들에 대한 지장물건 이전 대집행 계고처분이 문제되었다. 법원은 지장물건을 철거하고 토지에서 퇴거하는 명도의무는 직접적인 실력행사가 필요한 것이지 대체적 작위의무라고 볼 수 없으므로 대집행의 대상이 될 수 없고, 따라서 문제된 계고처분은 위법하다고 판단하였다. 나아가 위법한 계고처분의 효력을 정지하지 않으면 후속 절차가 진행될 우려가 있으므로 회복하기 어려운 손해를 예방할 긴급한 필요가 인정된다고 판시하였다. 대집행 계고처분은 집행정지이익이 높은 사안에 해당하나, 이와 별개로 처분의 위법성을 주된 사유로 하여 판단에 나아간 것이다.

서울고등법원 2018. 5. 30.자 2018루1178 결정 역시 큰 틀에서 이러한 예시에 해당한다. 이 사건에서는 영창처분의 집행정지가 문제되었는데, 1심(수원지방법원 2018. 4. 27.자 2018아3341 결정)은 영창처분의 집행정지이익이 크다는 점을 인정하면서도 신청인의 징계사유가 명백한 이상 본안 승소가능성이 결여되어 집행정지신청을 인용할 수 없다고 판단하였다. 반면 항소심은 ① 영창처분을 규정한 징계양정기준은 상위 법령의 위임을 벗어나 국민에게 새로운 제한을 가하는 행정규칙에 해당한다고 볼 여지가 커 그 효력을 인정하기 어렵고, ② 영장 없는 구금을 인정한 영창조항은 헌법에 위반된다고 볼 여지가 높으며, ③ 신청인의 비위 정도를 고려할 때 10일의 영창처분이 적정한 재량범위 내에 있다고 보기도 어렵다는 이유로 본안 승소가능성이 명백히 없다는 1심의 판단을 파기하고 집행정지신청을 인용하였다. 영창처분의 집행정지이익이 크다는 점을 전제로 (그럼에도 불구하고 집행정지신청을 기각하기 위하여) "본안 승소가능성의 명백성"이 핵심 쟁점으로 대두하자, 영창조항의 위헌성을 비롯한 구체적이고 상세한 이유를 들어 본안 쟁점에 관한 자세한 판단에 나아간 것이다. 앞선 두 결정례와 약간 다른 양상이나, 이 또한 본안 승소가능성을 전면에 내세워 판단에 나아간 사례에 해당한다.

3) 소결

행정재판실무편람은 본안 승소가능성이 집행정지 심리에서 다양한 방식으로 고려될 수 있음을 시사하였고, 실제로 제2)항에서 살펴본 바와 같이 본안 승소가능성을 주된 쟁점으로 삼아 판단에 나아간 사례가 발견된다. 제2)항에서 살펴본 사례는 전체 집행정지 사례에 비교하여 소수에 불과하며, 대부분 예외적인 사안에 해당한다. 때문에 위와 같은 하급심례만을 근거로 실무에서 본안 승소가능성이 적극적으로 고려되고 있다고 단정하기는 어렵다.

다만 하급심 실무에서 본안 승소가능성은 대법원 판례 법리에 드러난 내용보다는 훨씬 더 다채로운 방식으로 기능하고 있음은 분명해 보인다. 특히 만족적 집행정지 사례에서 본안 승소가능성을 심리하는 정도 및 방식에 관한 선행 사례는 상당한 정도로 축적되어 있다. 만족적 집행정지에 관한 사례가 법리 또는 원칙으로 구체화되지는 아니하였으나, 서울행정법원 2020. 12. 24.자 2020아13601 결정과 같이 심리방식 및 고려범위를 구체적으로 다루고자 하는 시도가 계속 이루어지고 있다는 점은 긍정적으로 평가될 수 있을 것이다. 나아가 드물기는 하더라도, 만족적 집행정지에 해당하지 않음에도 불구하고 본안 승소가능성을 주된 쟁점으로 삼은 결정례, 특히 본안 승소가능성이 명백히 높다는 이유로 집행정지결정을 인용한 결정례가 발견되는 것 역시 주목할 만하다.

III. 유사제도와의 비교: 비교법적 검토 및 민사가처분과의 비교검토

이 장에서는 본안 승소가능성의 적정한 고려 방식 및 정도를 검토하기 위하여, 우리나라 집행정지제도와 비교할 만한 외국의 입법례 및 실무례와 민사소송에서 가구제의 역할을 수행하고 있는 가처분제도에서 본안 승소가능성이 어떠한 방식으로 고려되고 있는지 살펴보고자 한다.

1. 비교법적 검토

1) 독일

독일은 행정법원법 제80조 제1항에서 '행정심판이나 취소소송은 정지효를 가진다.'라고 규정함으로써 집행정지의 원칙을 채택하였다. 이에 따라 독일에서는 법률이 규정한 예외 사유에 해당하지 아니한다면 취소소송의 제기만으로 처분의 집행이 정지되고, 이에 대하여 행정청은 '공익 또는 관계인의 중대한 이익'을 위하여 즉시집행을 명할 수 있으며,[35] 행정청이나 법원은 위 즉시집행명령에 대하여 직권 또는 신청에 따

---

35) 독일 행정법원법 제80조 ② 집행정지효는 다음 각호의 1에 해당하는 경우에는 인정되지 않는다.

라 집행을 정지하거나 정지효를 회복시킬 수 있다.[36][37] 따라서 독일에서 '본안 승소가능성'이 고려될 수 있는 상황은 ① 행정청이 즉시집행명령을 발하는 경우, ② 행정청이 집행정지결정을 내리는 경우, ③ 법원이 법률 등의 규정으로 집행이 정지되지 아니한 처분 등의 집행을 정지하거나 즉시집행명령이 내려진 처분 등의 정지효를 회복하는 경우로 나누어진다.

다만 이 중 '본안 승소가능성' 쟁점에 관하여 참조할 만한 단계는 ③ 법원에 의한 집행정지로 한정된다. ① 즉시집행명령 단계에서 본안 승소가능성을 고려하여야 하는지에 관하여는 견해가 대립하고,[38] ② 행정청에 의한 집행정지(행정법원법 제80조 제4항)는 예외적인 경우를 고려하면 실무에서 잘 사용되지 않기 때문이다.

독일의 통설과 지배적인 판례는 집행정지결정에서 '2단계 심사' 방식을 채택하고 있다. 2단계 심사 방식이란 1차적으로 (약식심사를 통하여) 본안 승소가능성이 명백하게 판단되는 경우에는 그 판단에 따라 집행정지를 결정하고, 그렇지 않은 경우에는 2차적으로 즉시집행이익과 집행정지이익을 형량하는 방식이다.[39] 이때 1단계에서 문제되는 '본안 승소가능성'은 '행정작용의 적법성에 대한 진지한 의심(ernstlicher Zweifel)', 즉 원고가 본안에서 승소할 명백한 가능성을 중심으로 판단된다는 점에서 우리나라와 차이가 있다.[40] 본안 승소가능성이 명백히 결여되었을 때 집행정지신청을 기각하는 우리나라와는 반대로, 독일은 원고의 승소가능성이 명백하다면 집행정지신청을 인용하고, 반대로 패소가 명백한 경우에는 반드시 집행정지신청을 기각하지는 않는다.[41]

---

4. 행정행위를 하였거나 또는 행정심판청구를 판단해야 하는 행정청이 공익 또는 관계인의 중대한 이익을 위하여 특별히 즉시집행을 명하는 경우

36) 독일 행정법원법 제80조 ④ 행정행위를 하였거나 행정심판청구에 대하여 판단해야 하는 행정청은 제2항의 경우에 연방법률에서 달리 규정하고 있지 않는 한 집행을 정지할 수 있다. (후략)

37) 독일 행정법원법 제80조 ⑤ 본안법원은 신청에 의하여 제2항 제1호부터 제3호까지의 경우에 전부 또는 일부의 집행정지를 명령하거나, 제2항 제4호의 경우에 일부를 회복시킬 수 있다. (생략) 행정행위가 재판의 시점에서 이미 집행된 경우에는 법원은 집행의 취소를 명할 수 있다. (후략)

38) 이진형(주 5), 63면 각주 166 참조. 본안 승소가능성 고려를 반대하는 견해는 행정행위를 발급한 행정청이 스스로 본안 승소가능성을 판단하는 것은 부당하다고 보는 반면, 명백한 승소가능성은 고려할 필요가 있다는 견해와 재량판단에 적극적으로 반영할 필요가 있다는 견해도 존재한다고 한다.

39) 이진형(주 5), 80면. 위 논문에 따르면, 2단계에서의 이익형량 방식은 "집행정지신청이 기각되었지만 본안에서 승소한 경우"와 "집행정지신청이 인용되었지만 본안에서 패소한 경우"의 결과를 가정하여 형량하는 '결과형량'의 방법에 따른다고 한다.

40) 김현준, 독일 행정소송상 가구제, 공법연구 45(4), 한국공법학회, 2017.6., 163~169면.

본안 승소가능성은 비교형량 단계에서도 중요한 요소로 고려된다. 2단계에서의 비교형량에는 신청인과 피신청인의 이익뿐 아니라 관련된 모든 공익 및 사익이 종합적으로 고려되나, 이러한 이익들이 고려되는 양상은 본안 승소가능성의 개연성에 따라 달라질 수 있다. 본안 승소가능성이 높다면 신청인의 집행정지이익을 뒷받침하는 근거, 즉 손해의 중대성과 긴급성 등에 관한 요청이 낮아지는 반면, 행정행위의 적법성이 뚜렷하다면 집행정지의 필요성을 소명할 필요성이 커진다.[42]

본안 승소가능성의 심사강도에 관하여서도 주목할 만한 견해가 있다. 독일에서 법원에 의한 집행정지절차의 심사강도는 원칙적으로 '약식심사'에 그친다. 그러나 집행정지결정으로 인하여 회복할 수 없는 결과가 발생하는 경우, 본안판단과 집행정지의 결과가 달라질 위험을 최대한 배제하여야 할 필요가 있다. 따라서 최대한 타당한 결정, 즉 본안과 일치되는 결정을 내리기 위하여 본안 승소가능성을 더욱 강도 높게 심사할 필요가 있는 경우에는 증거조사를 포함한 구체적인 심사를 할 필요가 있다는 것이다.[43]

이처럼 독일에서는 '행정판단의 적법성에 대한 진지한 의심'이라는 개념을 통하여 본안 승소가능성을 집행정지 요건 충족 판단의 기준 중 하나로 적극 포섭하고 있다. 본안 승소가능성은 명백히 인정되는 경우 비교형량의 과정 없이 집행정지를 인용하는 적극적 요건으로서 기능하며, 비교형량 단계에서도 집행정지이익 또는 즉시집행이익의 소명정도를 결정하는 주요한 고려요소로 작용한다.

2) 프랑스

프랑스는 종래 행정소송절차상 가구제제도로서 집행정지(le sursis à exécution)를 두고 있었다. 위 제도는 본안을 판단하는 재판부가 신청에 의하여 내리는 결정이었는데, 본안의 승소가능성이 매우 높아야 하며(les moyens serieux; 적법성을 의심할 만한 진지한 이

---

41) 이진형(주 5), 82면에 따르면, 즉시집행에 의하여 회복 불가능한 손해가 발생하는 경우에는 행정행위의 명백한 적법성을 넘어서는 특별한 공익이 있어야 한다고 본다. 이러한 점에서 회복불가능한 손해의 긴급성이 있는 경우에도 본안 승소가능성이 명백히 결여되어 있으면 집행정지신청을 기각하는 우리나라의 법리와는 차이가 있다고 생각된다.

42) 이진형(주 5), 83면(보기); 이는 아래에서 살펴보는 미국의 sliding scale에 관한 논의와 일맥상통한다.

43) 이진형(주 5), 87면에 소개되어 있는 Bostedt in: Fehling/Kastner/Störmer,Verwaltungsrecht, Handkommentar, 80 Rn. 164의 견해이다.

유), 처분의 즉시집행으로 인하여 회복하기 어려운 손해(le dommage difficilement reparable)가 커야 한다는 요건을 중첩적으로 요구하였다. 이렇듯 본안 승소가능성을 독자적인 요건으로 요구하였을 뿐 아니라 소명 정도 또한 매우 높게 설정한 결과, 프랑스에서는 집행정지사건에 소요되는 기간이 매우 길었으며 인용되는 경우도 드물었다.[44)]

행정소송상 가구제절차가 사인의 권리 구제 수단으로서 제대로 기능하지 못한다는 지적이 대두됨에 따라 행정소송상 가구제절차를 개혁하기 위한 노력이 이루어졌다. 그 결과, 프랑스 행정소송법전(Code de justice administrative)에 행정소송상의 가구제제도인 집행정지가처분(référé-suspension)과 자유보호가처분(référé-liberté)이 확립되었다. 위 가처분은 모두 본안을 담당하는 재판부가 아니라 급속심리절차(référé)를 담당하는 가처분법관에 의하여 발령되며, 단독사건에 해당하고 절차적 요건도 완화되어 있어 결정에 소요되는 기간이 현저히 짧은 특징을 가진다.[45)]

프랑스 가구제절차 중 우리나라의 집행정지제도와 가장 유사한 제도는 집행정지가처분이므로, 먼저 집행정지가처분에서 본안 승소가능성이 고려되는 양상을 살펴본다. 집행정지가처분의 요건은 ① 긴급성(침해의 즉각성 및 중대성), ② 행정결정의 적법성에 대한 의심을 불러일으킬 정도의 이유 제시로 이루어져 있다(행정소송법전 제L521-1조[46)]). 이 중 ② '적법성에 대한 진지한 의심(un doute sérieux)'이 본안의 승소가능성에 연결되는데, 위 요건은 당초 집행정지에서 요구하던 '진지한 이유(le moyens sérieux)'를 완화

---

44) 이현수, "행정소송상 집행정지의 법적 성격에 관한 연구", 행정법연구 제9호, 2003.6., 161~162면. 위 논문 162면 각주 17번에 따르면, '처분의 적법성을 의심할 만한 진지한 이유'와 '회복하기 어려운 손해'라는 두 요건은 종래 판례로 정립된 요건이었으나, 1963. 7. 30. decret no. 63,766 제54조로 입법화되었다고 한다.

45) 박현정, "프랑스 행정소송법상 긴급소송제도 – 2000년 개혁 이후의 집행정지가처분과 자유보호가처분을 중심으로–", 행정법연구 제13호, 2005.5., 53~54면. 위 논문에 의하면 2002~2004년에 집행정지가처분은 지방행정법원에서는 26일, 꽁세유데따에서는 13일이, 자유보호가처분은 지방행정법원에서는 5일, 꽁세유데따에서는 3일이 평균적으로 소요되었다고 한다.

46) 프랑스 행정소송법전 제L521-1 상황이 긴급하며 심리 단계에서 어떠한 <u>행정결정의 적법성에 대한 진지한 의심을 불러일으킬 만한 이유</u>가 있고, 행정결정이나 그 거부가 취소소송이나 변경소송의 대상이 되는 경우에 긴급심리판사는 이 결정의 실행 중단 또는 이 결정의 효력 일부를 중지하도록 명령할 수 있다(Quand une décision administrative, même de rejet, fait l'objet d'une requête en annulation ou en réformation, le juge des référés, saisi d'une demande en ce sens, peut ordonner la suspension de l'exécution de cette décision, ou de certains de ses effets, lorsque <u>l'urgence</u> le justifie et qu'il est fait état d'un moyen propre à créer, en l'état de l'instruction, <u>un doute sérieux</u> quant à la légalité de la décision). 위 규정의 문언에 명시되어 있듯이,

한 것으로서 신청인에게 행정결정이 '위법한 것 같다'는 정도의 소명책임을 지우는 것이다.[47] 이를 볼 때, 프랑스 집행정지가처분에서 '본안 승소가능성'이 고려되는 방식은 신청인에게 입증책임을 부담시키는 방향, 즉 집행정지의 가능성을 좁히는 방향임을 알 수 있다. 즉 본안 승소가능성이 높다고 하여 손해의 긴급성에 대한 입증 정도가 낮아지거나 이익형량의 한 요소로서 고려되는 것이라기보다는, 집행정지를 위한 적극적 요건으로서 신청인에게 (다소 완화된) 입증책임을 부담시키는 '적극적 요건'으로서 기능하는 것이다.

한편 자유보호가처분의 경우 ① 긴급성, ② 기본적 자유의 침해, ③ 침해의 중대·명백한 위법성을 요건으로 한다(행정소송법전 제521-2조). 자유보호가처분은 우리나라에서 비교할 만한 제도를 찾기 어려운 프랑스의 독특한 제도로서, 프랑스 민사법원의 '폭력행위' 개념에 대한 행정법적인 해결책으로서 구상된 것이라고 한다.[48] 본안소송의 제기를 적법요건으로 하는 집행정지가처분과는 달리 자유보호가처분은 본안을 제기하기 전에도 신청할 수 있고, 제도의 성격을 보더라도 본안소송에 부수된 것이라고 보기 어려우므로 본안 승소가능성의 고려 양상을 상정하기는 어렵다. 다만 자유보호가처분이 정결정에 의한 침해가 '명백히 위법'할 것을 요구하고 있다는 점에서, '처분의 위법성에 관한 명백한 입증', 즉 '명백한 본안 승소가능성'의 입증이 요구된다고 판단된다. 이러한 점에서 자유보호가처분은 적어도 처분의 적법성에 대한 판단 정도 및 양태에 있어서는 일반적인 본안소송과 동일한 것으로 보인다.

3) 미국

행정소송을 위한 절차가 일반 민사소송과 분리되어 있지 않은 미국의 경우, 연방민사소송규칙에 규정된 예비적 금지명령(Preliminary Injunction)과 잠정명령(Temporary Restraining Order)이 행정소송의 가구제제도로서 기능한다. 이 중 잠정명령은 예비적 금지명령을 위한 심문이 이루어질 때까지 피신청인의 행동을 제한하는 임시적 명령으로서 그 효력의 존속기간이 매우 짧아 가구제수단으로서 매우 제한된 의미만을 가진다.[49] 따라서 미국 소송제도에서 실질적으로 집행정지제도의 기능을 담당하는 것은

---

47) 박현정(주 45), 59면; 이현수, "프랑스 행정소송법상 가구제절차의 개혁─기본적 자유보전을 위한 급속심리를 중심으로─", 공법학연구 5(1), 한국비교공법학회, 2004.2., 393~394면.
48) 이현수(주 47), 398면.

예비적 금지명령이라고 할 수 있다.

미 연방대법원은 2008년 예비적 금지명령의 요건을 ① 신청인이 본안에서 승소할 가능성(Probability of Success on the Merits)이 있을 것, ② 회복불가능한 손해의 위협이 현존할 것, ③ 당사자 사이의 손해 형량, ④ 공익에 관한 정책적 고려 등 네 가지로 정리하였다.

요건에 명시되어 있듯이 미국의 판례는 '본안 승소가능성'을 예방적 금지명령의 적극적·독자적 요건으로 요구하고 있다. 입증 정도는 일반적으로 '합리적인 승소가능성', 즉 승소할 수 있는 가능성이 있다는 정도로 족하나, 일부 연방고등법원이 주 법률의 효력을 정지하는 내용의 금지명령을 신청한 사안에서 '높은 승소가능성(likely to prevail on the merits)'을 증명하기를 요구한 사례도 있다.[50]

한편 본안 승소가능성은 그 자체로 결정적인 요소로 작용하기보다는 당사자들의 손해를 비교형량하는 과정에서 함께 고려된다.[51] 이러한 점을 바탕으로 예비적 금지명령 발령 시의 비교형량을 모형화한 이론으로 Leubsdorf−Posner 공식[52]이 있다. 위 공식은 P(신청인이 본안에서 승소할 확률) * Hp(신청인이 입을 회복불가능한 손해)의 값이 (1−P) * Hd(예비적 금지명령 발령후 신청인이 패소할 경우 피신청인이 입을 회복불가능한 손해)보다 클 경우에만 예비적 금지명령을 발령할 수 있다는 내용으로 이루어져 있다.[53] 즉 신청인의 손해(Hp)와 피신청인의 손해(Hd)의 값을 비교형량하되, 형량을 위한 값을 정하는 단계에서 본안 승소가능성(P)을 적극 고려한다는 것이다. P가 높을수록 신청인의 회복불가능한 손해의 값이 낮아도 예방적 금지명령을 발령할 가능성이 높아지고, P가 낮다면 회복불가능한 손해가 높은 정도로 소명되어야 한다.

---

49) 조수혜, "헌법재판에서의 가처분에 대한 비교법적 연구−한국과 미국을 중심으로−", 미국헌법연구 23(3), 미국헌법학회, 2012.12., 323면. 위 논문에 의하면 잠정명령의 효력기간은 14일이며 연장하더라도 20일을 넘지 못한다고 한다.

50) 조수혜(주 49), 320면.

51) 조수혜(주 49), 321면.

52) 최준규, 환경소송과 임시구제수단−민사가처분과 행정소송법상 집행정지를 중심으로−저스티스 통권 제 164호, 한국법학원, 2018.2., 120면. 위 공식은 '예비적 금지명령 제도는 법원의 오판으로 인하여 발생하는 회복불가능한 손해를 최소화하는 방향으로 운영해야 한다'는 Leubsdorf 교수의 견해를 Posner 판사가 받아들여, American Hospital Supplu Corp. v. Hospital Products Ltd. 사건에서 수식으로 정리한 것이라고 한다.

53) 최준규(주 52), 120면. 정리하면 P*Hp > (1−P)*Hd가 된다.

결론적으로 미국에서 본안 승소가능성은 예비적 금지명령의 적극적·독자적 요건이기는 하나, 실질상 독자적인 요건으로 기능하기보다는 비교형량 과정에서 중요한 요소로 고려된다고 할 수 있다.

4) 검토

독일과 프랑스, 미국의 법제는 모두 행정소송의 가구제제도를 운영함에 있어 본안 승소가능성을 고려 요소로 삼고 있는 것으로 보인다. 이 중 프랑스와 미국은 본안 승소가능성을 가구제를 발령하기 위한 적극적인 요건으로 규정하고 있기도 하다. 다만 두 법제 모두 신청인에게 요구되는 본안 승소가능성의 입증 정도를 합리적인 수준으로 낮춤으로써 위와 같은 규정으로 인하여 신속한 가구제 발령에 문제가 생기거나 신청인의 권리를 적절하게 보호하는 데 차질이 빚어지지 않도록 하고 있는 것으로 보인다.

본안 승소가능성을 비교형량의 주된 요소로서 적극 차용하고 있는 법제로는 미국의 예비적 금지명령이 있다. 독일의 경우 '진지한 의심'이라는 요소를 통하여 본안 승소가능성을 반영하는데, '처분의 적법성에 관한 진지한 의심'이 있는 경우 비교형량을 거치지 아니하고 즉시집행을 취소하는 일종의 소극적 요건으로 고려하는 한편 적법성에 대한 의심이 '진지한 의심'의 정도에 이르지 아니하는 경우에도 어느 정도 적법성에 대한 의심이 제기될 경우 사인에게 유리하게 반영하는 방식으로 본안 승소가능성을 비교형량 과정에 포함시킨다. 즉 미국과 독일 두 법제는 정도의 차이는 있더라도 집행정지 여부를 결정하는 비교형량의 중요한 요소로서 본안 승소가능성을 판단하는 것이다.

반면 프랑스의 경우, 본안 승소가능성을 적극적 요소로 고려하는 것 이외에도 집행정지가처분의 또 다른 요건인 '긴급성', 즉 '신청인의 이익에 충분히 심각하고 즉각적인 침해를 가하는지 여부'[54]를 판단함에 있어 비교형량의 요소로 고려하는지 명확하지 아니하다.

---

54) 박현정(주 45), 59면.

2. 민사 가처분제도와의 비교검토

1) 민사 가처분제도에서 '본안 승소가능성'이 고려되는 양상

민사소송상 가구제제도는 가압류와 가처분으로 이루어져 있다. 이 중 가압류는 금전채무의 변제를 위하여 책임재산을 보전하는 가구제로서 행정소송상 집행정지와는 관련성이 적다. 한편 민사 가처분 중 다툼의 대상에 관한 가처분의 경우, 청구대상의 현상을 유지하거나(소유권이전금지가처분) 작위의무를 부담하는 당사자의 현상을 유지(점유이전금지가처분)하고자 하는 목적으로 이루어지는 것으로서, 원고의 청구와 계쟁물이 직접적인 관계를 가진다는 점에서 집행정지제도와는 상당한 차이가 있다.

따라서 민사소송상 가구제제도 중 집행정지제도와 직접적으로 비교할 만한 것은 임시의 지위를 정하는 가처분 제도뿐이다. 다만[55] 따라서 이하에서는 임시의 지위를 정하는 가처분만을 대상으로 하여 본안 승소가능성이 고려되는 양상을 살펴보고자 한다.

임시지위가처분의 요건은 ① 피보전권리의 존부 및 ② 보전의 필요성으로 이루어져 있다.[56] 이 중 피보전권리의 존부는 본안의 승소가능성과 직접적으로 연결되어 있는 요건이다. 피보전권리가 존재한다는 것은 다른 특별한 사정(피고의 항변 등)이 없는 한 원고의 청구가 받아들여진다는 것이기 때문이다. 임시지위가처분은 다른 민사소송상 가구제와 비교하여 상당히 높은 정도의 소명을 요구하는바, 이로 인하여 임시지위가처분의 본안화 현상(대심절차를 통한 실질심리, 결정에 소요되는 기간의 장기화)이 두드러지게 나타나게 된다.

한편 보전의 필요성에 관하여 판례는 당해 가처분신청의 인용 여부에 따른 당사자 쌍방의 이해득실관계, 본안소송에 있어서의 장래의 승패의 예상, 기타의 제반 사정을 고려하여 법원의 재량에 따라 합목적적으로 결정하여야 한다는 확고한 입장을 취하고 있다.[57] 대법원이 형량의 요소 중 하나로 '본안소송에 있어서의 장래의 승패의 예상'

---

55) 행정소송상 집행정지제도가 실질적으로 행정처분으로 인하여 '이미 실현된 현상'을 적극적으로 변화시키는 효력이 있다는 점을 보더라도 집행정지제도는 '다툼이 있는 권리관계에 관하여 임시의 지위를 정하는' 임시지위가처분과 유사한 것으로 보인다.

56) 민사집행법 제300조 ② 가처분은 다툼이 있는 권리관계에 대하여 임시의 지위를 정하기 위하여도 할 수 있다. 이 경우 가처분은 특히 계속하는 권리관계에 끼칠 현저한 손해를 피하거나 급박한 위험을 막기 위하여, 또는 그 밖의 필요한 이유가 있을 경우에 하여야 한다.

을 들고 있는 것을 볼 때 대법원은 본안 승소가능성을 피보전권리의 존부 판단에서 독자적으로 고려하는 것에 더하여 보전의 필요성을 심리할 때에도 형량의 한 요소로 고려할 수 있다고 판단한 것으로 보인다.

가처분 심리에서 피보전권리와 보전의 필요성을 심사하는 방법 및 순서에 관하여 판례는 피보전권리와 보전의 필요성 요건은 서로 별개의 독립된 요건이기 때문에 그 심리에 있어서도 상호 관계없이 독립적으로 심리되어야 한다는 입장을 취하고 있다.58) 이러한 판례의 태도를 토대로, 피보전권리의 존부를 판단하기는 어려우나 보전의 필요성이 없음이 명백하다면 피보전권리에 대한 판단 없이 신청을 기각할 수 있다는 견해가 있다.59) 반면 위 두 요건을 별개로 심리하여야 한다는 판례의 태도를 두 요건 사이에 아무런 영향을 미치지 않는다는 의미로 해석하기는 어려우며, 가처분의 인용 여부를 판단할 때에는 두 요건을 각각 심리한 결과를 두고 종합적으로 판단하여야 한다는 견해도 존재한다.60)

후자의 견해는 한 걸음 더 나아가 피보전권리와 보전의 필요성이 "하나의 연속체의 양극단"61)에 있다고 평가하면서, "피보전권리의 존재가 너무나 명백하게 입증되면 보전의 필요성의 입증정도는 다소 낮더라도 가처분이 인용될 수 있고, 그 반대로 피보전권리의 소명 정도가 낮더라도 보전의 필요성이 극단적으로 높으면 가처분이 인용될 수 있다."62)라고 주장한다. 이렇듯 피보전권리와 보전의 필요성을 상호보완관계(sliding

---

57) 대법원 1997. 10. 14. 자 97마1473 결정, 대법원 2003. 11. 28. 선고 2003다30265 판결, 대법원 2006. 7. 4. 자 2006마164 결정 등

58) 대법원 2005. 8. 19. 자 2003마482 결정, 대법원 2007. 7. 26. 자 2005마972 결정 등

59) 장두영, 임시의 지위를 정하기 위한 가처분에 있어서 보전의 필요성에 관한 실무적 고찰, 민사집행법연구 (12), 2016, 403면; 서승렬, 보전처분의 피보전권리, 재판실무연구(3) 보전소송, 2007, 108면.

60) 김연학, 임시의 지위를 정하기 위한 가처분의 심리에 관한 몇 가지 모색적 시도, 민사집행법연구 (4), 2008, 164~165면. 위 견해는 보전의 필요성이 명백히 없다는 이유로 가처분신청을 기각할 수 있도록 한다면 실무에서 피보전권리에 대한 판단을 그르칠 위험을 피하기 위하여 보전의 필요성 판단으로 도피할 우려가 있고, 피보전권리의 종류에 따라 보전의 필요성 판단이 달라져야 할 필요도 있으므로 보전의 필요성이 없다는 이유만으로 피보전권리에 대한 심리를 생략할 수는 없다는 입장을 취한다.

61) 김연학(주 60), 163면. 위 논문에서 저자는 미 연방대법원의 Benda v. Grand Lodge of Int'l Assoc. of Machinists &Aerospace Workers 판례에 등장하는 "merely an extreme of a single continuum"이라는 표현을 인용하고 있다.

62) 김연학(주 60), 163면. 저자는 보전의 필요성을 판단하는 형량요소 중 하나로 '본안소송의 승패에 대한 예상'을 든 대법원 판례를 피보전권리에 관한 판단이 보전의 필요성에 관한 판단에 영향을 미치는 것을 인정하는 취지로 볼 수 있다고 주장한다.

scale)로 파악하는 견해[63]는 앞서 살펴본 미국의 실무적 관행(Leubsdorf-Posner 공식)을 폭넓게 참조한 것으로 보인다.[64]

2) 행정소송상 집행정지제도와의 비교

본안 승소가능성의 고려 양상에 관하여, 민사소송상 임시지위가처분과 행정소송상 집행정지제도 사이의 단적인 차이점은 임시지위가처분의 경우 피보전권리의 존부를 적극적·독자적 요건으로 요구하는 반면 집행정지제도는 본안 승소가능성이나 처분의 위법성 존부를 소명할 책임을 신청인에게 지우지 않는다는 점이다.

이러한 차이가 발생한 이유는 민사가처분과 집행정지제도가 가치 형량의 대상 및 양태를 달리하는 데 있는 것으로 보인다. 민사가처분은 동등한 것으로 의제되는 두 사인 간의 권리 충돌 상황에서 이루어지는 것이므로, 원고의 권리를 보전하고 피고의 권리를 제한하기 위해서는 손해 발생의 위험뿐 아니라 원고 자신에게 정당한 권리가 있음이 어느 정도 소명되어야 한다. 반면 우리나라의 집행정지제도는 공익과 사익 간의 충돌을 전면적으로 검토하는 대신 행정처분으로 인하여 손해를 입게 된 사인을 보호할 필요성이 있는지 여부에 초점을 맞추고, 공공복리에 대한 고려는 소극적 요건으로서만 작용하도록 설계된 것으로 보인다.[65] 따라서 집행정지에서 쟁점은 원칙적으로 '회복불가능한 손해를 예방할 긴급한 필요'에 국한되고, 처분의 적법성 여부는 행정청이 본안승소가능성이 명백히 없음을 주장하지 아니하는 이상 쟁점이 되지 아니한다.

본안 승소가능성에 따라 보전의 필요성 또는 긴급성의 소명 정도를 달리 판단할 수 있는지 여부에 관하여, 판례는 임시보호가처분과 집행정지의 경우 모두 '본안소송에 있어서의 승패의 예상' 또는 '본안 승소가능성'을 보전의 필요성 및 긴급성의 고려요소 중 하나로 열거하고 있다. 그러나 판례의 위와 같은 판시는 본안 승소가능성을

---

63) 김연학(주 60) 이외에도 최준규(주 26), 132면, 노혁준, 회사가처분에 관한 연구-기본구조와 주요가처분의 당사자 및 효력을 중심으로, 민사판례연구 제32권, 민사판례연구회, 2010, 995~999면이 이러한 견해를 취한다.

64) 한편 장두영(주 59)은 402면의 각주 13에서 위와 같은 견해에 반대하면서, 위 견해는 두 요건을 별개로 심사할 것을 요구하고 있는 현행법에 부합한다고 볼 수 없으며, 오히려 보전의 필요성에 관한 심리가 더욱 소극적으로 이루어질 우려가 있어 실무상 받아들이기 어렵다고 주장한다.

65) 앞서 본 바와 같이 독일과 미국에서는 행정작용에 대한 가구제를 함에 있어서 공익과 사익을 비교형량하는 바, 위와 같은 제도 설계가 행정소송상 집행정지에서 필연적이라고 보기는 어렵다.

여러 요소 중 하나로 나열한 것에 불과하여 구체적인 고려의 양상 및 정도를 특정하기는 어렵다. 다만 피보전권리의 존부를 적극적 요건의 하나로서 고려하는 임시지위가처분이, 원칙적으로 본안에 관한 판단을 쟁점에 포함시키지 아니하는 집행정지제도에 비하여 본안 승소가능성을 더욱 적극 고려할 수 있을 것으로 보인다.[66]

한편 상기한 바와 같이 임시지위가처분에 관하여서 본안 승소가능성과 보전의 필요성 사이의 상호보완관계(sliding scale)를 적극적으로 인정하자는 견해가 유력하게 대두되고 있다. 행정소송상 집행정지제도에 관하여서도 이와 유사한 취지의 주장이 이루어진 바 있으나[67] 4대강 사업에 관한 대법원 전원합의체 판결이 본안 승소가능성의 적극적인 고려를 부정한 이후로는 상호보완관계를 주장하는 견해는 발견되지 아니한다. 다만 앞서 살펴본 바와 같이, 적어도 '본안 승소가능성이 명백/현저한 경우'에는 회복 불가능한 손해에 관한 입증이 다소 미흡하더라도 집행정지를 인용하여야 한다는 주장은 계속 제기되고 있다.[68]

IV. 검토 : 본안 승소가능성을 고려하는 적정한 방식

이 장에서는 앞서 이루어진 비교법적 검토와 민사가처분 제도와의 비교를 바탕으로 행정소송상 집행정지에서 본안 승소가능성을 고려하는 적정한 방식 및 정도를 세 가지 방향에서 검토하고자 한다.

(1) 먼저 프랑스, 미국의 경우나 민사가처분 제도와 같이 본안 승소가능성을 적극적 요건으로 보아 신청인에게 소명 책임을 지우는 것은 우리나라 집행정지제도의 기본 구조에 어긋날 뿐 아니라 법률의 규정을 명백히 벗어나는 것으로서 허용될 수 없다.

행정소송법 제23조 제2항은 신청인에게 처분의 적법성에 대한 의심이나 본안 승소

---

66) 실제로 일정한 유형의 임시지위가처분(지식재산권침해금지가처분, 직무집행정지가처분 등)의 경우 피보전권리가 소명되면 보전의 필요성이 명확히 소명되지 아니하여도 가처분 신청을 인용하는 실무례가 존재한다고 하나, 이러한 실무례가 보전의 필요성과 피보전권리 사이의 상호보완관계를 인정한 것인지에 관하여는 견해의 대립이 있는 것으로 보인다. 관련하여, 장두영(주 33), 402면, 각주 13번 참조.

67) 박해식(주 17), 84면.

68) 행정재판실무편람(Ⅵ)(주 24), 109면은 집행정지를 허용하는 기준으로서 '행정처분의 위법성에 대한 의심이 현저할 경우'를 제시한다. 이때 '현저한 의심'이란, 독일에서 즉시집행의 이익을 배제하는 기준으로 사용하는 '행정행위의 적법성에 진지한 의심이 있는 경우'보다 강화된 기준으로서, 실무에서의 급격한 전환을 막고자 하는 의도를 가지고 설정된 것이라고 한다.

가능성을 소명할 것을 전혀 요구하고 있지 않다. 이를 볼 때, 우리나라의 집행정지제도는 행정처분으로 인하여 회복할 수 없는 손해를 입을 우려가 있는 사인을 보호하는 데 일차적인 초점을 맞추고 있는 것으로 보인다. 미국의 예비적 금지명령이나 민사가처분 제도가 신청인을 사법권 발동을 청구하는 주체로 보아 자신의 권리를 소명할 책임을 부여하는 것과는 달리, 우리나라는 일단 사인이 처분으로 인하여 회복할 수 없는 손해를 당할 긴급한 상황에 처해 있다면 처분의 적법 여부와 무관하게 사인을 보호하는 것이 타당하다는 관점을 가지고 있는 것이다. 이러한 우리나라 집행정지제도의 취지는 전통적으로 행정의 효율적인 집행을 보호하는 데 큰 가치를 두고 있었던 프랑스 가구제제도[69]보다 더욱 사인을 보호하는 쪽으로 나아가 있다고 볼 수 있다.

우리나라의 위와 같은 법률 규정하에서 신청인에게 본안 승소가능성을 적극적으로 소명할 책임을 지우는 해석론은 불가능하다. '본안 승소가능성이 명백히 없는 경우'를 소극적 요건으로 규정한 판례 역시 소명 책임을 피신청인에게 부여하고 있을 뿐 신청인에게 처분의 적법성을 소명할 것을 요구하고 있지 아니하다. 나아가 신청인의 손해만을 일차적 고려 대상으로 하여 집행정지를 결정하고자 하는 입법적 결단은 충분히 존중할 만한 것으로 보이는바, 해석론으로 이를 수정하여야 할 필요는 없는 것으로 판단된다.

앞서 살펴본 바와 같이, 재판실무편람(Ⅳ)은 ① 제3자의 거부처분취소소송과 같이 사인(신청인)과 사인(처분대상자) 사이의 이익이 충돌하는 경우, ② 행정청의 즉시집행이 익이 매우 큰 경우(집행이 이루어지지 않을 경우 공익에 회복할 수 없는 침해가 발생하는 경우)에는 본안 승소가능성을 충분히 고려할 필요가 있다는 의견을 제시하였다. 그러나 이러한 의견이 신청인에게 본안 승소가능성의 소명 책임을 부과하자는 취지로 해석되지는 아니한다. 아래에서 보는 바와 같이, 위 의견은 특정한 경우에 충돌하는 이익 사이의 형량을 보다 적극적으로 시도하고, 그 과정에서 본안 승소가능성을 충분히 고려하여야 한다는 취지로 해석하는 것이 타당하다. 본안 승소가능성이 형량요소 중 하나로서 간접적으로 고려되는 이상 당사자 일방에게 소명 책임을 전면적으로 부과할 필요

---

69) 이현수(주 47), 388면에 의하면, 프랑스인들은 집행정지로 인하여 행정청의 활동이 마비될 것을 두려워하였기 때문에 집행정지의 요건을 매우 엄격하게 요구하여 왔다고 한다. 앞서 본 바와 같이 프랑스의 현행 집행정지가처분제도에서 요구하는 '처분의 위법성에 대한 진지한 의심'은 집행정지제도의 '진지한 이유'를 약화시킨 요건으로서, 행정의 효율적인 집행을 보호하는 데 큰 가치를 부여하였던 프랑스 가구제제도의 전통이 반영된 것이라고 할 수 있다.

는 없고, 신청절차에서 제출된 자료를 바탕으로 종합적인 판단을 내리면 족할 것이다.

(2) 다음으로, 본안 승소가능성 또는 처분의 적법성에 대한 의심이 현저할 경우 회복불가능한 손해에 관한 소명이 미흡하더라도 집행정지결정을 내릴 수 있는지 살펴본다.

우리나라는 집행부정지원칙을 채택하여 행정의 효율적인 집행을 보호하는 한편, 앞서 본 것과 같이 신청인이 긴급보전의 필요성만을 입증하면 집행을 정지할 수 있도록 하여 사인의 권리를 충분히 보전할 수 있도록 균형을 맞추고 있다. 이렇듯 집행정지결정에서 처분의 적법성을 원칙적으로 고려하지 않을 수 있도록 한 것은 신청인에게 처분의 위법성을 소명할 책임을 부과하지 아니하는 데 초점이 있다고 볼 것이지, 신청인의 집행정지이익이 크지 아니하다고 하여 위법성이 현저한 처분을 보호하고자 한 것은 아니라고 판단된다. 즉 집행부정지원칙이 보호하고자 하는 즉시집행의 이익에 '위법성이 현저한 처분'의 집행까지 포함되지는 아니하므로, 집행정지의 심리과정에서 처분의 적법성에 현저한 의심이 발견된다면 긴급보전의 필요성에 대한 소명이 미흡하더라도 집행정지결정을 내림이 마땅하다.[70]

이러한 견해는 '본안 승소가능성이 명백히 없는 경우'에 긴급보전의 필요성이 있는지 여부와 무관하게 집행정지신청을 기각하는 판례의 입장과 균형을 맞출 필요가 있다는 점에 의하여도 뒷받침된다. 신청인이 아무리 회복할 수 없는 손해를 주장하더라도 처분이 명백히 적법한 이상 집행정지의 이익을 누리게 허용할 수 없다면, 처분의 위법성이 명백하다면 아무리 집행정지의 이익이 적다고 하더라도 행정청으로 하여금 즉시집행의 이익을 누리도록 할 수 없는 것이다. 판례가 인정하는 소극적 요건의 소명과정에서도 본안 선취의 문제가 충분히 발생할 수 있는 이상, 소극적 요건설을 긍정하는 동시에 본안 선취가 이루어질 수 있다는 점을 근거로 위 견해를 비판하는 것은 타당하지 못하다.[71] 나아가 독일의 경우와 같이 본안 승소가능성에 대한 판단이 어려울

---

[70] 박해식(주 17), 79면은 행정상 임시구제의 쟁점을 '본안판결 이전에 행정처분의 적법·유효성의 추정력을 어디까지 유지하여야 하는지의 문제'라고 표현하였는바, 이러한 관점에 비추어 보더라도 위법성이 명백한 처분의 적법성 추정을 유지할 이유가 없다. 앞서 본 바와 같이 독일이 즉시집행결정/법률에 의한 즉시집행의 취소 여부를 결정할 때 처분의 적법성에 대하여 진지한 의심이 제기되는 경우 공익과의 형량을 거치지 아니하고 즉시집행의 이익을 부정하는 것 역시 본문과 같은 점을 염두에 두고 있는 것이라고 판단된다.

[71] 실제로 위 소극적 요건에 관한 행정청의 주장이 받아들여진 96두75 결정과 2005무85 결정에서 하급심과 대법원은 처분의 전제사실을 폭넓게 인정하고 이를 토대로 처분의 적법성을 적극 판단하였다.

경우에는 이를 고려하지 아니하고 적극적 요건에 해당하는지 여부만을 판단하는 방식을 취한다면 본안 선취가 크게 문제되지 않을 수 있을 것으로 보인다.

다만 본안 승소가능성이 명백히 없다는 주장이 매우 드물게 인정되는 것과 같이, '처분의 위법성에 대한 의심이 현저한 경우' 또한 인정되기 상당히 어려울 것으로 보인다. 따라서 위 요건의 주된 의의는 1심 법원에서 처분 취소 판결이 선고된 경우 직권으로 집행정지결정을 내리는 것이 타당하고, 원고의 집행정지이익이 회복할 수 없는 손해에 미치지 않는다는 이유로 집행정지신청을 기각하거나 직권으로 결정을 내리지 아니하는 것은 지양하여야 한다는 데 있다. 즉 일단 처분이 위법하다는 법원의 판단이 이루어진 이상 행정청의 즉시집행이익을 부정하고 원고의 이익을 보호하는 조치를 취하는 것이 타당하다.[72]

(3) 마지막으로 본안 승소가능성의 정도에 따라서 회복불가능한 손해의 소명 정도를 낮출 수 있는지, 즉 본안 승소가능성과 긴급보전의 필요성 사이의 상호보완관계(sliding scale)를 인정할 수 있을 것인지 여부에 대하여 살펴본다.

앞서 살펴본 바와 같이, 본안 승소가능성과 긴급보전 필요성 사이의 상호보완관계를 전면적으로 채택하고 있는 입법례는 미국의 예비적 금지명령제도이다. 그런데 미국의 예비적 금지명령은 기본적으로 충돌하는 두 이익 사이의 비교형량을 제도의 기본 틀로 삼고 있다는 점에서 우리나라의 집행정지제도와 큰 차이가 있다. 예비적 금지명령에서는 신청인의 회복불가능한 손해와 금지명령 발령 시 피신청인이 입을 회복불가능한 손해를 형량하는 반면, 우리나라의 집행정지제도는 손해의 회복불가능성 및 긴급성만을 적극적 요건으로 규정함으로써 공익과 사익의 비교형량보다는 신청인이 입을 손해의 성격 및 규모 자체에 초점을 맞춘다. 집행정지 결정 과정에 있어서 행정청의 즉시집행이익은 원칙적으로 '공공복리에 중대한 영향을 미칠 우려'가 있는 때에

---

72) 다만 제1심법원이 처분취소 판결을 선고하면서도 처분의 위법성에 대한 의심이 현저한지 여부를 판단하기 어려운 경우가 존재할 수 있다. 박해식(주 5), 82~83면은 승소판결이 기존 선례가 없거나 사실 확정에 논란이 있는 등 상급심에서의 번복가능성을 배제할 수 없는 경우에는 본안 승소가능성이 명백한 경우에 해당할 수 없다고 보았다. 그러나 이러한 견해를 취할 경우 하급심에서 처분취소 판결을 선고하면서 집행정지 결정을 하는 데 지나치게 소극적인 태도를 취할 가능성이 있을 뿐 아니라, 상급심의 집행정지에 관한 판단이 하급심 법원의 본안판단을 간섭하게 될 우려가 발생하므로, 처분취소판결을 선고할 때에는 특별한 사정이 없는 한 원칙적으로 집행을 정지하여야 한다고 보는 것이 더욱 타당하다.

한하여 고려될 수 있을 뿐이다.[73]

즉시집행이익과 집행정지이익을 형량하는 과정에서 본안 승소가능성을 주된 요소로 반영하는 것은 매우 자연스럽다. Leubsdorf−Posner 공식에서 드러나는 것 같이 본안 승소가능성에 따라 각각의 이익에 가중치를 부여하는 방식의 판단이 가능하기 때문이다.[74] 반면 이익형량이 전면에 드러나지 않는 우리나라의 집행정지제도에서 본안 승소가능성을 회복불가능한 손해의 입증정도를 바꿀 수 있는 변수로 보는 것은 제도의 틀에 다소 부합하지 아니하는 것으로 보인다. 상기한 바와 같이 우리 집행정지제도는 신청인의 손해 자체에 초점을 맞추고 있는바, 제도의 취지에 비추어볼 때 본안 승소가능성은 손해의 중대성을 결정하는 간접적인 요건 중 하나로만 고려하는 것이 타당하다고 판단된다.[75]

다만 예외적으로 충돌하는 두 권리 사이의 비교 형량이 필요한 경우, 즉 ① 제3자인 신청인과 처분대상자의 이익이 충돌하거나, ② 집행정지의 이익과 즉시집행의 이익이 모두 돌이킬 수 없는 손해를 받을 우려가 있는 경우에는 본안 승소가능성을 전면적으로 검토할 필요가 있을 것으로 보인다. 이러한 경우에는 신청인의 이익뿐 아니라 사인인 처분대상자의 이익이나 공익 또한 충분히 보호할 필요가 있으므로 신청인의 손해만을 검토하는 것은 부적절하고, 대립하는 두 이익의 중대성과 본안 승소가능성을 종합적으로 고려하여 판단을 내려야 한다는 것이다. 위 과정에서 본안 선취 및 심리의 장기화 문제가 발생할 가능성이 있는 것은 사실이다. 그러나 ②번 사안과 같은 경우 대부분 집행정지결정이 사안을 종국적으로 결정짓는 역할을 하는 이상 본안과 유사한 방식으로 심리하는 것에 타당성이 충분히 인정된다. ①번 사안과 같은 경우에

---

73) 행정소송법 제23조 ③ 집행정지는 공공복리에 중대한 영향을 미칠 우려가 있을 때에는 허용되지 아니한다.

74) 이러한 점에서, 앞서 검토하였던 민사 가처분제도에서 상호보완관계를 주장하는 견해의 논거 또한 행정상 집행정지제도에 그대로 적용하기는 어렵다고 생각한다.

75) 위와 같은 우리나라 집행정지 규정이 반드시 사인에게 유리하게 작용하거나, 사인의 이익을 옹호하고자 하는 명확한 목적을 가지고 규정된 것은 아니라고 볼 여지도 있다. 본안 승소가능성과 회복불가능한 손해 사이의 상호보완관계를 인정하는 것이 신청인의 소명 책임을 완화하는 방향으로만 작용한다고 본다면, 사인의 권리 보호라는 제도의 취지에 부합한다고 볼 여지 또한 있는 것이 사실이다. 그러나 이러한 주장은 현재 집행정지제도가 요구하는 '회복불가능한 손해'의 정도가 본안 승소가능성이 매우 낮은 상황에 적용되는 것임이 전제되어야 한다. 그렇지 않다면 본안 승소가능성의 정도가 낮을 경우 신청인이 소명하여야 할 회복불가능한 손해의 정도가 일반적인 경우보다 더욱 엄격해질 가능성도 충분히 존재하기 때문이다. 따라서 본안 승소가능성과 긴급보전의 필요성 사이의 상호보완관계를 인정하는 것이 반드시 사인의 권리를 신장하는 방안이라고 보기는 어렵다.

는 본안 승소가능성의 판단이 어려울 경우 이를 배제한 채로 이익형량에 나아가는 등 심리 과정에서 소명의 정도를 제한하는 방식으로 집행정지제도의 적정성을 담보할 수 있을 것으로 보인다.

결론적으로, 특별한 사정이 없는 한 본안 승소가능성을 집행정지결정의 주된 변수로 보아 회복불가능한 손해와의 상호보완관계를 인정하기는 어려울 것으로 보인다. 본안 승소가능성은 신청인의 손해의 성격과 중대성을 판단하는 간접적인 요소로서 제한적으로 고려될 수 있을 뿐이다. 이때 '간접적인 요소로서 제한적으로 고려될 수 있다'는 것은, 앞서 본 바와 같이 재판부의 심리 과정에서 실질적으로 본안 승소가능성에 관한 잠정적 판단을 개입시키지 않을 수는 없더라도, 적어도 이를 사건의 쟁점으로 부각하거나 결정의 주된 이유로서 설시하는 것은 부적절하다는 취지이다.[76] 나아가 같은 논지에서 신청인 및 피신청인 역시 본안 승소가능성이 명백히 있다/없다는 주장 이외에는 본안 승소가능성에 관한 주장을 항고 또는 재항고의 이유로 삼을 수 없다고 판단된다.[77]

V. 결론

집행정지제도는 사법적 구제가 가진 가장 큰 약점인 적시성의 문제를 보완하는 중요한 제도로서, 본안 판단이 이루어지기 이전에 원고의 권리를 보호하는 임시적·잠정적 결정이다. 제도의 목적을 충분히 구현하기 위하여서는 신속한 심리를 보장하여 줄

---

76) 앞서 본 바와 같이 본안 승소가능성이 실무에서 고려될 수밖에 없음은 자명하다. 법원이 당시까지 수집된 자료를 바탕으로 내린 승소가능성에 관한 잠정적인 판단을 반영하는 것은 자연스러운 것으로 보이기도 한다. 그럼에도 불구하고 위와 같은 상호보완관계가 판단 과정에서 간접적으로 반영되는 것을 넘어서 집행정지결정의 주된 비교형량요소로 부각되는 것은, 앞서 본 바와 같이 제도의 구조 자체에 부합하지 아니할 뿐 아니라 심리과정의 비대화 및 심급 간의 간섭 등의 부작용을 불러일으킬 가능성이 큰 것으로 보인다. 따라서 현재와 같이 법관의 판단 과정에서 간접적으로 작용하는 정도에 머무르게 하는 것이 바람직하다고 판단된다.

77) 이러한 점에서 대법원 2010무111 전원합의체 결정의 반대의견은 이유 설시에 다소 미흡한 점이 있다고 생각한다. 위 반대의견이 회복할 수 없는 손해를 판단하는 요소 중 하나로서 본안 승소가능성을 전면적으로 판단한 것은 집행정지제도의 기본 구조 및 취지에 비추어볼 때 적절한 것으로 보기 어렵다. 다만 반대의견이 한 걸음 더 나아가서 '처분의 위법성에 대한 의심이 현저한 경우'로 보아 회복불가능한 손해의 소명이 다소 미흡하더라도 집행정지를 인용할 수 있다고 설시하였다면, 이 평석의 논지에 비추어 타당성을 충분히 인정할 수 있을 것으로 보인다.

필요가 있으나, 이와 동시에 본안판단과의 정합성 및 권리 구제의 정당성을 고려하지 아니할 수 없다. 그러나 위 두 가지 목적을 동시에 충족하는 것은 쉽지 않다. 이러한 상황에서 집행정지제도에 있어 본안 승소가능성을 고려하여야 하는지, 어떠한 방식으로 얼마나 고려하여야 하는지의 문제는 중요할 뿐 아니라 복잡한 문제이다.

상기한 바와 같이, 하급심에서 처분을 취소하는 판결을 내렸다면 특별한 사정이 없는 한 집행정지결정을 내리는 것이 바람직하다. 이러한 점에서 이 사건 제1심 및 항소심의 판단을 수긍하기 어렵고, 신청을 인용하는 취지로 원심을 파기한 이 사건 결정이 타당하다고 보인다. 다만 위와 같은 대법원의 결정, 즉 본안 승소가능성을 염두에 두고 집행정지를 인용하는 취지의 결정이 하급심 판결을 간섭하는 효과가 발생할 수 있다는 점은 우려할 만하다. 본안 승소가능성의 반영 여부에 의하여 심급 간 마찰이 발생할 수 있다는 점은 추후 고민해 보아야 할 쟁점으로 보인다.

집행정지결정에서 본안 승소가능성의 고려 가부 및 정도와 양상은 그 중요성에 비하여 충분한 논의가 이루어지고 있는 것으로 보이지는 아니한다. 이 사건 결정을 계기로 이에 관한 논의가 더욱 활발히 이루어질 것을 기대해 본다.

참고문헌

단행본

김남진/김연태, 행정법 I, 법문사, 제22판, 2018

김도창, 일반행정법론(上), 1993

김동희, 행정법 I, 박영사, 제7판, 2018

박균성, 행정법론(上), 박영사, 2018

박윤흔/정형근, 행정법강의(상), 박영사, 30판, 2009

정하중, 행정법개론, 법문사, 제13판, 2019

홍정선, 행정법원론(상), 박영사, 26판, 2018

법원실무제요: 행정, 법원행정처 편

행정재판실무편람(VI), 서울행정법원 편

논문

김병기, "행정소송상 집행정지의 요건으로서의 '회복하기 어려운 손해'와 그 주장·소명책임 – 대법
　　　원 1999. 12. 20.자 99무42 결정을 중심으로 –", 공법연구 28(4–2), 2000.10, 한국공법학
　　　회

김세규, "협의의 소의 이익과 집행정지에 관한 소고", 공법학연구 9(3), 2008.8, 한국비교공법학회

김연태, "행정소송법상 집행정지 – 집행정지결정의 내용과 효력을 중심으로 –", 공법연구 33(1),
　　　2004.11, 한국공법학회

김연학, "임시의 지위를 정하기 위한 가처분의 심리에 관한 몇 가지 모색적 시도", 민사집행법연
　　　구 (4), 2008

김용찬, "집행정지", 행정소송(1), 2008, 한국사법행정학회

김현준, "독일 행정소송상 가구제", 공법연구 45(4), 2017.6, 한국공법학회

노혁준, "회사가처분에 관한 연구 – 기본구조와 주요가처분의 당사자 및 효력을 중심으로", 민사판
　　　례연구 제32권, 2010, 민사판례연구회

박현정, "프랑스 행정소송법상 가처분결정의 잠정적 효력", 행정법연구(55), 2018.11, 행정법이론
　　　실무학회

박현정, "프랑스 행정소송법상 긴급소송제도 – 2000년 개혁 이후의 집행정지가처분과 자유보호가
　　　처분을 중심으로 –", 행정법연구 제13호, 2005.5., 행정법이론실무학회.

박창석, "행정소송법상 집행부정지원칙에 대한 연구", 법학논총 25(3), 2008.9, 한양대학교 법학연
　　　구소

박해식, "회복하기 어려운 손해의 의미와 본안의 승소가능성(2004. 5. 12. 선고 2003무41 판결)",
　　　대법원판례해설 제50호, 2004, 법원도서관

윤영선, "행정소송에 있어서의 가구제 제도", 재판자료 67집

서승렬, "보전처분의 피보전권리", 재판실무연구(3) 보전소송(2007)

이일세, "행정소송에 있어서 집행정지제도의 현황 및 개선방안에 관한 고찰", 공법학연구 14(1), 2013. 2, 한국비교공법학회

이현수, "행정소송상 집행정지의 법적 성격에 관한 연구", 행정법연구 제9호, 2003, 행정법이론실무학회

이현수, "프랑스 행정소송법상 가구제절차의 개혁－기본적 자유보전을 위한 급속심리를 중심으로－", 공법학연구 5(1), 2004.2., 한국비교공법학회

전극수, "행정소송에 있어서 집행정지에 대한 소고", 법학논총 제21집(2009.2.), 숭실대학교 법학연구소

장두영, "임시의 지위를 정하기 위한 가처분에 있어서 보전의 필요성에 관한 실무적 고찰", 민사집행법연구 (12), 2006

조성제, "부정당업자제재에 비추어 본 집행정지제도의 개선방안에 관한 연구－이른바 집행부정지원칙에 대한 논의를 중심으로－", 공법학연구 18(4), 2017.11, 한국비교공법학회

조수혜, "헌법재판에서의 가처분에 대한 비교법적 연구－한국과 미국을 중심으로－", 미국헌법연구 23(3), 2012.12, 미국헌법학회

최준규, "환경소송과 임시구제수단－민사가처분과 행정소송법상 집행정지를 중심으로－", 저스티스 통권 제164호, 2018.2., 한국법학원

학생인권조례에 대한 소송 개괄

권준희

목 차

I. 사건의 개요

1. 들어가며

서울특별시 학생인권조례는 학생인권 실태조사에서 드러난 인권침해 현실을 기반으로 제정되었다. 일부 학교장과 교사, 학생들은 위 조례가 무효라거나 기본권을 침해한다거나 위 조례에 근거하여 예산을 지출하면 안된다는 취지로 주장하며 여러 소송을 제기하였다. 지평과 두루는 서울특별시 교육감을 대리하여 학생인권조례를 방어하는 데 성공하였다. 이하에서 소개할 판결들을 통해 사법부로부터 학생인권조례가 정당하게 제정되었음을 확인받고, 사법부로 하여금 '혐오표현(Hate Speech)'에 대한 입장을 표명하게 하였으며, 학생·소수자 인권에 대한 의식을 고취했다는 점에서 의미가 있다.

2. 기초사실

2011. 5. 서울특별시 주민 약 97,000명이 서울특별시 교육감에게 학생인권조례 제정을 청구하였고, 서울특별시 교육감은 위 조례제정청구를 수리하였다.

서울특별시 교육감은 위 주민청구 조례제정안에 대하여 2011. 12. 19. 서울특별시 의회의 의결을 거쳐 2012. 1. 26. 「서울특별시 학생인권조례」(이하 '개정 전 조례')를 제정·공포하였다. 서울특별시 교육감은 2017. 9. 21. 이를 일부 개정하여(이하 '이 사건 조례') 차별받지 않을 권리에 관한 제5조 제3항[1])을 신설하였다.

2017. 12. 19. ○○○ 등은 이 사건 조례에 대한 무효확인을 청구하였으나, 각하되었다(이하 '이 사건 조례무효확인 소송').[2])

2017. 12. 20. ○○○ 등은 개정 전 조례 및 이 사건 조례에 대한 헌법소원심판을 청구하였으나, 이 사건 조례 제5조 제3항에 대한 심판청구는 기각되었고, 나머지 심판청구는 모두 각하되었다(이하 '이 사건 헌법소원').[3])

---

1) 제5조(차별받지 않을 권리) ③ 학교의 설립자·경영자, 학교의 장과 교직원, 그리고 학생은 제1항에서 예시한 사유를 이유로 차별적 언사나 행동, 혐오적 표현 등을 통해 다른 사람의 인권을 침해하여서는 아니 된다.
2) 서울행정법원 2018. 9. 14. 선고 2017구합88640 판결, 서울고등법원 2019. 4. 23. 선고 2018누65790 판결(대법원 2019. 8. 29.자 2019두41560 판결로 심리불속행기각되어 확정).
3) 헌법재판소 2019. 11. 28. 선고 2017헌마1356 전원재판부 결정.

2020. 5. 19. ○○○ 등은 주민소송으로 개정 전 조례 일부 조항에 대한 무효확인 청구, 손해배상청구 또는 변상명령 청구, 예산 지원 중지 청구 등을 하였으나 각하되었다(이하 '이 사건 주민소송').[4]

3. 이 사건 조례의 주요 내용

제3조(학생인권의 보장 원칙) ① 이 조례에서 규정하는 학생인권은 인간으로서의 존엄성을 유지하고 행복을 추구하기 위하여 반드시 보장되어야 하는 기본적인 권리이며, 교육과 학예를 비롯한 모든 학교생활에서 최우선적으로 그리고 최대한 보장되어야 한다.

제5조(차별받지 않을 권리) ① 학생은 성별, 종교, 나이, 사회적 신분, 출신지역, 출신국가, 출신민족, 언어, 장애, 용모 등 신체조건, 임신 또는 출산, 가족형태 또는 가족상황, 인종, 경제적 지위, 피부색, 사상 또는 정치적 의견, 성적 지향, 성별 정체성, 병력, 징계, 성적 등을 이유로 차별받지 않을 권리를 가진다.
② 학교의 설립자·경영자, 학교의 장 및 교직원은 제1항에 예시한 사유로 어려움을 겪는 학생의 인권을 보장하기 위하여 적극적으로 노력하여야 한다.
③ 학교의 설립자·경영자, 학교의 장과 교직원, 그리고 학생은 제1항에서 예시한 사유를 이유로 차별적 언사나 행동, 혐오적 표현 등을 통해 다른 사람의 인권을 침해하여서는 아니 된다.[5]

제9조(정규교육과정 이외의 교육활동의 자유) ① 학생은 자율학습, 방과 후 학교 등 정규교육과정 외의 교육활동을 자유롭게 선택할 권리를 가진다.
② 학교는 교육과정을 자의적으로 운영하거나 학생에게 임의적인 교내·외 행사에 참여하도록 강요해서는 아니 된다.
③ 학교의 장 및 교직원은 학생의사에 반하여 학생에게 자율학습, 방과 후 학교 등을 강제해서는 아니 되며, 정규교육과정 이외의 교육활동에 참여하지 않았다는 이유로 불이익을 주어서는 아니 된다.
④ 학교의 장 및 교직원은 방과 후 학교 등 정규교육과정 이외의 교육활동에서 학생의 의견을 수렴하여 다양한 프로그램을 개발·운용함으로써 학생의 실질적인 선택권이 보장될 수 있도록 하여야 한다.

제12조(개성을 실현할 권리) ① 학생은 복장, 두발 등 용모에 있어서 자신의 개성을 실현할 권리를 갖는다.
② 학교의 장 및 교직원은 학생의 의사에 반하여 복장, 두발 등 용모에 대해 규제하여서는 아니 된다. 다만, 복장에 대해서는 학교규칙으로 제한할 수 있다.

---

4) 서울행정법원 2021. 5. 27. 선고 2020구합64446 판결, 서울고등법원 2021. 11. 18. 선고 2021누47044 판결 (대법원 2022. 3. 17.자 2021두59663 판결로 심리불속행기각되어 확정).

제16조(양심·종교의 자유) ① 학생은 세계관, 인생관 또는 가치적·윤리적 판단 등 양심의 자유와 종교의 자유를 가진다.

② 학교의 설립자·경영자, 학교의 장 및 교직원은 학생에게 양심에 반하는 내용의 반성, 서약 등 진술을 강요하여서는 아니 된다.

③ 학교의 설립자·경영자, 학교의 장 및 교직원은 학생의 종교의 자유를 침해하는 다음 각 호의 어느 하나에 해당하는 행위를 하여서는 아니 된다.

1. 학생에게 예배·법회 등 종교적 행사의 참여나 기도·참선 등 종교적 행위를 강요하는 행위

2. 학생에게 특정 종교과목의 수강을 강요하는 행위

3. 종교과목의 대체과목에 대하여 과제물의 부과나 시험을 실시하여 대체과목 선택을 방해하는 행위

4. 특정 종교를 믿거나 믿지 아니한다는 등의 이유로 학생에게 이익 또는 불이익을 주는 등의 차별행위

5. 학생의 종교 선전을 제한하는 행위

6. 특정 종교를 비방하거나 선전하여 학생에게 종교적 편견을 일으키는 행위

7. 종교와 무관한 과목 시간 중 특정 종교를 반복적, 장시간 언급하는 행위

④ 학교의 장은 교직원이 제2항 및 제3항을 위반하지 않도록 지도·감독하여야 한다.

⑤ 학교의 장은 특정 종교과목의 수업을 원하지 않는 학생들을 위하여 이를 대체할 과목을 마련해야 한다.

제29조(학생인권교육) ① 교육감, 학교의 설립자·경영자, 학교의 장 및 교직원은 모든 사람의 학생인권 의식을 깨우치고 향상시키기 위하여 필요한 학생인권교육을 하여야 한다.

② 학생인권옹호관은 학생인권위원회의 심의를 거쳐 학생인권교육에 관한 종합계획을 수립하고 이를 시행하여야 한다. 학생인권옹호관은 학생인권교육을 위하여 필요한 경우 교육감, 학교의 설립자·경영자, 학교의 장 및 교직원 등과 협의할 수 있다.

③ 교육감은 학생인권옹호관의 학생인권교육업무 수행을 위한 지원 체제를 갖추어야 한다.

④ 교육감은 학생인권교육을 위하여 교육자료 및 교육프로그램을 개발·보급하여야 한다.

⑤ 교육감은 필요한 경우 학생인권교육에 관하여 이 조례에서 정한 업무의 전부 또는 일부를 학생인권옹호관에게 위임할 수 있다.

⑥ 학교의 장은 학생들에게 학생인권에 관한 교육을 학기당 2시간 이상 실시하여야 한다.

⑦ 학교의 장은 제6항에서 정한 교육을 실시할 경우에는 산업수요맞춤형 고등학교 및 특성화 고등학교 현장실습, 근로 학생의 증가 등을 고려하여 노동권에 관한 내용을 포함시켜야 한다.

⑧ 학교의 장은 학생 스스로 행하는 자율적인 인권학습활동을 보장하고 이를 지원하여야 한다.

제31조(교직원 및 보호자에 대한 인권교육) ① 교육감은 교육청 주관의 모든 자격연수에서 학생인권에 관한 교육 내용을 연 2시간 이상 편성하여야 한다.

② 교육감은 교육청 주관의 교직원 직무 연수에 학생인권에 관한 교육 내용을 반영하도록 노력하여야 한다.

③ 학교의 장은 교직원에 대하여 연 2시간 이상 학생인권에 관한 교육을 실시하여야 한다.

④ 학교의 장은 학생의 보호자에 대하여 학생의 인권에 관한 교육 또는 간담회를 연 1회 이상 추진하여야 한다.

제33조(학생인권위원회) ① 교육청의 학생인권 증진 및 인권 친화적 교육문화 형성에 관한 중요 정책과 교육현장의 인권 침해 사안에 대한 구제방안을 심의하고, 학생인권에 관한 지역사회의 공론을 형성하고 협력을 이끌어 내기 위하여 학생인권위원회(이하 "위원회"라 한다)를 둔다.

② 위원회는 다음 각 호의 업무를 수행한다.

1. 학생인권종합계획 수립에 대한 심의 및 결과에 대한 평가

2. 학생인권종합계획의 연도별 시행 계획에 대한 자문 및 결과에 대한 개선 권고

3. 학생인권이 중대하게 침해되어 특별한 구제조치가 필요하다고 인정되는 경우 또는 정책적 대책이 필요하다고 인정되는 경우 그 사안에 대한 학생인권옹호관의 조사결과의 심의 및 구제 조치 권고

4. 교육감의 교육정책 및 입법 활동에 대한 학생인권영향평가 및 개선 권고

5. 학생인권에 영향을 미치는 제반 입법, 정책, 교육활동 및 기타 사회활동에 대한 의견 표명

6. 학생인권에 대한 지역사회의 여론 형성을 위한 토론회 등의 공론화 활동

7. 학생인권 현황에 대한 연례 보고서 등 연구·조사 보고서의 발간

8. 이 조례에서 정한 교육규칙의 제정에 관한 자문

9. 학생인권지원센터의 활동에 관한 평가

10. 그 밖에 교육감, 학생인권옹호관 또는 위원회 위원 3명 이상이 제안한 사안에 대한 심의

③ 위원회는 제2항의 업무 수행에 있어 교육감 또는 학생인권옹호관에게 관련 자료의 제출을 요구하거나 회의에 출석하여 의원의 질의에 답변할 것을 요구할 수 있으며, 학생인권 정책에 관하여 의견을 제시할 수 있다.

제38조(학생인권옹호관의 설치) ① 교육감은 학생인권 증진 및 인권 친화적 교육문화 조성의 업무를 집행하기 위하여 교육청에 학생인권옹호관 1명을 둔다.

② 학생인권옹호관은 인권에 대한 올바른 관점과 차별에 대한 높은 감수성을 가지고 있으며, 학생인권에 관한 학식이나 경험이 풍부한 사람 중에서 위원회의 동의를 얻어 교육감이 임명한다.

③ 학생인권옹호관은 상임의 계약직공무원으로 한다.

④ 학생인권옹호관의 신분은 보장되며, 교육감은 학생인권옹호관이 아래의 사유에 해당하는 경우에만 위원회의 동의를 얻어 해촉할 수 있다. 다만 제1호의 경우에는 위원회는 청문 등 적법한 절차를 거쳐 그 사실을 조사한 결과를 바탕으로 동의안을 처리하여야 한다.

1. 학생인권옹호관이 학생인권 및 다른 사람의 인권을 중대하게 침해하여 더 이상 학생인권옹호관으로서의 직무를 수행하는 것이 적절하지 않음이 명백하게 된 경우

2. 학생인권옹호관이 금고이상의 형을 받았을 경우

⑤ 학생인권옹호관의 임기는 2년으로 하되, 1회에 한하여 연임할 수 있다.

⑥ 학생인권옹호관은 학생인권에 대한 「대한민국헌법」과 관련 법령 그리고 「유엔 아동의 권리에 관한

협약」을 비롯한 국제인권규범의 정신에 따라 그 직무를 독립적으로 성실하게 수행하여야 한다.

제42조(학생인권교육센터) ① 교육청에 학생인권옹호관의 효율적인 업무 수행을 위해 학생인권옹호관을 장으로 하는 학생인권교육센터(이하 "센터"라 한다)를 둔다.

② 센터는 학생인권옹호관의 지휘에 따라 다음 각 호의 업무를 수행한다.

1. 학생인권에 관한 법령·제도·정책·관행 등의 조사와 연구 및 그 개선에 관한 사항
2. 학생인권침해사건에 대한 조사와 구제, 유형 및 판단기준, 그 예방조치 등에 관한 사항
3. 학생인권상황에 관한 실태 조사 및 정보·자료의 조사·수집·정리·분석 및 보존
4. 인권에 관한 교육 및 홍보
5. 인권의 옹호와 신장을 위하여 활동하는 단체 및 개인과의 협력
6. 그 밖에 학생인권옹호관 인권의 보장과 향상을 위하여 필요하다고 인정하는 사항

③ 센터에는 사무직원을 둔다.

④ 센터의 장은 센터의 업무를 총괄한다.

⑤ 학생인권옹호관은 센터의 운영과 활동을 매년 교육감과 위원회에 보고하여야 한다.

⑥ 센터의 조직과 운영에 관하여 필요한 사항은 교육규칙으로 정한다.

제49조(학생인권침해사건의 처리) ① 학생인권옹호관은 조사 중이거나 조사가 끝난 사건에 대하여 사건의 공정한 해결을 위하여 필요한 구제 조치를 당사자에게 제시하고 합의를 권고할 수 있다.

② 제47조제1항의 구제신청을 받은 학생인권옹호관은 사건을 신속하게 조사한 후 인권침해나 차별행위가 있었다고 판단될 경우에는 가해자나 관계인 또는 교육감에게 다음 각 호의 사항을 권고할 수 있다.

1. 학생인권침해 행위의 중지
2. 인권회복 등 필요한 구제조치
3. 인권침해에 책임이 있는 사람에 대한 주의, 인권교육, 징계 등 적절한 조치
4. 동일하거나 유사한 인권침해의 재발을 방지하기 위하여 필요한 조치

③ 학생인권옹호관은 조사의 결과 그 사안이 중대하거나 재발의 방지를 위하여 특별한 조치가 필요하다고 판단되는 사안에 대하여는 학생인권위원회의 심의를 요청하여 그 결과를 받아 권고 등 적절한 조치를 취할 수 있다.

④ 학생인권옹호관이 제2항 또는 제3항의 조치를 취한 경우에는 이를 즉시 교육감에게 통보한다.

⑤ 제2항 또는 제3항에 따라 권고를 받은 가해자나 관계인 또는 교육감은 그 권고사항을 존중하고 정당한 사유가 없는 한 이를 성실히 이행하여야 하며, 그 조치결과를 가해자나 관계인은 학생인권옹호관이나 교육감에게, 교육감은 학생인권옹호관에게 즉시 보고하여야 한다.

⑥ 제2항 또는 제3항에 따라 권고를 받은 가해자나 관계인 또는 교육감이 권고 내용을 이행하지 아니할 경우 이유를 붙여 서면으로 학생인권옹호관에게 통보하여야 한다.

⑦ 학생인권옹호관은 제2항 또는 제3항에 따른 권고가 제대로 이행되지 않았다고 판단되는 경우, 가해자나 관계인에게 적절한 조치를 취할 것을 교육감에게 권고할 수 있다.

⑧ 학생인권옹호관은 제5항부터 제7항까지의 규정에 따라 관계인, 교육감 등의 조치결과 및 통보내용, 학생인권옹호관이 교육감에 대하여 한 권고 등을 공표할 수 있다.

II. 이 사건 조례무효확인 소송(서울고등법원 2019. 4. 23. 선고 2018누65790 판결)[6]

1. 판결의 요지

가. 이 사건 조례가 행정처분에 해당하는지

이 사건 조례가 행정처분에 해당하는지가 문제되었다. 원고들은 이 사건 조례는 법령의 위임 없이 국가사무에 관하여 규정하고 새로운 권리와 의무를 부과하는 등 조례제정권의 한계를 일탈하여 무효라고 주장하였다. 이에 대하여 피고는 이 사건 조례는 집행행위의 개입 없이 그 자체로 직접 국민의 권리의무나 법적 이익에 영향을 미치지 아니하여 행정처분에 해당하지 않으므로 이 사건 조례 무효확인 청구가 부적법하다고 본안 전 항변을 하였다.

법원은 이 사건 조례는 항고소송의 대상이 되는 행정처분에 해당하지 않으므로 이 사건 조례에 대한 무효확인 청구는 부적법하다고 판단하였다. ① 이 사건 조례는 전체적으로 헌법과 법률의 테두리 안에서 이미 관련 법령에 의하여 인정되는 학생의 권리를 열거하여 그와 같은 권리가 학생에게 보장되는 것임을 확인하고 학교생활과 학교교육과정에서 학생의 인권 보호가 실현될 수 있도록 그 내용을 구체화하고 있는 데 불과할 뿐, 법령에 의하여 인정되지 아니하였던 새로운 권리를 학생에게 부여하거나 학교운영자나 학교의 장, 교사 등에게 새로운 의무를 부과하고 있는 것이 아니고, ② 교육의 자주성·전문성·정치적 중립성에 관한 헌법 규정에 비추어, 이 사건 조례에서 규율하고 있는 학교생활에서의 학생지도와 교육과정에서의 교사의 교육 내용 및 교육 방법 등의 선택은 교육감 등의 권력적인 지도·감독의 대상이 아니라 조언·권고 등 비권력적인 장학지도의 대상이 될 뿐이고, ③ 결국 이 사건 조례규정이 헌법과 관련

---

5) 2017.9.21. 신설.

6) 대법원 2019. 8. 29.자 2019두41560 판결로 심리불속행기각되어 확정

법령에 의하여 인정되는 학생의 권리를 확인하거나 구체화하고 그에 필요한 조치를 권고하고 있는 데 불과하고, 서울특별시 관내 학교에 재직 중인 학교의 장이나 교직원 내지 학생들인 원고들이 이 사건 조례규정을 위반할 경우 인권옹호관의 시정권고 등의 구체적인 집행행위에 의하여 비로소 원고들에게 구체적인 의무가 발생할 것을 예정하고 있다고 보아야 한다는 것이 그 근거이다.

나. 일부 청구취지 및 청구원인 변경신청이 적법한지

제1심에서 원고들은 피고를 상대로 이 사건 소 제기 당시 이 사건 조례의 무효 확인을 구하였다가 피고의 개정 전 조례의 조례제정청구 수리행위 및 공포행위의 각 무효확인도 함께 구하는 것으로 청구취지 및 청구원인 변경신청을 하였다.

제1심법원은 각 확인청구는 청구원인 자체가 달라 그 법률적 구성이 상이하고, 기초 사실관계도 다르므로 청구변경의 요건을 갖추지 못하여 부적법하므로 청구취지 및 청구원인 변경을 불허하였다.

이에 제2심에서 원고들은 이 사건 조례규정의 무효 확인을 구하는 것으로 청구취지를 경정 내지 추가하는 한편, 피고의 개정 전 조례의 조례제정청구 수리행위의 무효확인도 구하는 것으로 청구취지 및 청구원인 변경 신청을 하였다.

그러나 제2심도 위 신청을 불허하였다. ① 이 사건 조례규정의 무효 확인을 구하는 청구원인은 그 각 규정의 내용 자체가 헌법 및 법률에 반하여 무효라는 것인 반면, 피고의 개정 전 조례의 조례제정청구 수리행위의 무효 확인을 구하는 주된 청구원인은 피고가 지방자치법에 규정된 절차를 준수하지 못한 잘못 등이 있어 그 수리행위가 무효라는 취지로서, 양자는 청구원인 자체가 달라 그 법률적 구성이 상이할 뿐만 아니라 무효 확인의 대상 등 그 법률관계의 기초가 되는 사실관계를 전혀 다르고, ② 피고의 개정 전 조례의 조례제정청구 수리행위 자체로는 원고들의 개별적·직접적·구체적인 이익을 침해하였다고 보기 어려워서 그 수리행위의 무효 확인을 구하는 소는 원고들에게 원고적격이 인정된다고 볼 수도 없기 때문이다.

2. 판결의 의의

1) 조례가 항고소송의 대상이 되는지에 관하여 법원은 확고한 기준을 정하고 있다.

조례가 집행행위의 개입 없이도 그 자체로 직접 국민의 구체적인 권리의무나 법적 이익에 영향을 미치는 등의 법률상 효과를 발생한 경우에는 항고소송의 대상이 되는 행정처분에 해당한다고 볼 수 있으나(대법원 1996. 9. 20. 선고 95누8003 판결 참조), 일반적·추상적인 형태의 법령이나 규칙 등은 그 자체로 국민의 구체적인 권리의무에 직접적 변동을 초래하는 것이 아니므로 항고소송의 대상이 되는 행정처분에 해당하지 않고, 당사자는 구체적 사건의 심판을 위한 선결문제로서 행정입법의 위법성을 주장하여 법원에 대하여 당해 사건에 대한 적용 여부의 판단을 구할 수 있을 뿐이라는 것이다(대법원 1994. 4. 26.자 93부32결정 참조). 이 사건 조례무효확인소송에 관한 판결도 이와 같은 법리에 따라 이 사건 조례가 행정처분에 해당하지 않는다고 판단하였다.

청구취지 및 청구원인 변경신청의 적법성도 법원은 법률관계의 기초가 되는 사실관계의 동일성을 기준으로 판단하고 있고, 이 사건의 경우에도 기존 법리에 따라 적법 여부를 판단하였다.

2) 이 사건 조례무효확인 소송에 관한 판결은 헌법, 교육기본법, 초·중등교육법, 「유엔 아동의 권리에 관한 협약」에 근거하여 이 사건 조례의 의미에 관하여 구체적으로 설명하였다는 점에서 의미가 있다.

교육기본법 제12조 제1항은 학생을 포함한 학습자의 기본적 인권은 학교교육 또는 사회교육의 과정에서 존중되고 보호된다고 규정하고, 제2항은 교육내용·교육방법·교재 및 교육시설은 학습자의 인격을 존중하고 개성을 중시하여 학습자의 능력이 최대한으로 발휘될 수 있도록 마련되어야 한다고 규정하고 있으며, 초·중등교육법 제18조의4는 학교의 설립자·경영자와 학교의 장은 헌법과 국제인권조약에 명시된 학생의 인권을 보장하여야 한다고 규정하고 있다.

이 사건 조례는 제1조에서 이 조례는 대한민국헌법, 교육기본법 제12조 및 제13조, 초·중등교육법 제18조의4 및 「유엔 아동의 권리에 관한 협약」에 근거하여 학생의 인권을 보장함으로써 모든 학생의 인간으로서의 존엄과 가치를 실현하며 자유롭고 행복한 삶을 이루어나갈 수 있도록 하는 것을 목적으로 한다고 밝히고, 그 구체적인 내용으로, 성별, 종교, 나이, 사회적 신분, 출신지역, 출신국가, 출신민족, 언어, 장애, 용모 등 신체조건, 출산, 가족형태 또는 가족상황, 인종, 경제적 지위, 피부색, 사상 또는 정치적 의견, 성적 지향, 성별 정체성, 병력, 징계, 성적 등을 이유로 차별받지 않을 권리

(제5조), 체벌, 따돌림·집단 괴롭힘·성폭력 등 모든 물리적·언어적 폭력으로부터 자유로울 권리(제6조), 자신의 소질과 적성 및 환경에 합당한 학습을 할 권리(제8조), 자율학습, 방과 후 학교 등 정규교육과정 외의 교육활동을 자유롭게 선택할 권리(제9조), 건강하고 개성 있는 자아의 형성·발달을 위하여 과중한 학습 부담에서 벗어나 적절한 휴식을 누릴 권리(제10조), 다양한 문화활동을 누릴 권리(제11조), 복장, 두발 등 용모에 있어서 자신의 개성을 실현할 권리(제12조), 소지품과 사적 기록물, 사적 공간, 사적 관계 등 사생활의 자유와 비밀이 침해되거나 감시받지 않을 권리(제13조), 다양한수단을 통하여 자유롭게 자신의 생각을 표현하고 그 의견을 존중받을 권리(제17조) 등을 규정하고 있다.

위 판결은 각 조항의 내용은 모두 헌법에 보장된 기본권에서 당연히 도출되는 학생의 권리를 학교생활의 영역에서 구체화하여 열거한 것으로 특히 학생의 차별받지 않을 권리(제5조)는 기본적 인권이 존중되고 보호되는 학교와 지역사회의 실현을 목적으로 어떠한 이유로도 차별받지 아니하고 평등한 대우를 받으며 배움을 누릴 수 있는 권리가 있다는 헌법적 원칙을 선언한 것에 해당한다고 명시하였다.

이에 기초하여 **이 사건 조례규정이 헌법과 관련 법령에 의하여 인정되는 학생의 권리를 확인하거나 구체화하고 그에 필요한 조치를 권고하고 있는 데 불과한 이상, 이 사건 조례규정으로 인하여 원고들의 권리를 새롭게 부여 내지 제한하거나 그 구체적인 권리나 의무에 직접적인 변동을 초래하는 것이라 볼 수 없다고 판단하였다.**

원고들은 학생인권조례에 대한 일련의 소송에서 꾸준히 이 사건 조례규정은 법령의 위임 없이 국가사무에 관하여 규정하고 새로운 권리와 의무를 부과하는 등 조례제정권의 한계를 일탈하여 무효라고 주장하였고, 국가사무인지 자치사무인지에 관하여 제대로 된 판단을 받아야 한다고 주장하였다. 그러나 위 주장에 관한 판단은 이미 이 사건 조례무효확인소송에서 사실상 내려졌다. 원고들이 적법한 형태로 소를 제기하지 않아 각하라는 판단이 내려졌을 뿐, 판결이유에서 이 사건 조례규정이 헌법과 관련 법령에 의하여 인정되는 학생의 권리를 확인하거나 구체화하고 그에 필요한 조치를 권고하고 있다고 명시하였기 때문이다.

Ⅲ. 이 사건 헌법소원(헌법재판소 2019. 11. 28. 선고 2017헌마1356 전원재판부 결정)

1. 판결의 요지[7]

가. 이 사건 조례 제3조 제1항, 제5조 제1항의 기본권 침해가능성

이 사건 조례 중 제3조 제1항은 학생인권은 반드시, 최우선적으로 그리고 최대한 보장되어야 한다는 점을 규정한 조항이고, 제5조 제1항은 학생이 성별, 종교, 나이, 사회적 신분, 출신지역, 출신국가, 출신민족, 언어, 장애, 용모 등 신체조건, 임신 또는 출산, 가족형태 또는 가족상황, 인종, 경제적 지위, 피부색, 사상 또는 정치적 의견, 성적 지향, 성별 정체성, 병력, 징계, 성적 등의 사유(이하 '성별 등의 사유')를 이유로 차별받지 않을 권리를 가진다는 점을 규정한 조항으로, 모두 학생의 인권이 보장되고 차별받지 않을 권리를 가진다는 점을 추상적으로 선언한 규정이다. 즉, 이 사건 조례 제3조 제1항, 제5조 제1항은 학생 인권 보장 및 차별받지 않을 권리를 일반적으로 선언한 것에 불과할 뿐 그 자체로 청구인들에게 자유의 제한이나 의무의 부과, 권리 또는 법적 지위의 박탈을 명시적으로 규정하고 있지 않다. 따라서 이 부분 심판청구는 기본권 침해가능성이 인정되지 아니하여 부적법하다.

나. 차별·혐오표현도 표현의 자유 보호영역에 포함되는지

이 사건 조례 제5조 제3항은 학교의 설립자·경영자, 학교의 장과 교직원, 그리고 학생 등(이하 '학교 구성원')으로 하여금 성별 등의 사유를 이유로 한 차별적 언사나 행동, 혐오적 표현 등을 통해 다른 사람의 인권을 침해하지 못하도록 규정하고 있으므로 이는 표현의 자유 제한과 연결된다.

차별·혐오표현도 표현의 자유의 보호영역에 포함되는 것인지 문제될 수 있으나, '차별·혐오표현'이라는 것이 언제나 명백한 관념이 아니고 헌법상 표현의 자유에 의하여 보호되지 않는 표현에 해당하는지 여부는 표현의 자유라는 헌법상 기본권을 떠나 규명될 수 없다. 특히, 헌법 제21조 제4항은 '언론·출판은 타인의 명예나 권리 또는 공중도덕이나 사회윤리를 침해하여서는 아니된다.'고 규정하고 있으나, 이는 표현의

---

7) 이 부분은 헌법재판소 결정문의 주요 내용을 발췌하였습니다.

자유에 따르는 책임과 의무를 강조하는 동시에 표현의 자유에 대한 제한의 요건을 명시한 규정으로 볼 것이고, 헌법상 표현의 자유에서 보호영역의 한계를 설정한 것이라고 볼 수 없다(헌법재판소 2009. 5. 28. 선고2006헌바109 결정 등). 따라서 이 사건 조례 제5조 제3항에서 제한하고 있는 표현이 '차별적 언사나 행동, 혐오적 표현'이라는 이유만으로 표현의 자유의 보호영역에서 애당초 배제된다고 볼 수 없고, 헌법 제21조가 규정하는 표현의 자유의 보호영역에는 해당하되, 다만 헌법 제37조 제2항에 따라 제한될 수 있다(헌법재판소 2012. 11. 29. 선고 2011헌바137 결정, 헌법재판소 2013. 6. 27. 선고 2012헌바37 결정 참조).

다. 이 사건 조례 제5조 제3항의 법률유보원칙 위배 여부

이 사건 조례 제5조 제3항은 학교구성원인 청구인들의 표현의 자유를 제한하는 것으로 지방자치법 제22조 단서 소정의 주민의 권리 또는 의무 부과에 관한 사항을 규율하는 조례에 해당한다고 볼 여지가 있다. 그런데 조례의 제정권자인 지방의회는 지역적인 민주적 정당성을 지니고 있으며, 헌법이 지방자치단체에 대해 포괄적인 자치권을 보장하고 있는 취지에 비추어, 조례에 대한 법률의 위임은 반드시 구체적으로 범위를 정하여야 할 필요가 없으며 포괄적인 것으로 족하다.

교육기본법 제12조, 초·중등교육법 제18조의4, 아동권리협약 제2조,[8] 지방자치법 제9조 제2항 제5호,[9] 초·중등교육법 제6조,[10] 지방교육자치에 관한 법률 제20조 제1호[11] 등 관련 법률 및 협약은 학생의 인권이 학교교육 또는 사회교육의 과정에서 존중되고 보호될 것, 교육내용, 교육방법 등은 학생의 인격을 존중할 수 있도록 마련될

---

8) 아동권리협약 제2조 2. 당사국은 아동이 그의 부모나 후견인 또는 가족 구성원의 신분, 활동, 표명된 의견 또는 신념을 이유로 하는 모든 형태의 차별이나 처벌로부터 보호되도록 보장하는 모든 적절한 조치를 취하여야 한다.

9) 지방자치법 제9조(지방자치단체의 사무범위) ② 제1항에 따른 지방자치단체의 사무를 예시하면 다음 각 호와 같다. 다만, 법률에 이와 다른 규정이 있으면 그러하지 아니하다.

  5. 교육·체육·문화·예술의 진흥에 관한 사무

    가. 유아원·유치원·초등학교·중학교·고등학교 및 이에 준하는 각종 학교의 설치·운영·지도

10) 초·중등교육법 제6조(지도·감독) 국립학교는 교육부장관의 지도·감독을 받으며, 공립·사립 학교는 교육감의 지도·감독을 받는다.

11) 지방교육자치에 관한 법률 제20조(관장사무) 교육감은 교육·학예에 관한 다음 각 호의 사항에 관한 사무를 관장한다.

  1. 조례안의 작성 및 제출에 관한 사항

것, 아동은 신분, 의견, 신념 등을 이유로 하는 모든 형태의 차별이나 처벌로부터 보호되도록 보장될 것 등과 같이 학생의 기본적 인권이 보장되도록 규정하고 있고, 교육감은 시·도의 교육에 관한 사무를 고유하게 분장하기 위하여 설치된 특별지방행정기관으로서 학생의 인권이 헌법과 법률, 협약 등에서 규정하고 있는 바와 같이 존중되고 보장될 수 있도록 관할 구역 내 학교의 운영에 관한 사무를 지도·감독할 수 있는 권한을 갖고 있으며, 이를 적절히 수행하기 위한 방편으로 교육에 관한 조례안의 작성 및 제출 권한이 인정되는 것이다.

그렇다면 **이 사건 조례 제5조 제3항은 서울특별시 교육감이 서울특별시 내 각급 학교의 운영에 관한 사무를 지도·감독함에 있어 헌법과 법률, 협약 등에서 규정, 선언하고 있는 바를 구체적으로 규범화하여 마련한 학교 운영 기준 중의 하나로서 위와 같은 법률상 근거에 기인한 것이라 할 수 있다.**

또한, 교육감이 관할 구역 내 학교의 운영에 관한 사무를 지도·감독하는 것은 단지 교육과정이나 교육행정 등에 관하여 지역실정에 맞는 기준과 내용을 정하여 지도·감독하는 것뿐만 아니라, **근본적으로 교육내용, 교육방법 등이 헌법과 법령이 정한 범위 내에서 운영될 수 있도록 지도·감독하는 권한 역시 포함된 것이라 할 것이고,** 실제로 이 사건 조례 제5조 제3항에서 규정한 내용이 헌법과 법령에서 정한 '평등' 혹은 '인권 존중' 등의 가치와 배치된 것이라고 보기도 어려우므로, 차별·혐오표현에 기하여 타인의 인권 침해를 금지하도록 규정한 이 사건 조례 제5조 제3항이 반드시 **법률의 위임 범위를 벗어난 것이라고 보기도 어렵다.**
이 사건 조례는 법률유보원칙을 위배하지 않았다.

라. 이 사건 조례 제5조 제3항의 과잉금지원칙 위배 여부

청구인들은 이 사건 조례 제5조 제3항이 종교, 나이, 임신 또는 출산, 성적 지향, 성별 정체성 등의 사유를 이유로 한 차별·혐오표현을 금지하고 있는 것이 표현의 자유와 더불어 양심의 자유, 종교의 자유, 행복추구권도 침해한다고 주장하나, 헌법 제21조의 표현의 자유는 종교의 자유, 양심의 자유 등 정신적 자유를 외부적으로 표현하는 자유인 것이고(헌법재판소 1989. 9. 4. 선고 88헌마22 결정, 헌법재판소 2010. 2. 25. 선고 2008헌마324 결정 등), 그 주장취지 역시 표현의 자유 침해 주장과 내용상 동일하다 할 것이므로, 이 부분 주장에 대하여는 별도로 판단하지 아니한다.

학교구성원의 존엄성을 보호하고, 학생이 민주시민으로서의 올바른 가치관을 형성하도록 하며 인권의식을 함양하게 하기 위한 것이므로 **목적의 정당성**이 인정된다.

위와 같은 입법목적을 위해 성별 등의 사유를 이유로 한 차별적 언사나 행동, 혐오적 표현 등을 통한 인권침해를 금지하는 것은 그 목적을 달성하기 위한 직접적인 **수단으로 그 적합성** 역시 인정된다.

차별적 언사나 행동, 혐오적 표현은 단순히 부정적인 의견이 아니라 표현내용 자체가 개인이나 집단에 대한 혐오·적대감을 담고 있는 것으로, 혐오의 대상이 특정되어 있어 그 자체로 상대방인 개인이나 소수자의 인간으로서의 존엄성을 침해할 수 있다. 또한, 발화 즉시 표현의 상대방뿐만 아니라 다른 사회 구성원에게 영향을 미치며, 이를 통해 적대감을 유발시키고 고취시킴으로써 특정집단의 가치를 부정한다. 이러한 과정 속에서 차별·혐오표현으로 인간의 존엄성이 침해될 경우 이는 회복되기 어려운 피해를 남기게 되므로 타인의 인권을 침해하는 차별·혐오표현을 금지하는 것은 헌법상 인간의 존엄성 보장 측면에서 긴요하다.

특히, 육체적·정신적으로 성장기에 있는 학생을 대상으로 한 차별·혐오표현은 그 대상자에 대한 인간으로서의 존엄성을 침해함으로써 교육의 기회를 통해 신장시킬 수 있는 학생의 정신적·신체적 능력을 훼손하거나 심지어 파괴할 수 있다. 교육은 학생의 재능과 개성, 정신적·신체적 능력의 잠재성을 최대한 개발할 수 있어야 하는데, 차별·혐오표현을 통한 인권침해가 금지되지 않을 경우 교육의 목적 역시 달성되기 어렵다. 또한, 차별·혐오표현은 그 대상인 개인이나 소수집단을 직·간접적으로 위협하거나 공격하는 것이고, 그 근거가 되는 성별 등의 사유에 대하여 차별적 감정이나 부정적 인식을 심어주는 부작용을 일으키게 되며, 나아가 다원화된 사회에서 조화를 깨트리게 되는바, 판단능력이 미성숙한 학생들의 인격이나 가치관 형성에 부정적인 영향을 미치는 것을 차단하기 위해서는 학내에서 이러한 행위를 규제할 필요가 크다.

민주주의 국가에서는 여론의 자유로운 형성과 전달에 의하여 다수의견을 집약시켜 민주적 정치질서를 생성·유지시켜 나가야 하므로 표현의 자유는 중요한 헌법상 권리로서 최대한 보장되어야 한다. 민주주의 사회에서의 표현행위는 표현행위자의 자아실현 및 민주사회의 다양성 보호와 관용의 증진, 대의민주주의 사회에 대한 비판과 감시의 기능을 수행하는 중요한 행위 중 하나인 것이다. 그러나 **이 사건 조례 제5조 제3항**

에서 금지하는 차별·혐오표현은 의견의 자유로운 교환 범위에서 발생하는 다소 과장되고, 부분적으로 잘못된 표현으로 자유로운 토론과 성숙한 민주주의를 위하여 허용되는 의사표현이 아니고, 그 경계를 넘어 '타인의 인권을 침해'할 것을 인식하였거나 최소한 인식할 가능성이 있고, 또한 결과적으로 그러한 인권침해의 결과가 발생하는 표현이다. 따라서 **이는 민주주의의 장에서 허용되는 한계를 넘는 것이므로 민주주의 의사형성의 보호를 위해서도 제한되는 것이 불가피하고, 특히 그것이 육체적·정신적으로 미성숙한 학생들이 구성원으로 있는 공간에서의 문제라면 표현의 자유로 얻어지는 가치와 인격권의 보호에 의하여 달성되는 가치를 비교형량할 때에도 사상의 자유시장에서 통용되는 기준을 그대로 적용하기는 어렵다고 할 것이다.**

이 사건 조례 제5조 제3항을 위반하여 타인의 인권을 침해하는 차별·혐오표현이 있는 경우 구제신청을 받은 학생인권옹호관이 이에 대한 조사 후 학생인권침해행위의 중지 및 인권회복 등에 필요한 구제조치 등을 권고할 수 있고, 이러한 권고를 받은 가해자나 관계인 또는 교육감은 그 권고사항을 존중하고 정당한 사유가 없는 한 이를 성실히 이행하여야 하지만, 이를 이행하지 아니할 경우 이유를 붙여 서면으로 학생인권옹호관에게 통보할 수 있는 절차 역시 마련하고 있다(이 사건 조례 제47조, 제49조, 제50조 참조). 차별·혐오표현에 의한 인권침해가 가지는 해악에 비추어 그 구제적인 측면에서 이러한 조치보다 덜 기본권 제한적인 수단은 쉽게 발견하기 어렵다.

한편, 청구인들은 이 사건 조례 제5조 제3항이 성별 등의 사유를 이유로 한 '합리적 이유 없는' 차별표현을 금지한다고 명문으로 규정한 것이 아니므로 합리적 이유 있는 차별행위도 금지시키는 것으로서 위헌이라고 주장하나, 모든 법률규칙은 헌법의 최고규범성에서 나오는 법질서의 통일성에 바탕을 두고 헌법과 법률에 합치되게 해석하여야 하므로 이 사건 조례 제5조 제3항의 해석 역시 헌법상 평등원칙의 해석범위 안에서 제정취지와 입법의 목적을 해석해야 하는 것인바, 헌법 제11조 제1항이 '합리적 이유 없는' 차별을 받지 아니한다고 규정하지 아니하였다 하여 바로 절대적 평등을 의미하는 것으로 해석하지 아니하는 것과 같이 이 사건 조례 제5조 제3항 역시 합리적 근거가 없는 차별을 배제하는 상대적 평등을 뜻하는 것으로 해석함이 상당하다 할 것이므로, 이와 같은 주장은 규정의 해석에 대한 오해에서 비롯된 것으로 더 나아가 판단하지 아니한다.

이와 같은 점을 종합할 때, 이 사건 조례 제5조 제3항은 입법목적의 달성을 위하여 필요한 범위에서 학교 구성원으로 하여금 성별 등의 사유를 이유로 한 차별적 언사나 행동, 혐오적 표현 등을 통해 타인의 인권을 침해하는 것을 금지하고 있는바, **침해의 최소성도 충족하였다고 할 것이다.**

이 사건 조례 제5조 제3항은 학내 구성원의 존엄성 보호, 학생의 올바른 가치관 형성과 인권의식 함양을 위한 것으로서 달성되는 공익이 매우 중대한 반면, 제한되는 표현은 타인의 인권을 침해하는 정도에 이르는 차별·혐오표현으로, 그러한 침해가능성을 인식하면서 표현하는 것으로 보호가치가 매우 낮으므로, 법익 간 균형이 인정된다. **이 사건 조례 제5조 제3항은 과잉금지원칙을 위배하지 않았다.**

2. 판결의 의의

1) 이 사건 조례 제5조 제3항은 "차별적 언사나 행동, 혐오적 표현을 통해 다른 사람의 인권을 침해해서는 아니 된다"고 규정한다. 헌법재판소가 위 조항이 법률유보원칙에 위배되지 않고, 표현의 자유를 침해하지도 않았다고 선언함으로써 이는 더욱 공고화되었다.

법률유보원칙 위반 여부의 경우 교육기본법 제12조 등 다양한 법률과 아동권리협약을 인용하여 관련 법률 및 협약이 학생의 기본적 인권이 보장되도록 규정하고 있다고 선언하였다. 헌법재판소는 이 사건 조례가 대한민국에서 1991. 12.부터 발효된 아동권리협약에 따라 작성 및 제출되었다고 인정하였다. 대한민국 사법부가 국제협약의 효력을 상대적으로 중요하게 인정하지 않던 모습과는 달랐다는 점에서 의의가 있다.

과잉금지원칙 위반 여부의 경우 사실상 이해관계인을 대리한 지평, 두루의 주장이 모두 반영되었다. 당시 이해관계인 측은 유엔 자유권규약위원회 및 유엔 인종차별철폐위원회의 보고서, 일본, 유럽연합, 독일, 영국, 캐나다, 유럽인권재판소 등의 혐오표현 금지 및 처벌 사례 등을 제시하였다. 헌법재판소 결정은 특히 교육의 장에서 차별·혐오표현이 미치는 해악을 고려하여 사상의 자유시장에서 통용되는 기준을 그대로 적용하기 어렵다며 침해의 최소성을 인정하였다는 점에서 의미가 있다.

2) 청구인 측은 꾸준히 학생의 인권에 관한 사무는 국가사무이므로 지방자치단체에 조례제정권이 없으므로 이 사건 조례가 무효라고 주장하였다. 헌법재판소는 이 사건 조례가 "학생의 인권이 헌법과 법률, 협약 등에서 규정하고 있는 바와 같이 존중되

고 보장될 수 있도록 관할구역 내 학교의 운영에 관한 사무를 지도·감독"하기 위한 방편으로 마련된 규범이라고 판단하였고, '교육감이 관할구역 내에서 교육을 진흥하기 위하여 학교를 운영·지도하는 사무'에는 "근본적으로 교육내용, 교육방법 등이 헌법과 법령이 정한 것과 같이 학생의 인권이 존중·보장되는 범위 내에서 운영될 수 있도록 지도·감독하는 사무"가 당연히 포함되며, 바로 그러한 사무의 일환으로 제정된 것이 이 사건 조례이므로 이 사건 조례는 자치사무에 관한 사항을 규정하였다고 볼 수 있다고 판단하였다.

위와 같은 판단은 지극히 타당하다고 사료되며, 국가사무와 자치사무를 구별하는 기존 법리상 기준에 비추어 보더라도 결론은 달라지지 않는다고 판단된다. ① 주민들의 인권을 최대한 보장하고 증진하는 일은 성질상 각 지방자치단체의 고유한 권한과 책무에 해당하므로 그 사무의 성질이 전국적으로 통일적인 처리가 요구되는 사무라 보기 어렵고, ② 교육·학예에 관한 경비는 교육에 관한 특별부과금·수수료 및 사용료, 지방교육재정교부금, 지방자치단체의 일반회계로부터의 전입금, 유아교육지원특별회계에 따른 전입금 등으로 충당하고[「지방교육자치에 관한 법률」(이하 '교육자치법') 제36조], 이러한 교육·학예에 관한 경비를 따로 경리하기 위하여 당해 지방자치단체에 교육비특별회계를 두고 있는데(같은 법 제38조) 국가의 역할은 지방자치단체와 함께 교육재정을 안정적으로 확보하기 위한 시책을 수립하고(교육기본법 제7조 제1항), 예산의 범위 안에서 시·도의 교육비를 보조하는 것에서 그치므로(교육자치법 제39조 제1항) 경비를 부담하는 것도 지방자치단체이며, ③ 최종적인 책임귀속의 주체 역시 교육감이다. 교육감은 시·도의 교육·학예에 관한 사무의 집행기관으로서(교육자치법 제18조) 교육·학예에 관한 조례안의 작성 및 제출에 관한 사무를 관장하며(같은 법 제20조 제1호), 공립·사립학교에 대한 지도·감독 권한을 진다(초·중등교육법 제6조). 관할구역 내 학교의 교육과정 운영에 대해 장학지도를 하고(같은 법 제7조), 실정에 맞는 교육과정의 기준과 내용을 정하는 것도 교육감이다(같은 법 제23조). 따라서, 학생의 인권이 존중되고 보장될 수 있도록 관할구역 내 학교의 운영에 관한 사무를 지도·감독할 권한과 책임 또한 교육감에게 귀속된다.

3) 다만, 차별·혐오표현은 표현의 자유의 보호영역에 포함되지 않는다는 이해관계인 측 주장은 반영되지 않았다. 이해관계인 측을 대리한 지평과 두루는 유엔 자유권규

약위원회와 유럽인권재판소 사례를 정리하여 제시하였다. 유엔 자유권규약위원회는 혐오표현에 대한 규제가 표현의 자유에 대한 정당한 제한에 해당하는지 문제된 개인 통보 사건에서 '각하' 결정을 내렸다. 신청인은 '유대인들이 세계를 전쟁, 실업, 인플레이션으로 이끈다'는 전화 음성메시지를 제공하던 중 캐나다 인권법에 따라 중지명령을 받았는데, 자유권규약위원회는 이처럼 인종적 증오를 고취하는 표현은 자유권규약이 보장하는 표현의 자유에 해당하지 않는다고 보고, 자유권규약 제19조 제3항(표현의 자유 제한의 정당성 요건)에 부합하는지 검토하지 않은 채 '각하'한 것이다.12) 유럽인권재판소는 혐오표현을 통해 협약이 규정한 인권 존중(제1조)과 차별받지 않을 권리(제14조)를 파괴하는 것은 협약이 말하는 '표현의 자유'에 속하지 않는다고 판단하였다. 구체적으로 본래 유럽인권재판소는 표현의 자유를 특별히 보호하기 위해, '표현의 자유' 제한에 대해 엄격한 3단계 심사를 하는데, (i) 유대인을 사회악의 근원으로 묘사한 글을 작성한 신문 편집인이 벌금형을 받은 사건,13) (ii) 모든 비(非)백인들을 네덜란드에서 떠나게 해야 한다는 소책자를 작성한 뒤 소지하고 있던 정당 대표가 자유형을 선고받은 사건,14) (iii) '이슬람은 영국을 나가라. 영국 국민을 지키자'라는 문구를 담은 포스터를 자택 유리창에 부착한 사람이 벌금형을 선고받은 사건15) 등에서 모두 "유럽인권협약 상 표현의 자유의 보호영역에서 제외된다"고 보고 3단계 심사로 나아가지 않으며 그 근거로 유럽인권협약 제17조를 제시했다. 유럽인권협약 제17조는 "이 협약 중 어떠한 규정도 어느 국가, 집단 또는 개인이 이 협약에 규정된 권리 및 자유를 파괴[…]할 권리를 가지는 것으로 해석되지 아니한다."는 조항이다. 혐오표현은 곧 "유럽인권협약이 규정한 권리와 자유를 파괴할 권리"에 지나지 않는다는 것이다. 혐오표현은 우리 헌법에 비추어 보더라도 "인간으로서 존엄과 가치를 가지고 행복을 추구할 권리(헌법 제10조)"를 파괴하는 것을 목적과 내용으로 하고, "차별받지 않을 권리(헌법 제11조 제1항)"를 파괴하는 것을 본질로 하며, 궁극적으로 "표현의 자유" 그 자체도 파괴한다. 그럼에도 헌법재판소가 기존 법리의 연장선상에서 혐오표현이 표현의 자유의 보호영역에는 해

---

12) *J.R.T and the W.G. Party v. Canada,* Communication No. 104/1981.

13) *Pavel Ivanov v. Russia,* Application no. 35222/04, ECHR, 20 February 2007.

14) *Glimmerveen and Haqenbeek v. the Netherlands,* Applications no. 8348/78 and 8406/78, ECHR, 11 October 1979.

15) *Norwood v. the United Kingdom,* Application no. 23131/03, ECHR, 16 November 2004.

당하되, 헌법 제37조 제2항에 따라 제한될 수 있다는 취지로 판단한 점은 아쉽다.

4) '혐오표현(Hate Speech)'은 국제 사회에서 활발히 논의되고 있는 최신 쟁점이다. 무엇을 '혐오표현'으로 규정할 것인지, 표현의 자유와의 긴장관계를 어떻게 풀어나가야 하는지 의견이 분분하다. 그러한 가운데, 이 사건을 통하여 "인권침해의 결과가 발생하는 표현은 민주주의의 장에서 허용되는 한계를 넘는 것"이라는 헌법재판소의 명시적인 판단을 이끌어냈다는 점은 의미가 깊다. 사회 각계에서도 이 사건을 통해 학생과 소수자 인권을 증진할 계기가 마련되었다면서 환영 성명을 냈다. 위 소송 수행 사례는 '제3회 대한민국 법무대상'에서 '공익상(송무)'을 수상하였다[머니투데이 '더엘(the L)' · 한국사내변호사회 공동 주최, 네이버법률(법률N미디어) 공동 주관, 2020. 6. 16.].[16]

IV. 이 사건 주민소송[서울행정법원 2021. 5. 27. 선고 2020구합64446 판결, 서울고등법원 2021. 11. 18. 선고 2021누47044 판결[17]]

1. 기초사실

원고 갑은 청구인 대표자로서 원고 을, 병, 정 등 서울특별시 주민들로부터 청구인 서명을 받아 2019. 5. 17. 교육부장관에게 이 사건 조례의 인권사무가 지방자치단체의 소관 사무가 아님을 이유로 인권사무처리 및 공금 지출의 중단 등을 구하는 감사청구를 하였다.

이 사건 조례 제42조 제1항에 따라 설치된 학생인권교육센터는 2020. 1. 7.부터 2020. 1. 9.까지 학생인권옹호관 등을 대상으로 '2020 학교 인권교육 활성화원단 워크숍'(이하 '이 사건 워크숍')을 개최하고, 서울특별시 교육청은 예산 46,454,780원을 지출하였다.

교육부장관은 2020. 2. 21. 원고 갑에게 이 사건 조례에 따른 인권사무는 지방자치

---

16) 박성철·김승현·강정은·최초록·이상현, "서울시 학생인권조례 제3조 제1항 등 위헌확인-헌법재판소 2019. 11. 28. 선고 2017헌마1356 전원재판부 결정", 법률의 지평 제2호(2020), 116.

17) 대법원 2022. 3. 17.자 2021두59663 판결로 심리불속행기각되어 확정.

단체 소관 사무라는 사유로 이 사건 감사청구를 각하하였다.

원고들은 ① 개정 전 조례 제16조 제3항 및 제5항, 제33조 제1항, 제38조 제1항, 제42조 제1항, 제49조 제2항 제3호 중 '징계' 부분에 대한 무효확인 청구, ② 이 사건 워크숍 지출비용에 대한 손해배상청구 또는 변상명령 청구, ③ 학생인권교육센터에 대한 예산 지원 중지 청구 등을 하였다.

2. 관련 조항

지방자치법 제17조 ② 제1항에 따라 주민이 제기할 수 있는 소송은 다음 각 호와 같다.
1. 해당 행위를 계속하면 회복하기 곤란한 손해를 발생시킬 우려가 있는 경우에는 그 행위의 전부나 일부를 중지할 것을 요구하는 소송
2. 행정처분인 해당 행위의 취소 또는 변경을 요구하거나 그 행위의 효력 유무 또는 존재 여부의 확인을 요구하는 소송
3. 게을리한 사실의 위법 확인을 요구하는 소송
4. 해당 지방자치단체의 장 및 직원, 지방의회의원, 해당 행위와 관련이 있는 상대방에게 손해배상청구 또는 부당이득반환청구를 할 것을 요구하는 소송. 다만, 그 지방자치단체의 직원이 「회계관계직원 등의 책임에 관한 법률」 제4조에 따른 변상책임을 져야 하는 경우에는 변상명령을 할 것을 요구하는 소송을 말한다.

3. 판결의 요지

가. 적법요건 ① - 원고 무의 원고적격

지방자치법(이하 필요한 경우 '법') 제16조에 따라 감사청구를 한 주민만이 주민소송의 원고가 된다(법 제17조 제1항). 감사청구를 하려면 청구인 대표자가 일정한 기간 내에 주민들에게 청구인명부에 서명할 것을 요청하여 감사청구서를 작성·제출하여야 하고(법 제16조 제1항, 제9항, 제15조 제3항), 청구인명부에 서명하려는 주민은 청구인명부에 성명, 생년월일, 주소·거소 또는 체류지, 서명연월일을 적고 서명하거나 도장을 찍어야 한다(법 제16조 제8항, 법 시행령 제20조 제1항, 제13조, 제14조 제1항). 대표자가 혼자서 넓은 지역 안에서 정해진 기간 내에 최대 500명에 이르는 많은 사람으로부터 서명을 받기는 쉽지 않고, 이에 따라 대표자는 수임자의 성명 및 위임 연월일을 신고하

고 수임인에게 서명요청권을 위임할 수 있다(법 시행령 제20조 제1항, 제13조 제2항).

① 원고 갑은 2019. 5. 28. 원고 무, 을, 병에게 서명요청권을 위임한 사실, ② 원고 무, 을, 병은 이 사건 감사청구의 청구인명부에 대표자의 수임자로서 서명한 사실, ③ 원고 을, 병은 청구인명부에 수임자로서 서명하는 외에 2019. 6. 1. 생년월일, 주소, 서명일 등을 적고 청구인으로 서명한 사실이 인정되나, 원고 무가 청구인명부에 수임자로 서명하는 외에 생년월일, 주소 등을 기재하고 청구인으로 서명하거나 도장을 찍었다고 볼 자료는 없다.

서명요청권 위임은 청구인으로부터 서명을 용이하게 받기 위한 취지이고, 법령에 따른 청구인의 청구인명부 기재사항(성명, 생년월일, 주소·거소 또는 체류지, 서명연 월일)과 서명요청권 수임자에 관한 신고사항(성명 및 위임 연월일)이 서로 다르며, 원고 을, 병은 서명요청권을 수임하고도 별도로 청구인명부에 청구인으로 서명하였는데 원고 무에게 청구인으로 서명할 수 없는 특별한 사정이 있었다고 볼 자료가 없는 점 등을 고려하면, 원고 무가 서명요청권 수임자라는 사정만으로 이 사건 감사청구를 한 주민에 해당한다고 볼 수 없고, 달리 원고 무가 이 사건 소에 관하여 감사청구를 거쳤다고 인정할 증거가 없으므로, **원고 무의 소는 원고적격이 인정되지 않아 부적법하다.**

나. 적법요건 ② - 이 사건 조례 각 조항의 무효 확인을 구하는 부분의 재판의 전제성

1) 제1심의 판단 요지

제1심(서울행정법원 2021. 5. 27. 선고 2020구합64446 판결)은 학생인권옹호관과 학생인권교육센터의 설치에 관하여 정하고 있는 이 사건 조례 제38조 제1항,[18] 제42조 제1항[19](이하 '**이 사건 관련조항**')을 제외한 **나머지 조항**들은 ① 양심·종교의 자유, 학생인권위원회, 인권침해자의 징계에 관한 조항으로 그 위법 여부가 원고 갑등의 청구취지 제1, 2항에 관한 재판의 결과에 영향을 미친다고 볼 수 없어 재판의 전제성이 인정되지 아니하고, ② 추상적 규율로서 구체적 사실에 관한 법 집행작용이 아니어서 행정처분인 해당 행위의 무효 확인을 구하는 주민소송의 대상(법 제17조 제12항 제2호)에도

---

18) 제38조(학생인권옹호관의 설치) ① 교육감은 학생인권 증진 및 인권 친화적 교육문화 조성의 업무를 집행하기 위하여 교육청에 학생인권옹호관 1명을 둔다.

19) 제42조(학생인권교육센터) ① 교육청에 학생인권옹호관의 효율적인 업무 수행을 위해 학생인권옹호관을 장으로 하는 학생인권교육센터(이하 "센터"라 한다)를 둔다.

해당하지 아니하므로 위 나머지 조항들에 관한 무효 확인 청구는 부적법하다고 각하하였다.

제1심은 이 사건 관련조항에 대한 무효 확인 청구는 기각하였다. **이 사건 관련조항이 조례제정권의 한계를 일탈하거나 법률에 위반된다고 볼 수 없으므로 위법하지 않기 때문이다.**

구체적으로 원고 갑 등은, ① 이 사건 관련조항은 법령의 위임 없이 국가사무인 학생인권사무(학생인권옹호관, 학생인권교육센터의 설치)에 관한 사항을 규정하여 조례제정권의 한계를 일탈하였고, ② 이 사건 조례 제42조 제1항은 주민발의로 제정되는 조례에서 행정기구 설치에 관한 사항을 정할 수 없도록 정하는 법 제15조 제2항 제3호를 위반하여 학생인권교육센터 설치에 관한 사항을 정하고 있으므로 위법하고, ③ 원고 갑 등은 청구취지 제1, 2항과 관련하여 이 사건 관련조항이 위법하여 이에 따른 학생인권옹호관, 학생인권교육센터에 대한 예산 지출도 위법하다는 취지로 주장하였다.

그런데 '교육의 진흥에 관한 사무'는 지방자치단체가 처리할 수 있는 사무로 '유아원·유치원·초등학교·중학교·고등학교 및 이에 준하는 각종 학교의 설치·운영·지도' 등을 내용으로 한다(법 제9조 제2항 제5호). 교육감은 공립·사립학교를 지도·감독할 권한이 있고(초·중등교육법 제6조), 지방자치단체의 교육·학예에 관한 사무의 집행기관으로 조례안의 작성 및 제출 등 그 소관 사무를 관장한다(교육자치법 제20조 제1호 및 제17호). 학생의 기본적 인권은 학교교육 또는 사회교육의 과정에서 존중되고 보호되며(교육기본법 제12조 제1항), 학교의 설립자 등은 헌법과 국제인권조약에 명시된 학생의 인권을 보장하여야 한다(초·중등교육법 제18조의4).

이러한 관련 법률의 각 규정을 종합하면, **교육청에 학생인권옹호관을 두고 학생인권센터를 설치하는 등 학생인권 관련 사무는 각 학교의 운영, 지도의 내용에 포함될 수 있어 지방자치단체의 사무인 교육진흥에 관한 사무**(법 제9조 제2항 제5호)**이고, 피고의 관장사무이다**(대법원 2015. 5. 14. 선고 2013추98 판결 참조). 이 사건 관련조항에 따른 인권사무는 지방자치단체의 사무에 해당한다고 봄이 타당하므로 이러한 사무가 국가사무임을 전제로 한 원고의 주장은 받아들일 수 없다.

아울러 행정기구 설치 등에 관한 내용은 주민청구조례안의 청구대상에서는 제외되나, 피고는 조례로 정하는 바에 따라 소관 사무를 관리·집행하는 데 필요한 행정기구를 설치할 수 있고(교육자치법 제32조) 이를 위한 조례안의 제안권을 가지며(교육자치법

제20조 제1호), 조례의 제정·개정은 지방의회의 의결사항으로 주민청구조례안에 대하여도 지방의회가 심사하여 의결하게 되는 점(법 제15조의2, 제39조 제1항 제1호)을 더하여 보면, 이 사건 조례 제42조 제1항에서 행정기구인 학생인권교육센터 설치에 관하여 정하고 있는 것이 법 제15조 제2항 제3호에 위반된다고 볼 수 없다.

따라서 이 사건 관련조항이 조례제정권의 한계를 일탈하거나 법률에 위반된다고 볼 수 없다는 것이다. 제1심은 주문과 별도로 위 "조례 위법 심사 결과"를 판결문에 명시하였다.

2) 제2심의 판단 요지

제1심은 위와 같이 이 사건 **나머지 조항**들에 관한 무효 확인 청구는 각하하고, **이 사건 관련조항**에 대한 무효 확인 청구를 기각하였으나, 제2심(서울고등법원 2021. 11. 18. 선고 2021누47044 판결)은 이 사건 조례 각 조항에 대한 무효 확인 청구를 모두 **각하**하였다.

구체적으로 ① 일반적·추상적인 형태의 조례는 그 자체로 국민의 구체적인 권리의무에 직접적 변동을 초래하는 것이 아니므로 항고소송의 대상이 되는 행정처분에 해당하지 않고, ② 헌법 제107조 제2항은 "명령, 규칙 또는 처분이 헌법이나 법률에 위반되는 여부가 재판의 전제로 된 경우에는 대법원은 이를 최종적으로 심사할 권한을 가진다."라고 규정하여 행정입법의 심사는 일반적인 재판절차에 의하여 구체적 규범통제의 방법에 의하도록 명시하고 있으므로, 당사자는 구체적 사건의 심판을 위한 선결문제로서 행정입법의 위법성을 주장하여 법원에 대하여 당해 사건에 대한 적용 여부의 판단을 구할 수 있을 뿐 행정입법 자체의 합법성의 심사를 목적으로 하는 독립한 신청을 제기할 수는 없는데, ③ 이 사건 조례는 헌법과 교육기본법, 초·중등교육법 등 관련 법령에 의하여 인정되는 학생의 권리를 확인하거나 구체화하고 그에 필요한 조치를 권고하고 있는데 불과하여, 집행행위의 개입 없이도 그 자체로 직접 국민의 권리의무에 영향을 미친다고 보기 어렵고[이 사건 조례무효확인소송, 서울고등법원 2019. 4. 23. 선고 2018누65790 판결(상고기각) 참조], ④ 헌법 제107조 제2항에 근거한 위법심사를 하는 경우에도 청구취지 제1, 2항 기재 청구(손해배상청구 또는 변상명령 청구/예산 지원 중지 청구)에 대한 판단의 선결문제로서 이 사건 조례의 위법성을 판단할 수 있는 것과 별도로, **이 사건 조례 자체의 위법성 심사를 목적으로 하는 독립한 청구는 허용되**

지 않기 때문이다.

따라서 제2심은 이 사건 조례 각 조항에 대한 무효 확인 청구를 모두 각하하되, 청구취지 제1, 2항 기재 청구(손해배상청구 또는 변상명령 청구/예산 지원 중지 청구)에 대한 판단의 선결문제로서 이 사건 조례의 위법성을 판단하기 위해 재판의 전제성을 우선 검토하였다.

이 사건 관련조항을 제외한 **나머지 조항**은 제1심과 마찬가지로 양심·종교의 자유, 학생인권위원회, 인권침해자의 징계에 관한 조항이고, 학생인권교육센터의 업무수행에 관한 것이라고 하더라도 이 사건 워크숍 관련 업무수행에 대한 것도 아니므로, 그 위법 여부에 따라 이 사건 워크숍 예산 지출의 위법 여부가 달라진다고 보기 어려우므로 위 각 조례 조항은 원고 갑 등의 청구취지 제1, 2항에 관한 재판 결과에 영향을 미치지 않으므로, 재판의 전제성이 인정되지 않는다고 판단하였다.

이 사건 관련조항의 경우 재판의 전제성이 인정되는 이유를 상세히 설명하였다. 이 사건 조례 제42조 제1항에 따라 설치된 학생인권교육센터는 학생인권옹호관 등을 대상으로 이 사건 워크숍을 개최하였고, 서울특별시 교육청이 이 사건 조례 제42조 제6항, 이 사건 조례 시행규칙 제4조 제1항[20])에 따라 그 예산 46,454,780원을 지출한 사실이 인정되었는데, 이 사건 주민소송(청구취지 제1, 2항)의 대상은 지방자치법 제17조 제1항에 정한 '공금의 지출에 관한 사항'에 해당하는 이 사건 워크숍 예산 지출이고, 그 지출근거인 위 각 조례 및 시행규칙은 선행행위에 해당한다고 볼 수 있는데, 위 각 조례 및 시행규칙에 간과할 수 없는 하자가 존재하고 있음에도 이에 따른 이 사건 워크숍 예산 지출 단계에서 심사 및 시정의무를 소홀히 하였다고 인정되는 경우에는 이 사건 워크숍 예산 지출행위 자체가 위법하다고 볼 수 있으므로(대법원 2011. 12. 22. 선고 2009두14309 판결 참조) 이 사건 관련조항이 위법·무효인지는 위 선행행위인 이 사건 조례 제42조 제6항, 이 사건 조례 시행규칙 제4조 제1항의 위법성에 영향을 미치고, 더 나아가 그로 인하여 이 사건 주민소송의 대상인 이 사건 워크숍 예산 지출행위의

---

20) 이 사건 조례 제42조(학생인권교육센터)

　⑥ 센터의 조직과 운영에 관하여 필요한 사항은 교육규칙으로 정한다.

　이 사건 조례 시행규칙 제4조(학생인권교육센터의 지원)

　① 교육감은 조례 제42조에 따른 학생인권교육센터(이하 "센터"라 한다)의 효율적인 업무수행을 위하여 예산 등 필요한 사항을 지원하여야 한다.

위법성 여부도 달라질 수 있으므로 이 사건 관련조항은 원고 갑 등의 청구취지 제1, 2항에 관한 재판 결과에 영향을 미치므로, 재판의 전제성이 인정된다는 것이다.

다만 제2심은 원고들의 손해배상청구 또는 변상명령 청구, 예산 지원 중지 청구의 선결문제로서 이 사건 관련조항의 위법성은 제1심의 판단을 그대로 인용하였다. 이 사건 관련조항이 조례제정권의 한계를 일탈하거나 법률에 위반된다고 볼 수 없다는 것이다. 다만, 제1심과 달리, "조례 위법 심사 결과"를 판결문에 별도로 명시하지는 않았다.

다. 손해배상청구 또는 변상명령 청구(청구취지 제1항)에 관한 판단

원고 갑 등은, ① 위법하여 무효인 이 사건 관련조항에 따라 설치된 학생인권옹호관, 학생인권교육센터와 관련하여 이 사건 워크숍 예산을 지출한 것은 위법하고, ② 이 사건 워크숍 예산 지출근거가 이 사건 조례에 직접 규정되어 있지 않아 지방재정법 제17조 제1항에 위반되며, ③ 과도한 비용이 지출된 이 사건 워크숍은 예산 남용에 해당하므로, 피고가 학생인권옹호관에게 이 사건 워크숍 예산 지출액 상당의 손해배상을 청구하거나 회계관계직원에게 같은 금액 상당의 변상명령을 할 의무가 있다고 주장하였다.

제2심은 제1심의 판단을 그대로 인용하였다. ① 이 사건 관련조항이 조례제정권의 한계를 일탈하거나 법률우위원칙에 위배된다고 볼 수 없고, ② 지방자치단체의 관할 구역 자치사무에 필요한 경비는 지방자치단체가 전액을 부담하고(지방재정법 제20조), 학생인권교육센터는 지방자치법 제22조에 따라 제정된 이 사건 조례 제42조 제1항에 근거하여 서울특별시 교육청에 설치된 것인데, 이 사건 조례 제42조 제6항, 이 사건 조례 시행규칙 제4조 제1항에 따라 학생인권교육센터의 업무수행을 위하여 지출한 예산이 지방재정법 제17조 제1항에서 제한하는 특정 개인·단체 등에 대한 기부 또는 보조에 해당한다고 볼 수 없으며(대법원 2016. 5. 12. 선고 2013추531 판결 참조), ③ 갑 제7호증의 기재만으로는 이 사건 워크숍이 예산을 남용하는 등 손해를 발생시켰다고 인정하기 부족하고, 달리 이를 인정할 증거가 없다는 것이다.

라. 예산 지원 중지 청구(청구취지 제2항)에 관한 판단

원고 갑 등은 위법하여 무효인 이 사건 조례 제42조 제1항에 따라 설치된 학생인권교육센터에 예산을 지원하여서는 안 되고, 이는 지방재정법 제17조 위반에도 해당한다고 주장하면서 예산 지원 중지를 구하였다.

제2심은 제1심의 판단을 그대로 인용하였다. 이 사건 조례 제42조 제1항이 무효라볼 수 없고, 앞서 본 바와 같이 학생인권교육센터에 공금을 지출하는 것이 지방재정법제17조에 위반된다고 볼 수 없으며, 달리 학생인권교육센터에 예산 지원을 계속하면회복하기 곤란한 손해가 발생할 우려가 있음을 인정할 증거가 없다며 원고들의 청구를 받아들이지 않았다.

4. 판결의 의의

1) 지방자치법에 따라 감사청구를 한 주민만이 주민소송을 할 수 있는데, 서명요청권을 수임받은 자가 별도로 감사청구를 하지 않은 경우 주민소송을 제기할 원고적격이 인정되지 않는다는 점을 처음으로 판단받았다. 이에 원고 무의 청구는 모두 각하되었다.

2) 이 사건 조례 자체의 위법성 심사를 목적으로 하는 독립한 청구는 허용되지 않는다는 점을 명확히 확인 받았다. 이 사건 조례가 처분적 조례가 아닌 상황에서 위와같은 청구가 주민소송 형태로 가능하다고 볼 근거도 없었다. 원고들은 이 사건 조례에대한 무효확인소송에서 각하 판결을 받자(Ⅱ항 참조), 주민소송을 통해 이 사건 조례에대한 위법성을 심사받고자 하였으나 적법요건이 인정되지 않아 다시 각하된 것이다.

3) 헌법 제107조 제2항은 "명령, 규칙 또는 처분이 헌법이나 법률에 위반되는 여부가 재판의 전제로 된 경우에는 대법원은 이를 최종적으로 심사할 권한을 가진다."라고정하고 있다. 위 조항에 '조례'가 명시되어 있지는 않으나, 이 사건 판결을 통해 법원이 조례에 대해서도 위법성을 심사할 수 있다는 점을 확인 받았다.

이를 통해 다른 청구에 대한 판단의 선결문제로서 이 사건 조례 관련조항에 위법성이 없다는 점을 확인 받았다. 이 사건 관련조항이 조례제정권의 한계를 일탈하거나법률에 위반된다고 볼 수 없다는 것이다. 특히, 교육청에 학생인권옹호관을 두고 학생인권센터를 설치하는 등 학생인권 관련 사무는 각 학교의 운영, 지도의 내용에 포함될수 있어 지방자치단체의 사무인 교육진흥에 관한 사무(법 제9조 제2항 제5호)에 해당한다는 점을 밝혀 원고들의 추가적인 소 제기 가능성을 차단하였다.

4) 지방자치법 제17조 제2항 제4호 주민소송에 따른 손해배상청구의 경우, 지방자

치단체의 장이나 공무원은 그 위법행위에 대하여 고의 또는 중대한 과실이 있는 경우에 한하여 손해배상책임을 부담한다(대법원 2020. 7. 29. 선고 2017두63467 판결). 따라서 손해배상이행 청구의 소를 제기하는 원고들은 손해배상청구의 상대방이 위법한 재무회계행위를 저질러 민사상 불법행위책임 또는 「회계관계직원 등의 책임에 관한 법률」에 의한 변상책임을 진다는 점을 주장·증명하여야 한다(위 2017두63467 판결 참조).

그러나 원고들은 이 사건 예산 지출행위의 위법성뿐만 아니라 이들의 고의·과실도 제대로 주장·증명하지 못하였다. 피고를 대리한 지평은 선행 행정소송과 헌법소원에서 이 사건 조례의 합헌·적법성이 거듭 확인된 바 있는 이상, 이 사건 조례에 근거하여 회계관련법규를 준수하여 워크숍 예산 지출행위를 한 학생인권옹호관과 회계관계직원에게 불법행위책임이나 변상책임이 인정될 여지도 없었다고 주장하였고, 이는 받아들여졌다.

5) 지방자치법 제17조 제2항 제1호에 따라 학생인권교육센터 예산 지원행위의 중지를 청구하려면, 위 행위를 계속할 경우 회복하기 곤란한 손해가 발생할 우려가 있음을 원고들이 증명하여야 한다. 원고들은 이에 관한 주장, 증명을 전혀 하지 못했다.

공금의 지출 등이 위법하다 하더라도, 나중에 손해배상이나 부당이득반환청구(지방자치법 제17조 제2항 제4호)에 의한 금전배상으로 손해의 전보가 가능할 때에는 원칙적으로 회복하기 곤란한 손해가 발생할 우려가 없다고 보아야 한다.[21] 따라서 학생인권교육센터 예산 지원행위를 당장 중지하지 않는다고 하여 회복하기 곤란한 손해가 발생할 우려가 있다고 보기 어렵다.

나아가 중지소송은 해당 행위를 중지할 경우 생명이나 신체에 중대한 위해가 생길 우려가 있거나 그 밖에 공공복리를 현저하게 저해할 우려가 있으면 제기할 수 없다(지방자치법 제17조 제3항). 중지소송의 무분별한 제기로 행정이 수시 중단되어 공공복리를 저해할 우려가 있으면 이를 제기할 수 없도록 한 것이다.[22]

이 사건 조례는 학생의 인권을 보장함으로써 모든 학생의 인간으로서의 존엄과 가치를 실현하며 자유롭고 행복한 삶을 이루어나갈 수 있도록 하기 위해 제정된 것으로서(제1조) 헌법과 법률, 국제조약에 명시된 학생의 인권을 재확인하고 인권 보호를 실현하기 위한 조항으로 구성되어 있다.

---

21) 서울행정법원 실무연구회, 앞의 책, 605쪽.
22) 서울행정법원 실무연구회, 앞의 책, 606쪽.

학생인권교육센터에 대한 예산 지원이 중단될 경우, 이 사건 조례에서 학생인권 증진 및 인권 친화적 교육문화 조성의 업무를 진행하기 위하여 학생인권옹호관을 두고(제38조), 그로 하여금 학생인권침해사건의 처리결과를 교육감과 학생인권위원회에 매년 분기별로 보고하도록 하며(제40조), 학생이 인권을 침해당하였거나 침해당할 위험이 있는 경우 그에 관한 구제신청을 받아(제47조) 사건에 대하여 조사한 후(제48조), 인권침해나 차별행위가 있었다고 판단될 경우에는 가해자나 관계인 또는 교육감에게 시정권고할 수 있도록 하는 제도를 마련한 근본적인 취지가 몰각되어 공공복리를 저해할 우려가 매우 크다고 보아야 한다.

6) 주민소송은 원칙적으로 지방자치단체의 재무회계에 관한 사항의 처리를 직접 목적으로 하는 행위에 대하여 제기할 수 있다(대법원 2020. 7. 29. 선고 2017두63467 판결 참조). 이에 피고를 대리하여 지평은 원고들의 주장은 실질적으로는 비재무회계행위인 이 사건 조례(선행행위)의 위법성을 다투면서 형식적으로만 재무회계행위인 이 사건 워크숍 예산 지출행위의 위법성을 다투고 있는 것으로 이른바 '선행행위의 위법성 승계' 주장에 해당하는 점을 지적하였다. 이 사건 조례는 위법하지 않고, 설령 이 사건 조례가 위법하다 하더라도 그 하자는 재무회계행위인 이 사건 예산 지출행위에 승계되지 않으며, 그 밖에 이 사건 조례와 관계 없이 이 사건 예산 지출행위가 그 자체로 위법하다고 볼 만한 사정도 존재하지 않는다고 주장하였다.

이에 대해 재판부는 선행행위가 현저하게 합리성을 결하여 그 때문에 지방재정의 적정성 확보라는 관점에서 지나칠 수 없는 하자가 존재하는 경우에는 지출원인행위 단계에서 선행행위를 심사하여 이를 시정해야 할 회계관계 법규상 의무가 있다고 보아야 한다는 법리에 기초하여(대법원 2011. 12. 22. 선고 2009두14309 판결 참조) 이 사건 관련조항이 이 사건 워크숍 예산 지출에 관하여 재판의 전제성이 인정된다고 판단하였다.

현행 지방자치법상 주민소송의 대상이 재무회계행위로 국한됨에도 불구하고, 이 사건 주민소송처럼 선행 판결의 결과가 마음에 들지 않은 경우 주민소송이 제기되는 경우가 있는 것으로 보인다. 현대사회에서 정부나 지방자치단체의 행정은 대부분 예산과 결부되므로 재무회계와 동떨어져 이루어지기 어렵다는 점에서 악용될 소지가 있다고 보인다. 주민소송제도는 지방자치단체 재정작용의 건전성과 적법성을 확보하기 위한 중요한 수단이므로 적절한 균형을 어떻게 찾을 수 있을 것인지에 대한 고민이 필요하다.

V. 나가며

이 사건 조례는 학생인권 실태조사에서 드러난 인권침해 현실을 기반으로 제정되었다. 이는 다른 지방자치단체에도 영향을 끼쳐 2022. 5. 경기도, 광주광역시, 전라북도, 충청남도, 제주특별자치도, 인천광역시에서 학생인권조례가 제정되어 시행되고 있다.

일부 학교장과 교사, 학생들은 학생인권조례가 무효라거나 기본권을 침해한다거나 위 조례에 근거하여 예산을 지출하면 안된다는 취지로 주장하며 여러 소송을 제기하였다. 지평과 두루는 서울특별시 교육감을 대리하여 이 사건 조례를 방어하는 데 성공하였다. 사법부로부터 학생인권조례가 정당하게 제정되었음을 확인받고, 학생·소수자 인권에 대한 의식을 고취했다는 점에서 의미가 있다.

그런데 법원의 학생인권조례에 대한 여러 판결에도 불구하고, 학생인권조례에 대한 폐지 움직임도 꾸준히 있는 상황이다. 교육감 선거에 출마한 이들이 기존에 제정된 학생인권조례를 폐지하겠다는 내용의 공약을 내세우기도 하고, 시민단체들이 학생인권조례 폐지안을 발의하기도 하였다. 학생인권을 보장하기 위한 노력이 '조례'의 형태로 제정된 이상 지방자치단체 장의 성향이 어떠한지, 지방의회의 구성이 어떤지, 사회적 분위기가 어떠한지에 따라 조례의 존폐도 영향을 받게 되는 것이다.

추후 학생인권조례를 둘러싼 분쟁이 심화되어 여러 소송이 제기되는 경우, 이 사건 조례무효확인소송, 이 사건 헌법소원, 이 사건 주민소송에서 법원이 판단을 한 내용이 중요한 참고자료로 활용될 수 있을 것으로 예상된다.

그럼에도 여전히 학생인권조례의 존폐를 둘러싼 논란이 있음을 고려할 때 소송 대응에 앞서 선제적으로 조례가 아닌 법률 등 다른 형태로 입법을 하는 방안도 가능할 것이다. 학생인권조례가 추구하는 가치─학생이 인간으로서 존엄과 가치를 실현하고 자유롭고 행복한 삶을 이루어나가는 것을 구현하기 위해서는 반드시 조례의 형태에 국한될 필요가 없기 때문이다.

도시정비법상 정보공개의무

- 대법원 2022. 1. 27. 선고 2021도 15334 판결문 중심으로 -

정원 · 유현정 · 한선필

[판례의 개요]

Ⅰ. 사실관계

피고인은 서울 소재 「도시 및 주거환경정비법」(이하 '도시정비법')에 따른 주택재건축정비사업 추진위원회(이하 '이 사건 추진위원회')의 추진위원장이었다. 피고인을 포함한 이 사건 추진위원회는 2015. 12. 19. 창립총회를 거쳐 그 무렵 조합설립인가를 받았으나, 조합설립을 위해 필요한 동의율을 충족하지 못하였다는 이유로 조합설립인가를 취소한다는 판결이 선고되어 2018. 3. 15. 확정되었다.

조합설립인가가 취소되어 종전의 추진위원회가 부활하면서 피고인이 다시 추진위원장으로서 조합설립인가 업무를 맡게 되었다.[1] 그런데 조합설립인가를 다시 진행하는 과정에서, 조합설립동의서 재사용에 관해 추진위원회와 소위 '비대위' 간 의견이 대립하며 갈등이 심화되었다.[2] 이 사건 추진위원회는 2020. 2.경 재차 창립총회를 개최하였고, 결국 2020. 4.경 동의율 약 75%로 조합설립인가를 받았다. 이후 토지등소유자의 동의를 추가로 받아 조합설립변경인가를 얻었고, 지금까지 이 사건 정비사업은 순조롭게 지속되고 있다.

그런데 조합설립인가 재추진 과정에서 피고인과 갈등을 빚은 비대위 측이 2019. 5.경 피고인을 다수의 도시정비법위반 혐의로 고발하였다. 고발 사실에는 피고인이 구 도시정비법[3] 제81조 및 도시정비법 제124조 제1항에 따라 공개 의무가 있는 문서를 공개하지 않았다는 것이 포함되어 있었다(이하 '**공개의무규정**'). 피고인은 고발사실 대부분에 관해 혐의없음 결정을 받았으나 공개의무규정 위반의 점에 관하여는 기소되었다. 도시정비법상 공개의무규정의 내용은 아래와 같다.

도시정비법 제124조(관련 자료의 공개 등) ① 추진위원장 또는 사업시행자(조합의 경우 청산인을 포함한 조합임원, 토지등소유자가 단독으로 시행하는 재개발사업의 경우에는 그 대표자를 말한다)는 <u>정비사업의 시행에 관한 **다음 각 호의 서류 및 관련 자료**가 작성되거나 변경된 후 15일 이내에 이를 조합원, 토지등소유자 또는 세입자가 알 수 있도록 인터넷과 그 밖의 방법을 병행하여 공개</u>하여야 한다.
1. 제34조제1항에 따른 추진위원회 운영규정 및 정관등
2. 설계자 · 시공자 · 철거업자 및 정비사업전문관리업자 등 용역업체의 선정계약서
3. **추진위원회 · 주민총회 · 조합총회 및 조합의 이사회 · 대의원회의 의사록**
4. 사업시행계획서
5. 관리처분계획서
6. 해당 정비사업의 시행에 관한 공문서

---

1) 조합설립인가처분이 법원의 판결에 의하여 취소된 경우에는 추진위원회가 그 지위를 회복하여 다시 조합설립인가신청을 하는 등 조합설립추진 업무를 계속 수행할 수 있다(대법원 2016. 12. 15. 선고 2013두13473 판결).
2) 도시정비법 제37조 제1항에서 조합설립인가가 무효 또는 취소된 후 다시 조합설립인가를 신청하는 경우 "동의서의 유효성에 다툼이 없는 토지등소유자의 동의서를 다시 사용할 수 있"다고 규정하고 있으므로, 동의서 재사용 자체는 위법하지 않다.
3) 도시정비법이 2017. 2. 8. 법률 제14567호로 전부개정되기 전의 것. 내용은 도시정비법 제124조 제1항과 동일하다.

7. 회계감사보고서

8. 월별 자금의 입금 · 출금 세부내역

9. 결산보고서

10. 청산인의 업무 처리 현황

11. 그 밖에 정비사업 시행에 관하여 대통령령으로 정하는 서류 및 관련 자료

② 제1항에 따라 공개의 대상이 되는 서류 및 관련 자료의 경우 분기별로 공개대상의 목록, 개략적인 내용, 공개장소, 열람 · 복사 방법 등을 대통령령으로 정하는 방법과 절차에 따라 조합원 또는 토지등소유자에게 서면으로 통지하여야 한다.

③ 추진위원장 또는 사업시행자는 제1항 및 제4항에 따라 공개 및 열람 · 복사 등을 하는 경우에는 주민등록번호를 제외하고 국토교통부령으로 정하는 방법 및 절차에 따라 공개하여야 한다.

④ 조합원, 토지등소유자가 제1항에 따른 서류 및 다음 각 호를 포함하여 정비사업 시행에 관한 서류와 관련 자료에 대하여 열람 · 복사 요청을 한 경우 추진위원장이나 사업시행자는 15일 이내에 그 요청에 따라야 한다.

1. 토지등소유자 명부

2. 조합원 명부

3. 그 밖에 대통령령으로 정하는 서류 및 관련 자료

⑤ 제4항의 복사에 필요한 비용은 실비의 범위에서 청구인이 부담한다. 이 경우 비용납부의 방법, 시기 및 금액 등에 필요한 사항은 시 · 도조례로 정한다.

⑥ 제4항에 따라 열람 · 복사를 요청한 사람은 제공받은 서류와 자료를 사용목적 외의 용도로 이용 · 활용하여서는 아니 된다.

도시정비법 시행령 제94조(자료의 공개 및 통지 등) ① 법 제124조제1항제11호에서 "대통령령으로 정하는 서류 및 관련 자료"란 다음 각 호의 자료를 말한다.

1. 법 제72조제1항에 따른 분양공고 및 분양신청에 관한 사항

2. 연간 자금운용 계획에 관한 사항

3. 정비사업의 월별 공사 진행에 관한 사항

4. 설계자 · 시공자 · 정비사업전문관리업자 등 용역업체와의 세부 계약 변경에 관한 사항

5. 정비사업비 변경에 관한 사항

② 추진위원장 또는 사업시행자(조합의 경우 조합임원, 법 제25조제1항제2호에 따라 재개발사업을 토지등소유자가 시행하는 경우 그 대표자를 말한다)는 법 제124조제2항에 따라 매 분기가 끝나는 달의 다음 달 15일까지 다음 각 호의 사항을 조합원 또는 토지등소유자에게 서면으로 통지하여야 한다.

1. 공개 대상의 목록

2. 공개 자료의 개략적인 내용

3. 공개 장소

4. 대상자별 정보공개의 범위

5. 열람·복사 방법

6. 등사에 필요한 비용

③ 법 제125조제1항에서 "대통령령으로 정하는 회의"란 다음 각 호를 말한다.

1. 용역 계약(변경계약을 포함한다) 및 업체 선정과 관련된 대의원회·이사회

2. 조합임원·대의원의 선임·해임·징계 및 토지등소유자(조합이 설립된 경우에는 조합원을 말한다)

자격에 관한 대의원회·이사회

공소사실에 포함된 공개대상자료는 주민총회 및 창립총회 속기록(연번 1), 추진위원회 회의자료 및 의사록(연번 2 내지 5), 주민총회 및 조합설립총회 회의자료, 개최결과 및 의사록 속기록, 속기록 작성에 대한 대금지급 자료(연번 6), 자금수지보고서(연번 7), 카드사용내역서(연번 8), 회계감사보고서(연번 9)였다.

의사록과 회의자료는 법령에 따라 공개의무가 인정된다(제3호 및 제7호). 그 외 검사는 ① 속기록과 회의자료, 개최결과 및 의사록 속기록은 제3호 '의사록'의 관련 자료로 보았고, ② 속기록 작성에 대한 대금지급 자료는 제8호 '월별 자금의 입금·출금 세부내역'의 관련 자료, ③ 자금수지보고서와 카드사용내역서는 제9호 '결산보고서'의 '관련 자료'라고 보았다.

연번	일시	내역	처벌법조(도정법)	비고
1	2015.12.19	주민총회 및 창립총회 속기록	124조 1항 3호	지연공개(2016.6.13.), 미병행
2	2018.6.14	제31차 추진위원회 회의자료 및 의사록	124조 1항 3호	지연공개(2019.1.20.), 미병행
3	2018.7.13	제32차 추진위원회 회의자료 및 의사록	124조 1항 3호	지연공개(2019.1.20.), 미병행
4	2018.8.10	제33차 추진위원회 회의자료 및 의사록	124조 1항 3호	지연공개(2019.1.20.), 미병행
5	2018.10.2.	제34처 추진위원회 회의자료 및 의사록	124조 1항 3호	미공개, 미병행
6	2018.11.24	주민총회 및 조합설립총회 회의자료, 개최결과 및 의사록 속기록, 속기록 작성에 대한 대금지급 자료	124조 1항 3호 124조 1항 8호	미공개, 미병행
7	2018.12.31	2018년 자금수지보고서	124조 1항 9호	지연공개(2019.3.5.), 미병행
8	2018.12.31	2018년 카드사용내역서	124조 1항 9호	지연공개(2019.3.24.), 미병행
9	2019.1.22.	2018년 회계감사보고서	124조 1항 7호	지연공개(2019.3.5.), 미병행

Ⅱ. 재판의 경과

도시정비법 제124조 제1항 제3호에 따라 공개 의무가 있는 '의사록'과 제7호 '회계감사보고서'에 대해서는 피고인이 공개의무를 위반하였다는 점에 대해 다툼이 없었다. 그러나 법령에서 명시적으로 열거하지 않은 **속기록, 회의자료, 개최결과 및 대금지급자료, 자금수지보고서, 카드사용내역서가 도시정비법 제124조 제1항의 관련 자료에 해당하는지 여부**가 다투어졌다.

제1심판결(서울북부지방법원 2020. 12. 3. 선고 2020고정485 판결)은 속기록, 회의자료, 개최결과의 경우, 대법원 2016. 2. 18. 선고 2015도10976 판결, 대법원 2012. 2. 23. 선고 2010도8981 판결을 근거로 제시하며, **"의사록에 원용되어 불가분적으로 관련되어 있거나 의사록과 직접적으로 관련되어 있어 위 각 조항의 관련 자료에 해당"**한다고 판단하였다. 다만 대금지급자료, 자금수지보고서, 카드사용내역서에 관하여는, '관련자료'는 추상적인 개념으로서 형벌법규의 구성요건으로 사용되었으므로 엄격하게 <u>해석·적용하여 예측가능한 범위를 넘어 처벌대상이 확장되는 것을 막아 법적 안정성을 지킬 필요가 있고, 대금지급자료, 자금수지보고서, 카드사용내역서는 입출금 세부내역이나 결산보고서에 직접적 또는 불가분적으로 관련되었다고 볼 수 없다</u>"는 이유로 무죄를 선고하였다.

제1심판결에 대해서는 피고인과 검사 쌍방이 항소하였다. 원심판결(서울북부지방법원 2021. 10. 8. 선고 2020노2055판결)은 검사의 항소 중 '자금수지보고서'에 관한 부분을 받아들인 것을 제외하고는 검사와 피고인의 항소를 기각하여 제1심판결의 결론을 대체로 유지하였다. 원심판결의 이유는 아래와 같다.

Ⅲ. 대상판결의 요지

가. 원심판결의 요지

형벌법규는 문언에 따라 엄격하게 해석·적용하여야 하고 피고인에게 불리한 방향으로 지나치게 확장해석하거나 유추해석하여서는 안 된다. 그러나 형벌법규를 해석할 때에도 가능한 문언의 의미 내에서 해당 규정의 입법 취지와 목적 등을 고려한 법률체계적 연관성에 따라 그 문언의 논리적 의미를 분명히 밝히는 체계적·논리적 해석방법은 그 규정의 본질적 내용에 가장 접근한 해석을 위한 것으로서 죄형법정주의의 원칙에 부합한다(대법원 2007. 6. 14. 선고 2007도 2162 판결, 대법원 2018. 10. 30. 선고 2018도7172 전원합의체 판결 등 참조).

속기록, 회의자료, 개최결과에 관한 판단

조합이 정비사업을 시행하는 경우, 조합임원은 조합을 대표하면서 막대한 사업자금을 운영하는 등 각종 권한을 가지고 있기 때문에 조합임원과 건설사 간 유착으로 인한 비리가 발생할 소지가 크고, 정비사업과 관련된 비리는 그 조합 및 조합원의 피해로 직결되어 지역사회와 국가 전체에 미치는 병폐도 크므로, 정비사업의 투명성·공공성을 확보하고 조합원의 알권리를 충족시키기 위한 것이다(대법원 2016. 2. 18. 선고 2015도10976 판결 등 참조).

<u>의사록이 진정하게 작성되었는지 여부, 조합원 등의 의사 결정을 위한 자료가 실제로 제공되었는지 여부, 조합원 등의 의사결정내용이 올바르게 반영되었는지 여부 등을 판단하기 위해서는 의사록 이외에 당시 주민총회 및 창립총회나 추진위원회에서 안건으로 논의된 자료를 확인할 필요가 있으므로,</u> "주민총회 및 창립총회의 속기록, 회의자료, 개최결과", "추진위원회의 회의자료" 등은 이 사건 각 공개의무규정에 규정된 의사록의 '관련 자료'에 포함된다고 보는 것이 체계적이고 논리적인 해석이다.[4]

서울특별시 클린업시스템 운영지침의 <별표 1> 클린업시스템 정보공개 사항에 의하면, "주택재건축 정비사업 추진위원회의 추진위원장은 주민총회 또는 추진위원회의 '의사록'뿐만 아니라 이와 더불어 '속기록'(또는 녹음이나 영상자료), '회의내용 안내책자'(예를 들어, 총회 책자 등), '서면결의서 원본 스캔파일' 등을 의무적으로 15일 이내에 공개하도록" 규정되어 있다

피고인이 작성된 후 15일 이내에 인터넷과 그 밖의 방법으로 병행하여 공개하지 아니한(지연하여 공개한) 위 '속기록', '회의자료', '개최결과'는 '의사록'에 원용되어 불가분적으로 관련되어 있거나 '의사록'과 직접적으로 관련되어 있어 이 사건 각 공개의무 규정상의 '관련 자료'에 해당함을 충분히 인정할 수 있다.

---

4) 밑줄은 작성자가 부기한 것이다.

대금지급자료 부분에 관한 판단

이 사건 각 공개의무규정상 '관련 자료'는 추상적인 개념으로서 형벌법규의 구성요건으로 사용되었으므로 엄격하게 해석·적용하여 예측가능한 범위를 넘어 처벌대상이 확장되는 것을 막아 법적 안정성을 지킬 필요가 있다.

도시정비법 제124조 제1항 제8호는 자금의 입출금 세부내역을 월별로 정리하여 공개할 것을 요구하고 있는데 속기록 작성에 대한 대금지급자료 등의 입출금 자료는 증빙 자료로서 입출금 과정을 정리한 입출금 세부내역과는 성격을 달리 하는 것이어서 서로 직접적 또는 불가분적으로 관련되는 것이라고 보기 어렵다.

해당 월이 경과된 후 작성되는 월별 자금 입출금 세부내역보다 앞서 입출금 즉시 작성되는 경우가 많을 입출금 자료를 먼저 각 작성된 날로부터 15일 내에 따로 공개되어야 하는 어색한 결과가 된다.

서울특별시 클린업시스템 운영지침 <별표 1> 클린업시스템 정보공개 사항에 의하더라도, 월별 자금의 입금·출금 세부내역에 관하여 회계연월, 당월수입, 당월지출을 필수 요약항목으로 하는 '금전출납부'와 '업무추진비집행내역서'만이 15일 이내 클린업시스템에 공개되어야 한다고 규정되어 있을 뿐이고, 위 각 서류 내의 항목에 대한 증빙서류까지 요구하고 있지는 않다.

서울특별시 정비사업 조합 등 표준 예산·회계규정에 의하면, 증빙서류에 관하여 수취 및 보관의무만을 규정하고 있을 뿐 공개의무까지 부여하고 있지는 않다.

자금수지보고서에 관한 판단

자금수지보고서는 추진위원회의 2018년도 자금 수입 및 지출 내역이 정리되어 있는 서류로서, 이 사건 각 공개의무규정상 공개의무가 있는 '2018년도 결산보고서'가 진정하게 작성되었는지 여부 등을 판단하기 위하여 위 서류를 확인할 필요가 있으므로, 위 서류를 위 규정상 '관련 자료'에 포함된다고 보는 것이 체계적이고 논리적인 해석이다

클린업시스템 정보공개사항에 의하면, 추진위원장은 추진위원회 자금운용에 관하여 '결산보고서'뿐만 아니라 이와 더불어 '자금수지보고서'를 "작성일, 분기자금 수입 지출 내역, 분기말 차입금 현황 등을 필수 요약 항목으로 하여 의무적으로 15일 이내

에 공개"하도록 규정되어 있다.

 -서울특별시 정비사업 조합 등 표준 예산·회계규정에서도 분기별 자금수지내역을 다음 분기 만료일 이내에 조합원 또는 토지등소유자에게 서면으로 통보하고 작성일로부터 15일 이내 조례 제54조에 의한 클린업시스템에 공개하도록 규정하고 있다(제47조)

카드사용내역서에 관한 판단

 서울특별시 정비사업 조합 등 표준 예산·회계규정은 감사에게 카드 사용내용을 주기적으로 점검하도록 하고 있고, 감사가 작성한 '카드사용내역 점검결과'를 공개하도록 하고 있으나(제44조) 카드사용내역을 공개의무에 포함하고 있지 않다.

 클린업시스템 정보공개 사항에 의하더라도 감사가 작성한 '카드사용내역 점검결과'만이 공개되도록 하고 있고, '카드사용내역서'에 대한 항목이 따로 존재하지 않는다.

 결산보고서의 진정 작성 여부를 판단하기 위해 '카드사용내역서'가 아닌 '카드사용내역 점검결과'만을 확인하여도 충분하다.

나. 대상판결의 요지

 원심판결 중 '속기록' 및 '자금수지보고서' 부분에 관하여 피고인이 상고하였다. 대상판결(대법원 2022. 1. 27. 선고 2021도15334판결)은 피고인의 상고이유 주장은 이유 있다고 판단하였고, 원심판결이 이 부분과 나머지 유죄 부분을 형법 제37조 전단의 경합범에 해당한다고 보아 하나의 형을 선고하였으므로 원심판결 중 유지 부분을 전부 파기하였다.

죄형법정주의

 죄형법정주의는 국가형벌권의 자의적인 행사로부터 개인의 자유와 권리를 보호하기 위하여 범죄와 형벌을 법률로 정할 것을 요구한다. 그러한 취지에 비추어 보면 형벌법규의 해석은 엄격하여야 하고, 명문규정의 의미를 피고인에게 불리한 방향으로 지나치게 확장해석하거나 유추해석하는 것은 죄형법정주의 원칙에 어긋나는 것으로서 허용되지 않는다(대법원 1999. 7. 9. 선고 98도1719 판결, 대법원 2009. 12. 10. 선고 2009도3053 판결 등).

구 도시정비법 제86조 제6호 및 제81조 제1항, 현행 도시정비법 제138조 제7호 및 제124조 제1항은 조합임원 등이 정비사업의 시행에 관하여 조합원, 토지등소유자 또는 세입자가 알 수 있도록 15일 이내에 인터넷과 그 밖의 방법을 병행하여 공개하여야 할 서류를 열거하면서, 위와 같이 명시된 서류의 '관련 자료'도 함께 공개대상으로 규정하는 한편, 이를 위반한 조합임원 등에 대하여는 1년 이하의 징역 또는 1천만 원 이하의 벌금에 처하도록 규정하고 있다. 이러한 규정들의 입법 취지는 조합이 정비사업을 시행하는 경우, 조합임원은 조합을 대표하면서 막대한 사업자금을 운영하는 등 각종 권한을 가지고 있기 때문에 조합임원과 건설사 간 유착으로 인한 비리가 발생할 소지가 크고, 정비사업과 관련된 비리는 그 조합 및 조합원의 피해로 직결되어 지역사회와 국가 전체에 미치는 병폐도 크므로, 정비사업의 투명성·공공성을 확보하고 조합원의 알권리를 충족시키기 위한 것이다(대법원 2016. 2. 18. 선고 2015도10976 판결, 대법원 2021. 2. 10. 선고 2019도18700 판결, 헌법재판소 2011. 4. 28. 선고 2009헌바90 전원재판부 결정 등 참조).

그런데 **도시정비법은 공개대상이 되는 서류를 각 호에서 구체적으로 열거하면서도 '관련 자료'의 판단기준에 관하여는 별도로 규정하고 있지 않을 뿐만 아니라, 그 밖에 공개가 필요한 서류 및 관련 자료는 대통령령에 위임하여 이를 추가할 수 있는 근거규정을 두고 있으므로, 도시정비법 혹은 그 위임에 따른 시행령에 명문의 근거규정 없이 정비사업의 투명성·공공성 확보 내지 조합원의 알권리 보장 등 규제의 목적만을 앞세워 각 호에 명시된 '관련 자료'의 범위를 지나치게 확장하여 인정하는 것은 죄형법정주의가 요구하는 형벌법규 해석원칙에 어긋난다.**

속기록

1) 구 도시정비법 제81조 제1항, 현행 도시정비법 제124조 제1항은 조합임원 등이 정비사업의 시행에 관하여 작성 또는 변경 후 15일 이내에 공개하여야 할 서류를 규정하는 한번, 구 도시정비법 제81조 제2항, 현행 도시정비법 제125조 제1항은 위와 같이 공개하여야 할 서류를 포함하여 총회 또는 중요한 회의가 있은 때에는 속기록·녹음 또는 영상자료를 만들어 청산 시까지 보관하여야 한다고 규정한다. 즉, 도시정비법은 신속하게 공개하여야 할 자료와 일정한 경우에 한하여 작성 후 청산 시까지 보관하여야 할 자료를 구분하고, 속기록·녹음 또는 영상자료는 보관대상으로 규정할 뿐 의

사록과 같은 공개대상으로 명시하지 않고 있다.

2) 의사록이 진정하게 작성되었는가는 참석자명부와 서면결의서를 통해서도 확인할 수 있으므로, 반드시 참석자의 구체적인 발언 내용이 담긴 속기록이 필요하다고 보기 어렵다. 나아가 도시정비법 위반죄의 구성요건인 '관련 자료' 범위를 해석하고 그 위반을 이유로 하는 형사처벌의 범위를 정함에 있어 그에 관한 법령의 명시적인 위임 근거가 없는 정비사업에 관한 지방자치단체의 조례 및 그 하위 지침에 기속된다고 볼 수도 없다.

3) 결국 구 도시정비법 제81조 제1항 제3호, 현행 도시정비법 제124조 제1항 제3호에서 정한 의사록의 '관련 자료'에 속기록이 포함된다고 보는 것은 문언의 가능한 의미를 벗어나 피고인에게 불리한 확장해석에 해당하여 허용될 수 없다.

자금수지보고서

1) 원심판결 이유 및 적법하게 채택된 증거에 비추어 보면, 다음과 같은 사실을 알 수 있다.

가) 「서울특별시 정비사업 조합 등 표준 예산·회계규정」 제10조는 정비사업 조합의 기본 재무제표는 자금수지계산서, 재무상태표, 운영계산서 및 이에 대한 주석으로 구성되며, 재무제표 및 부속명세서는 결산보고서로 작성한다고 규정한다.

나) 도시정비법은 자금수지보고서의 개념을 별도로 정의하고 있지는 않고, 피고인이 작성한 자금수지보고서는 「서울특별시 도시 및 주거환경정비 조례」에 근거하여 설치된 정비사업 종합정보관리시스템인 '서울특별시 클린업시스템' 운영지침에 첨부된 서식에 따른 것인데, 회계연도가 끝난 후 작성되는 결산보고서와 달리 분기별로 작성된다는 차이점에 있기는 하나 대체로 기본 재무제표에 포함되는 자금수지계산서의 항목별 내용을 요약한 것이다.

다) 한편 현행 도시정비법 제124조 제1항 제8호에 공개대상으로 명시된 '월별 자금의 입금·출금 세부내역'의 서식도 차입금, 분양수입금, 환급금 등의 수입 내역과 사업비, 운영비 등의 지출 내역을 월별로 정리하도록 구성되어 있다.

2) 위와 같은 사실을 앞서 본 법리에 비추어 살펴보면, 자금수지보고서가 결산보고서의 '관련 자료'에 해당한다고 보아 이를 형사처벌의 근거로 삼는 것은 죄형법정주의

의 원칙하에서 문언의 가능한 범위를 벗어나 피고인에게 불리한 확장해석에 해당하여 허용될 수 없다.

가) 도시정비법이 처음부터 공개대상으로 명시한 월별 자금의 입금·출금 세부내역에도 월별 수입·지출 내역, 현금예금 보유내역, 차입금 현황 등이 포함되어 있으므로, 결산보고서가 진정하게 성립되었는지 판단하기 위하여 반드시 자금수지보고서가 필요하다고 보기 어렵다.

나) 「서울특별시 정비사업 조합 등 표준 예산·회계규정」에 의하더라도 결산보고서로 재무제표 및 부속명세서를 작성한다고 규정할 뿐, 자금수지보고서가 결산보고서와 불가분적으로 또는 직접적으로 관련된다고 볼 만한 근거를 찾을 수 없다.

다) 속기록 부분에서 본 바와 같이, 도시정비법 각 호의 서류에 관한 '관련 자료'의 해석이 그 위반을 이유로 하는 형사처벌의 범위를 정함에 있어 그에 관한 법령의 명시적인 위임 근거가 없는 지방자치단체 조례나 그에 따라 설치된 정비사업 종합정보관리 시스템 운영지침에 기속된다고 보기 어렵다.

[판례평석]

Ⅰ. 들어가며

정비사업조합에서 조합장을 포함한 집행부와 이른바 '비대위' 사이의 갈등은 다양한 방식으로 표출된다. 조합원으로 구성되는 익명 채팅방에서 설전을 벌이기도 하고, 조합장 선거에서 표싸움으로 맞붙기도 한다. 조합장 해임을 위한 총회를 소집하거나, 총회의 효력을 정지하는 가처분을 신청하여 본격적으로 다툰다. 모두 사업의 주도권을 쥐기 위한 싸움이다.

본격적인 '싸움'이 시작되기 전에 집행부를 견제하기 위한 수단으로 사용되는 것이 정보공개청구이다. 도시정비법 제124조 제1항에 따르면 추진위원장 또는 사업시행자는 정비사업의 시행에 관한 일정 서류 및 이에 대한 관련 자료를 15일 이내에 공개할 의무가 있다. 그리고 조합원이 조합원 명부 등을 포함하여 정비사업 시행에 관한 서류와 관련 자료의 열람·복사를 요청할 경우 역시 15일 이내에 응할 의무가 있다.

서류 및 관련 자료를 공개하지 않거나, 열람·복사 요청에 응하지 않는 경우 1년 이하의 징역 또는 1천만원 이하의 벌금에 처해지게 된다(도시정비법 제138조 제1항 제7호). 문제는 도시정비법에 의한 조합임원에 대해서는 일정한 결격사유가 정해져 있다는 점이다. 도시정비법을 위반하여 벌금 100만 원 이상의 형을 선고받고 10년이 지나지 아니한 자는 조합임원이 될 수 없다(도시정비법 제43조 제1항 제5호). 현재 조합임원인 자가 벌금 100만 원 이상의 형을 선고받은 경우, 당연 퇴임사유가 된다(도시정비법 제43조 제2항 제1호). 마치 공직선거법상 100만 원 이상의 벌금형이 당선을 무효로 만드는 것(공직선거법 제264조)과 유사한 기능을 하고 있는 것이다.

공개의무 및 열람·복사의무를 위반한 경우에도 100만 원 이상의 벌금이 선고될 수 있다. 물론 동종의 범죄를 저지른 바 없다거나, 내용이 경미한 경우에는 보통 100만 원 이하의 벌금을 구형하고 또 선고한다. 이에 조합임원들은 보통 이를 대수롭지 않게 여기고 특별히 범죄의 성립에 대해 다투지 않는다. 그러나 문제는, 정비사업의 시행 시기가 길어지면서 비슷한 위반이 반복되고 위반의 대상이 되는 서류가 방대한 경우이다.

대상판결의 피고인은 원심판결에서 100만 원의 벌금을 선고받아 조합장 지위를 박탈당하게 되었다. 피고인의 경우 무려 10년 가까운 세월 동안 이 사건 정비사업이 정상적으로 시행될 수 있도록 노력했다. 그런데도 조합설립인가가 취소되고 조합 예산마저 전혀 남아 있지 않은 불과 7개월 남짓한 기간 사이에 일부 서류에 대한 공개를 지연하였다는 이유로 이 사건 정비사업에 관여할 기회를 완전히 상실하게 된 것이다.

'비대위'는 온갖 시시콜콜한 내용의 서류와 이에 대한 증빙자료의 열람·복사를 요청한다. 한정된 인력으로 운영되는 조합이 그 요청에 모두 대응하는 것은 쉽지 않다. 서류나 관련 자료가 존재하는지 확인해야 하고, 이를 제공해야 한다. 그래도 조합원은 서류와 관련 자료를 특정하여 열람·복사를 요청하고, 이에 대해 15일 내에 응답하면 되니 그래도 자신이 어떤 의무를 부담하는지에 관해서는 비교적 예측이 가능하다.

반면 공개 의무는, 서류와 관련 자료가 작성된 때로부터 15일 이내에 공개해야 한다는 점이 문제가 된다. 기한을 넘겨 공개한 경우, 소위 '지연공개'를 달리 취급하지 않으며 지연공개도 공개의무 위반이 된다. 인력난 등으로 인해 정보를 제때 공개하지 못하고, 사후적으로 공개한 경우 오히려 서류와 관련 자료를 조합원에게 공개하는 것이 그 자체로 자신의 도시정비법 위반 행위를 '증명'하는 행위가 되는 것이다. 실제로

'비대위'가 공개의무 위반 혐의로 조합 임원을 고발하는 경우, 서류 및 관련 자료가 업로드된 홈페이지의 화면과 서류의 작성 일자만 정리해서 제출한다. 서류의 제목과 작성 일시, 공개 일시만으로 범죄가 증명된다고 보는 경우가 대부분이다.

작성 일시와 공개 일시는 객관적인 사실이니, 이를 다투기는 어렵다. 결국 해당 서류 및 관련 자료에 대하여 공개 의무가 있는지를 다퉈야 한다. '서류'는 도시정비법이 법정하고 있다. 그러나 서류의 '관련 자료'에 대해서는 정비사업의 시행과 관련된 서류라는 점 외에는 도시정비법이 이를 전혀 정하고 있지 않다. 조합 임원이 형사처벌을 받을 수 있다는 점에서, 그 범위를 예측할 수 있도록 합리적으로 제한할 필요가 있다.

대상판결은 '속기록'과 '자금수지보고서'는 각각 도시정비법상 제124조 제1항 제3호 의사록 및 제8호 결산보고서의 '관련 자료'에 해당하지 않는다고 판단하였다(대법원 2022. 1. 27. 선고 2021도15334 판결). 도시정비법상 공개의무와 열람·복사의무, 보관의무의 차이점을 고려한 것이다. 특히 서울특별시 중 일부 지방자치단체의 조례와 하위 지침에서 이를 공개하도록 하고 있더라도, 법령의 명시적인 위임 없이 이를 '관련 자료'에 해당한다고 보는 것은 죄형법정주의 원칙에 위반된다고 판단하였다. 원심이 조례와 하위 지침의 내용을 근거로 체계적·논리적 해석이 가능하다고 본 것과 대조적이다.

대상판결은 조합 임원 등이 공개의무를 부담하는 '정비사업의 시행에 관한 서류 및 관련 자료'의 범위를 축소하고자 하는 흐름의 시작점이 될 것으로 보인다. 향후 관련 자료의 범위에 관한 개별적인 사례 축적이 이루어질 것이다.

Ⅱ. 도시정비법령상 정보공개조항의 내용

1. 입법 연혁에 따른 공개의무의 내용과 각 입법 목적

가. 제정

정비사업의 시행에 관한 서류 및 관련 자료의 공개의무는 도시정비법이 2002. 12. 30. 제정되어 2003. 7. 1. 시행될 때부터 존재했다. 조합임원은 조합을 대표하면서 막대한 사업자금을 운영하는 등 각종 권한을 가지고 있어 조합임원과 건설사가 유착될 여지가 다분하였고, 그로 인하여 공사비 증액, 불평등한 계약체결 등의 비리 및 부조리가 자주 발생하여 조합원의 피해가 커지자, 이를 개선하기 위한 하나의 방편으로 2007. 12. 21. 법률 제8785호로 개정된 도시정비법에 이 사건 법률조항을 신설하였다. 즉, 정비사업의 투명한 추진과 조합원의 알권리를 충족하기 위하여 이 사건 법률조항은 조합임원으로 하여금 사실상 사업주체인 조합원의 정비사업시행에 관한 서류 및 관련 자료의 열람·등사 요청에 즉시 응할 의무를 부과하고, 그 요청에 응하지 아니하는 조합임원을 처벌하도록 규정하게 된 것이다.[5]

제정 도시정비법 제81조에서 '관련 자료의 공개와 보존' 의무에 대해 정하고 있었다. 당시에는 자료의 공개, 공람, 보관 의무가 같은 조의 각 항에서 규율되었다. 제81조 제1항에서는 사업시행자가 '정비사업시행에 관한 서류 및 관련 자료'를 인터넷 등을 공개하고 '이를' 공람할 의무를 정하고 있었다. 따라서 사업시행자가 공개 의무를 부담하는 자료와 조합원이 공람(열람)을 구할 수 있는 자료의 범위가 문언상 일치했다.

서류 및 관련 자료의 범위는 대통령령에 위임되어 있었다. 법 시행령 제70조는 공개해야 할 서류 및 자료를 1. 정관, 2. 설계자·시공자 및 정비사업전문관리업자의 선정계약서, 3. 총회·추진위원회 및 조합의 이사회·대의원회의 의사록, 4. 사업시행계획서, 5. 관리처분계획서, 6. 당해 정비사업의 시행에 관한 공문서, 7. 회계감사보고서로 특정하였다.

구 도시정비법(2002. 12. 30. 제정 2003. 7. 1. 시행)

제81조 (관련 자료의 공개와 보존 등) ① 사업시행자는 정비사업시행에 관하여 대통령령이 정하는 서류 및 관련 자료를 인터넷 등을 통하여 공개하여야 하며, 조합원 또는 토지등소유자의 공람요청이 있는 경우에는 이를 공람시켜 주어야 한다.
② 추진위원회·조합 또는 정비사업전문관리업자는 총회 또는 중요한 회의가 있는 때에는 속기록·녹음 또는 영상자료를 만들어 이를 청산시까지 보관하여야 한다.
③ 제1항의 규정에 의한 공개 및 공람의 적용범위·절차 등에 관하여 필요한 사항은 건설교통부령으로 정한다.
④ 시장·군수 또는 주택공사등이 아닌 사업시행자는 정비사업을 완료하거나 폐지한 때에는 시·도조례가 정하는 바에 따라 관계서류를 시장·군수에게 인계하여야 한다.
⑤ 시장·군수 또는 주택공사등인 사업시행자와 제4항의 규정에 의하여 관계서류를 인계받은 시장·군

---

5) 헌법재판소 2011. 4. 28. 선고 2009헌바90결정

수는 당해 정비사업의 관계서류를 5년간 보관하여야 한다.

부칙
제15조 (관련 자료의 공개와 보존에 관한 경과조치) 본칙 제81조제1항의 규정은 이 법 시행일부터 모든 정비사업에 대하여 적용하며 동조제2항, 제4항 및 제5항의 규정은 이 법 시행일 이후 발생되는 것부터 적용한다.

구 도시정비법 시행령(2003. 6. 30. 대통령령 제18044호로 제정되어 2003. 7. 1. 시행된 것)

제70조 (관련 자료의 공개) 법 제81조제1항에서 "대통령령이 정하는 서류 및 관련 자료"라 함은 다음 각호의 서류 및 자료를 말한다.
1. 정관등
2. 설계자 · 시공자 및 정비사업전문관리업자의 선정계약서
3. 총회 · 추진위원회 및 조합의 이사회 · 대의원회의 의사록
4. 사업시행계획서
5. 관리처분계획서
6. 당해 정비사업의 시행에 관한 공문서
7. 회계감사보고서

구 도시정비법 시행규칙 (건설교통부령 제363호로 2003. 7. 1. 제정 및 시행된 것)

제22조 (자료의 공개 및 열람) ①영 제70조제2호 및 제4호 내지 제7호의 사항중 인터넷 등에 공개하기 어려운 사항은 법 제81조제3항의 규정에 의하여 그 개략적인 내용만 공개할 수 있다.

② 법 제81조제1항의 규정에 의한 토지등소유자의 공람요청은 서면요청의 방법에 의하며, 사업시행자는 특별한 사유가 없는 한 그 요청에 응하여야 한다.

　　제81조 제2항에서는 추진위원회 · 조합 또는 정비사업전문관리업자는 총회 또는 중요한 회의가 있은 때에는 속기록 · 녹음 또는 영상자료를 만들어 이를 청산시까지 보관하여야 한다는 보관의무에 대해 정하고 있었다. 도시정비법 제정시에 후일 조합업무와 관련된 분쟁이 발생하였을 경우 사실관계를 명확히 할 증거를 확보하거나 회의에 참석한 자들의 책임소재를 밝히는데 사용될 수 있도록 하려는 입법취지에서 조합 등으로 하여금 총회 또는 중요한 회의가 있은 때에는 속기록 · 녹음 또는 영상자료를 만

들어 청산 시까지 보관하도록 하는 의무를 부과하는 내용의 제81조 제2항과 이를 위반한 조합임직원 등을 처벌하는 내용의 제86조 제6항을 각 규정하게 되었다.[6)]

반면 제정 도시정비법에서는 제81조 제1항의 공개·공람의무를 위반한 경우에 대해서는 별도의 처벌규정을 두지 않았다.

나. 2007. 12. 21. 법률 제8785호로 일부개정 및 시행 - 공개의무 위반에 대한 형사처벌 조항 신설

도시정비법이 2007. 12. 21. 법률 제8785호로 일부개정되면서 사업시행자는 추진위원회 운영규정 및 정관 등 정비사업의 관련 자료를 조합원 또는 토지등소유자가 알 수 있도록 인터넷과 그 밖의 방법을 병행하여 공개하도록 하고, 이를 공개하지 아니하거나, 조합원 또는 토지등소유자의 공람요청에 응하지 아니한 자에 대하여 1년 이하의 징역 또는 1천만원 이하의 벌금에 처하도록 하는 형사처벌 규정이 신설되었다. 이에 죄형법정주의에 따라 공개·열람 대상 서류를 법률에서 정하게 되었다. 서류의 종류는 제정 도시정비법과 동일하였으나, 제8호를 두어 '그 밖에 정비사업시행에 관하여 대통령령으로 정하는 서류 및 관련 자료'를 추가하여 대통령령에 위임할 가능성을 남겨두었다. 도시정비법 시행령 제70조에 규정되어 있던 내용이 법률에서 규정되며 제70조는 삭제되었다.

도시정비법(2007. 12. 21. 법률 제8785호로 일부개정)

제81조 (관련 자료의 공개와 보존 등) ① 추진위원회위원장 또는 사업시행자(조합의 경우 조합임원, 도시환경정비사업을 토지등소유자가 단독으로 시행하는 경우 그 대표자를 말한다)는 정비사업시행에 관하여 다음 각 호의 서류 및 관련 자료를 조합원 또는 토지등소유자가 알 수 있도록 인터넷과 그 밖의 방법을 병행하여 공개하여야 하며, 조합원 또는 토지등소유자의 열람·등사 요청이 있는 경우 즉시 이에 응하여야 한다. 이 경우 등사에 필요한 비용은 실비의 범위 안에서 청구인의 부담으로 한다. 〈개정 2007.12.21〉
1. 추진위원회 운영규정 및 정관등
2. 설계자·시공자·철거업자 및 정비사업전문관리업자 등 용역업체의 선정계약서
3. 추진위원회·주민총회·조합총회 및 조합의 이사회·대의원회의 의사록

---

6) 헌법재판소 2011. 10. 25. 선고 2010헌가29 결정

4. 사업시행계획서

5. 관리처분계획서

6. 해당 정비사업의 시행에 관한 공문서

7. 회계감사보고서

8. 그 밖에 정비사업시행에 관하여 대통령령으로 정하는 서류 및 관련 자료

② 추진위원회 · 조합 또는 정비사업전문관리업자는 총회 또는 중요한 회의가 있는 때에는 속기록 · 녹음 또는 영상자료를 만들어 이를 청산시까지 보관하여야 한다.

③ 제1항의 규정에 의한 공개 및 공람의 적용범위 · 절차 등에 관하여 필요한 사항은 건설교통부령으로 정한다.

④ 시장 · 군수 또는 주택공사등이 아닌 사업시행자는 정비사업을 완료하거나 폐지한 때에는 시 · 도조례가 정하는 바에 따라 관계서류를 시장 · 군수에게 인계하여야 한다.

⑤ 시장 · 군수 또는 주택공사등인 사업시행자와 제4항의 규정에 의하여 관계서류를 인계받은 시장 · 군수는 당해 정비사업의 관계서류를 5년간 보관하여야 한다.

제86조(벌칙) 다음 각호의 1에 해당하는 자는 1년 이하의 징역 또는 1천만원 이하의 벌금에 처한다.

6. 제81조제1항을 위반하여 정비사업시행과 관련한 서류 및 자료를 인터넷과 그 밖의 방법을 병행하여 공개하지 아니하거나 조합원 또는 토지등소유자의 열람 · 등사 요청에 응하지 아니하는 추진위원회위원장 또는 조합임원(도시환경정비사업을 토지등소유자가 단독으로 시행하는 경우 그 대표자)

7. 제81조제2항의 규정을 위반하여 속기록 등을 만들지 아니하거나 청산시까지 보관하지 아니한 추진위원회 · 조합 또는 정비사업전문관리업자의 임직원

다. 2009. 2. 6. 법률 제9444호로 일부개정 및 시행 – 공개 대상 서류의 보관의무 신설

제81조 제2항은 원래 '총회 또는 중요한 회의'에 대한 속기록 · 녹음 또는 영상자료를 보관하도록 하고 있었다. 여기에 제81조 제1항에 따라 공개의무가 있는 서류 및 관련 자료 역시 보관하도록 하는 의무가 추가되었다. 그리고 제81조 제1항에 따라 공개의 대상이 되는 서류 및 관련 자료의 경우, 분기별로 공개대상의 목록, 개략적인 내용, 공개장소, 열람 · 복사 방법 등을 대통령령으로 정하는 방법과 절차에 따라 조합원 또는 토지등소유자에게 서면 통지 의무를 신설하였다. 특별한 개정 이유가 공개되어 있지는 않다.

> **도시정비법 (2009. 2. 6, 법률 제9444호로 일부개정)**
>
> **제81조 (관련 자료의 공개와 보존 등)** ② 추진위원회위원장·정비사업전문관리업자 또는 사업시행자(조합의 경우 조합임원, 제8조제3항에 따라 도시환경정비사업을 토지등소유자가 시행하는 경우 그 대표자를 말한다)는 제1항에 따른 서류 및 관련 자료와 총회 또는 중요한 회의가 있은 때에는 속기록·녹음 또는 영상자료를 만들어 이를 청산 시까지 보관하여야 하며, 제1항에 따라 공개의 대상이 되는 서류 및 관련 자료의 경우 분기별로 공개대상의 목록, 개략적인 내용, 공개장소, 열람·복사 방법 등을 대통령령으로 정하는 방법과 절차에 따라 조합원 또는 토지등소유자에게 서면으로 통지하여야 한다. 〈개정 2009.2.6〉

도시정비법 시행령 제70조가 대통령령 제21171호로 삭제되었는데, 2010. 7. 15. 대통령령 제22277호로 일부개정되며 신설되었다. 도시정비법 제81조 제1항 제8호에서 대통령령에 위임하였던 서류 및 관련 자료를 특정하였다. 개정이유에 의하면 조합원 등의 권익 보호를 강화하기 위하여 정비사업 관련 정보공개 대상을 확대한 것이다. 이에 1. 월별 자금 입금·출금 세부내역, 2. 연간 자금운용 계획에 관한 사항, 3. 정비사업의 월별 공사 진행에 관한 사항, 4. 설계자·시공자·정비사업전문관리업자 등 용역업체와의 세부 계약 변경에 관한 사항, 5. 정비사업비 변경에 관한 사항, 6. 법 제46조 제1항에 따른 분양공고 및 분양신청에 관한 사항에 대해서도 자료 공개 및 열람·등사 의무를 부담하게 되었다.

시행령 제70조 제2항에서 서면 통지의 방법을 구체화하였다.

> **도시 및 주거환경정비법 시행령 [대통령령 제22277호, 2010. 7. 15, 일부개정]**
>
> 제70조(자료의 공개 및 통지) ① 법 제81조제1항제8호에서 "대통령령으로 정하는 서류 및 관련 자료"란 다음 각 호의 자료를 말한다.
>
> 1. 월별 자금 입금·출금 세부내역
> 2. 연간 자금운용 계획에 관한 사항
> 3. 정비사업의 월별 공사 진행에 관한 사항
> 4. 설계자·시공자·정비사업전문관리업자 등 용역업체와의 세부 계약 변경에 관한 사항
> 5. 정비사업비 변경에 관한 사항

6. 법 제46조제1항에 따른 분양공고 및 분양신청에 관한 사항

② 법 제81조제2항에 따라 추진위원회위원장 또는 사업시행자(조합의 경우 조합 임원, 법 제8조제3항에 따라 도시환경정비사업을 토지등소유자가 시행하는 경우 그 대표자를 말한다)는 매 분기가 끝나는 달의 다음 달 15일까지 다음 각 호의 사항을 조합원 또는 토지등소유자에게 서면으로 통지하여야 한다.

1. 공개 대상의 목록
2. 공개 자료의 개략적인 내용
3. 공개 장소
4. 대상자별 정보공개의 범위
5. 열람·복사 방법
6. 등사에 필요한 비용

그 이후의 소규모 개정사항은 다음과 같다. 도시정비법이 2009. 5. 27. 법률 제9729호로 일부개정되며 공개된 문서를 확인할 수 있는 자에 조합원·토지등소유자에 더하여 세입자가 추가되었다. 이때까지는 공개의무와 열람·등사의무의 범위가 동일하다.

라. 2012. 2. 1. 법률 제11293호로 일부개정 – 공개 기한 설정 및 공개의무와 열람·등사의무의 분리

도시정비법이 2012. 2. 1. 법률 제11293호로 일부개정되면서 <u>공개의 기한이 15일로 법정되었다.</u> 헌법에 위반되지 않는다는 판단이 내려졌으나, 헌재 2011. 4. 28. 2009헌바90 결정에서 청구인들이 열람·등사요청에 대하여 '즉시' 응하여야 한다고 규정하여 어느 정도의 시간적인 간격을 의미하는 것인지 불명확하다는 주장을 한 것과 관련된 것으로 보인다.[7]

열람·복사의무가 분리되어 제81조 제6항이 신설되었다. 이 전까지는 공개의무와 열람·복사의무의 대상이 동일했다. 그런데 제81조 제6항에서 "<u>제1항에 따른 서류 및 다음 각 호를 포함하여 정비사업 시행에 관한 서류와 관련 자료</u>"를 조합원이 요청한 때로부터 15일 이내에 공개하도록 하였다. 제6항 각 호에서 추가된 서류는 토지등소유자 명부, 조합원 명부이고, 제6항 제3호에서는 대통령령에 위임할 수 있는 여지를

---

7) 헌법재판소 2011. 4. 28. 선고 2009헌바90 결정에서는 "즉시 응하여"라는 개념의 경우, 이미 열람·등사 대상의 서류는 공개 대상으로서 열람·등사 요청에 손쉽게 응할 수 있으므로, '현장에서 곧바로' 열람하게 하거나 등사하게 해 주어야 한다고 판단하였다.

남겨두었다.

　공개의무와 열람·복사의무가 분리되었다는 점은 두 가지 의미가 있다. 우선 제6항 각 호에서 추가된 서류는 공개의무의 대상이 되지는 않지만 열람·복사 의무의 대상이 된다는 점은 명확하다. 그리고 제1항의 공개의무와 제6항의 열람·복사의무의 범위를 달리 파악할 수 있는 가능성이 생긴다. 일반적 공개 의무를 부담하는 서류는 작성 또는 변경 시에 공개하고, 그 외의 자료는 작성 또는 변경과 동시에 공개하는 것이 아니라 조합원의 요청이 있을 경우 공개하는 것이다. 조합원의 요청이 있을 경우 주민등록번호 등을 제외한 나머지 정보는 모두 공개해야 한다.

　개정이유에 따르면 "추진위원회위원장 또는 사업시행자는 정비사업의 시행에 관한 서류 등을 작성 또는 변경된 후 15일 이내에 조합원 등에게 공개하도록 기한을 명시하고, 조합원 등이 요청하는 경우 **주민등록번호를 제외하고 정비사업과 관련한 모든 정보**를 조합원등에게 공개하여야 하며, 제공받은 정보의 목적 외의 사용을 금지하려는 것"이었다.

제81조(관련 자료의 공개와 보존 등) ① 추진위원회위원장 또는 사업시행자(조합의 경우 조합임원, 도시환경정비사업을 토지등소유자가 단독으로 시행하는 경우 그 대표자를 말한다)는 정비사업의 시행에 관한 다음 각 호의 서류 및 관련 자료가 작성되거나 변경된 후 15일 이내에 이를 조합원, 토지등소유자 또는 세입자가 알 수 있도록 인터넷과 그 밖의 방법을 병행하여 공개하여야 한다. 〈개정 2007.12.21, 2009.5.27, 2012.2.1〉

1. 추진위원회 운영규정 및 정관등
2. 설계자·시공자·철거업자 및 정비사업전문관리업자 등 용역업체의 선정계약서
3. 추진위원회·주민총회·조합총회 및 조합의 이사회·대의원회의 의사록
4. 사업시행계획서
5. 관리처분계획서
6. 해당 정비사업의 시행에 관한 공문서
7. 회계감사보고서
8. 그 밖에 정비사업시행에 관하여 대통령령으로 정하는 서류 및 관련 자료

② 추진위원회위원회위원장·정비사업전문관리업자 또는 사업시행자(조합의 경우 조합임원, 제8조제3항에 따라 도시환경정비사업을 토지등소유자가 시행하는 경우 그 대표자를 말한다)는 제1항에 따른 서류 및 관련 자료와 총회 또는 중요한 회의가 있은 때에는 속기록·녹음 또는 영상자료를 만들어 이를 청산 시까지 보관하여야 하며, 제1항에 따라 공개의 대상이 되는 서류 및 관련 자료의 경우 분기별로 공개대

상의 목록, 개략적인 내용, 공개장소, 열람·복사 방법 등을 대통령령으로 정하는 방법과 절차에 따라 조합원 또는 토지등소유자에게 서면으로 통지하여야 한다. 〈개정 2009.2.6〉

③ 추진위원회 위원장 또는 사업시행자는 제1항 및 제6항에 따라 공개 및 열람·복사 등을 하는 경우에는 주민등록번호를 제외하고 공개하여야 하며, 그 밖의 공개 절차 등 필요한 사항은 국토해양부령으로 정한다. 〈개정 2012.2.1〉

⑥ 제1항에 따른 서류 및 다음 각 호를 포함하여 정비사업 시행에 관한 서류와 관련 자료를 조합원, 토지등소유자가 열람·복사 요청을 한 경우 추진위원회 위원장이나 사업시행자는 15일 이내에 그 요청에 따라야 한다. 이 경우 복사에 필요한 비용은 실비의 범위에서 청구인이 부담한다. 〈신설 2012.2.1〉
 1. 토지등소유자 명부
 2. 조합원 명부
 3. 그 밖에 대통령령으로 정하는 서류 및 관련 자료

⑦ 제6항에 따른 청구인은 제공받은 서류와 자료를 사용목적 외의 용도로 이용·활용하여서는 아니 된다. 〈신설 2012.2.1〉

마. 2012. 12. 18. 법률 제11580호로 일부개정

2011.10.25.자 2010헌가29 결정은 구 '도시 및 주거환경정비법'(2007. 12. 21. 법률 제8785호로 개정되고, 2009. 2. 6. 법률 제9444호로 개정되기 전의 것) 제86조 제7호의 "제81조 제2항의 규정" 중 '중요한 회의' 부분은 헌법에 위반된다고 판단하였다. 이 사건 법률조항은 '중요한 회의'가 있었음에도 속기록 등을 작성하지 아니하면 처벌한다고만 규정하고 있는바, '중요한 회의'라는 문언에 의하여는 조합의 어떤 회의체기관이 하는 어떤 내용의 회의가 '중요한 회의'인지 그 구체적 내용을 예측할 수가 없어 죄형법정주의의 명확성의 원칙에 위반된다고 보았다.[8]

---

8) 구체적인 이유는 다음과 같다. ① 조합이 시행하는 정비사업의 경우 단계에 따라 회의체기관이 다양하게 관여하게 되는데(조합설립인가를 받기 전에는 주민총회와 조합설립추진위원회가, 설립인가를 받은 후에는 조합총회, 대의원회, 이사회 등) 총회를 제외하면 어느 회의체기관의 회의가 중요한지 알 수 없다. ② '중요한'이라는 용어는 귀중하고 요긴하다는 뜻일 뿐이라서 그 자체만으로는 독자적인 판정기준이 될 수 없고, 회의의 안건에 따른 것인지, 실제 의결된 내용에 따라 정해지는지 여부조차 예측할 수 없다. ③ 이 사건 법률조항의 입법취지는 분쟁 발생 시 증거 또는 책임소재를 밝히기 위한 것인데, 분쟁의 양상이 복잡다기하고 회의를 개최할 당시에 분쟁이 발생을 예측하는 것은 불가능하므로 이러한 입법취지를 고려하더라도 객관적이고

이에 도시정비법 제81조 제2항에 "조합원 또는 토지등소유자의 비용부담을 수반하거나 권리와 의무의 변동을 발생시키는 경우로서 대통령령으로 정하는 회의를 말한다"고 중요한 회의의 정의를 추가하였다.

그 외 종전 시행령에 규정되어 있던 '월별 자금 입금·출금 세부 내역'을 법률에서 공개하도록 하는 것으로 변경하였다(제8호). 그리고 도시정비법이 2016. 1. 27. 법률 제13912호로 일부개정되며 법률상 공개 의무를 부담하는 자에 청산인이 추가되었고 공개 대상 서류 및 관련 자료에 청산인의 업무 처리 현황이 추가되었다(제9호).

바. 전부개정 이후 – 보관의무 분리

도시정비법이 2017. 2. 8. 법률 제14567호로 전부개정되면서(2018. 2. 9. 시행) 관련 자료의 공개 의무와 관련 자료의 보관 및 인계 의무가 분리되었다. 이에 제81조 제1항, 제2항 중 통지의무, 제3항, 제6항, 제7항은 제124조(관련 자료의 공개 등)로, 제81조 제2항 중 보관의무의 제4항, 제5항은 제125조(관련 자료의 보관 및 인계)로 나뉘게 되었다. 전부개정된 도시정비법 시행령에서는 제70조가 제94조로 이기되었다.

공개 대상이 되는 법률상 서류에 결산보고서가 추가되었고(제9호), 전부개정된 도시정비법 시행령에서는 제94조 제3항이 신설되어 법 제125조 제1항의 내용을 구체화하였다.

도시정비법 [시행 2018. 2. 9.] [법률 제14567호, 2017. 2. 8., 전부개정]

제124조(관련 자료의 공개 등) ① 추진위원장 또는 사업시행자(조합의 경우 청산인을 포함한 조합임원, 토지등소유자가 단독으로 시행하는 재개발사업의 경우에는 그 대표자를 말한다)는 정비사업의 시행에 관한 다음 각 호의 서류 및 관련 자료가 작성되거나 변경된 후 15일 이내에 이를 조합원, 토지등소유자 또는 세입자가 알 수 있도록 인터넷과 그 밖의 방법을 병행하여 공개하여야 한다.

명확한 기준을 얻을 수 없다. ④ 구 도시정비법의 다른 조항에서 회의와 관련하여 '중요한'이라는 문언을 사용한 바 없고, 달리 '중요한 회의'와 관련성 있는 내용의 조항도 찾아볼 수 없어 관련 법조항 전체를 유기적·체계적으로 종합해 보더라도 참고할 만한 내용을 얻을 수 없다. ⑤ 법률조항의 수범자가 추진위원회·조합 및 정비사업전문관리업자의 임직원 등 재개발·재건축 등 사업에 관계하는 사람들이라고 하더라도 '중요한 회의'의 해석기준이 전혀 제시되지 아니한 상태에서 그 범위를 해석할 수 있는 전문성을 가지고 있다고 할 수는 없다. 검사와 국토해양부 등 국가기관의 해석조차 엇갈리고 있어 법률해석 문제에서 관계기관보다 더 전문적이라고 할 수 없는 이 사건 법률조항의 수범자들이 예측가능성을 갖는다고 보기 어렵다.

1. 제34조제1항에 따른 추진위원회 운영규정 및 정관등
2. 설계자·시공자·철거업자 및 정비사업전문관리업자 등 용역업체의 선정계약서
3. 추진위원회·주민총회·조합총회 및 조합의 이사회·대의원회의 의사록
4. 사업시행계획서
5. 관리처분계획서
6. 해당 정비사업의 시행에 관한 공문서
7. 회계감사보고서
8. 월별 자금의 입금·출금 세부내역
9. 결산보고서
10. 청산인의 업무 처리 현황
11. 그 밖에 정비사업 시행에 관하여 대통령령으로 정하는 서류 및 관련 자료

② 제1항에 따라 공개의 대상이 되는 서류 및 관련 자료의 경우 분기별로 공개대상의 목록, 개략적인 내용, 공개장소, 열람·복사 방법 등을 대통령령으로 정하는 방법과 절차에 따라 조합원 또는 토지등소유자에게 서면으로 통지하여야 한다.

③ 추진위원장 또는 사업시행자는 제1항 및 제4항에 따라 공개 및 열람·복사 등을 하는 경우에는 주민등록번호를 제외하고 국토교통부령으로 정하는 방법 및 절차에 따라 공개하여야 한다.

④ 조합원, 토지등소유자가 제1항에 따른 서류 및 다음 각 호를 포함하여 정비사업 시행에 관한 서류와 관련 자료에 대하여 열람·복사 요청을 한 경우 추진위원장이나 사업시행자는 15일 이내에 그 요청에 따라야 한다.
1. 토지등소유자 명부
2. 조합원 명부
3. 그 밖에 대통령령으로 정하는 서류 및 관련 자료

⑤ 제4항의 복사에 필요한 비용은 실비의 범위에서 청구인이 부담한다. 이 경우 비용납부의 방법, 시기 및 금액 등에 필요한 사항은 시·도조례로 정한다.

⑥ 제4항에 따라 열람·복사를 요청한 사람은 제공받은 서류와 자료를 사용목적 외의 용도로 이용·활용하여서는 아니 된다.

제125조(관련 자료의 보관 및 인계) ① 추진위원장·정비사업전문관리업자 또는 사업시행자(조합의 경우 청산인을 포함한 조합임원, 토지등소유자가 단독으로 시행하는 재개발사업의 경우에는 그 대표자를 말한다)는 제124조제1항에 따른 서류 및 관련 자료와 총회 또는 중요한 회의(조합원 또는 토지등소유

자의 비용부담을 수반하거나 권리 · 의무의 변동을 발생시키는 경우로서 대통령령으로 정하는 회의를 말한다)가 있은 때에는 속기록 · 녹음 또는 영상자료를 만들어 청산 시까지 보관하여야 한다.

② 시장 · 군수등 또는 토지주택공사등이 아닌 사업시행자는 정비사업을 완료하거나 폐지한 때에는 시 · 도조례로 정하는 바에 따라 관계 서류를 시장 · 군수등에게 인계하여야 한다.

③ 시장 · 군수등 또는 토지주택공사등인 사업시행자와 제2항에 따라 관계 서류를 인계받은 시장 · 군수등은 해당 정비사업의 관계 서류를 5년간 보관하여야 한다.

도시정비법 시행령 [시행 2018. 2. 9.] [대통령령 제28628호, 2018. 2. 9., 전부개정]

제94조(자료의 공개 및 통지 등) ① 법 제124조제1항제11호에서 "대통령령으로 정하는 서류 및 관련 자료"란 다음 각 호의 자료를 말한다.

1. 법 제72조제1항에 따른 분양공고 및 분양신청에 관한 사항
2. 연간 자금운용 계획에 관한 사항
3. 정비사업의 월별 공사 진행에 관한 사항
4. 설계자 · 시공자 · 정비사업전문관리업자 등 용역업체와의 세부 계약 변경에 관한 사항
5. 정비사업비 변경에 관한 사항

② 추진위원장 또는 사업시행자(조합의 경우 조합임원, 법 제25조제1항제2호에 따라 재개발사업을 토지 등소유자가 시행하는 경우 그 대표자를 말한다)는 법 제124조제2항에 따라 매 분기가 끝나는 달의 다음 달 15일까지 다음 각 호의 사항을 조합원 또는 토지등소유자에게 서면으로 통지하여야 한다.

1. 공개 대상의 목록
2. 공개 자료의 개략적인 내용
3. 공개 장소
4. 대상자별 정보공개의 범위
5. 열람 · 복사 방법
6. 등사에 필요한 비용

③ 법 제125조제1항에서 "대통령령으로 정하는 회의"란 다음 각 호를 말한다.
1. 용역 계약(변경계약을 포함한다) 및 업체 선정과 관련된 대의원회 · 이사회
2. 조합임원 · 대의원의 선임 · 해임 · 징계 및 토지등소유자(조합이 설립된 경우에는 조합원을 말한다) 자격에 관한 대의원회 · 이사회

2. 도시정비조례의 내용

가. 도시정비법상 조례의 지위 및 서울 도시정비조례의 내용

도시 및 주거환경정비 조례는 「도시정비법」, 같은 법 시행령 및 같은 법 시행규칙에서 위임된 사항과 그 시행에 필요한 사항을 규정함을 목적으로 한다. 이에 도시정비법의 위임을 받은 범위에서는 소위 위임조례로서 규범력이 있다.

대상판결에 적용되는 서울특별시 도시 및 주거환경정비 조례(이하 '서울 도시정비조례')의 경우에도 정보공개에 관하여 도시정비법의 위임에 따른 조항을 두고 있다. 그러나 도시정비법의 위임에 따른 조항의 내용은 매우 제한적이다. 예컨대 서울 도시정비조례 제87조는 도시정비법 제124조 제5항에서 복사에 필요한 비용은 실비의 범위에서 청구인이 부담하되, 이 경우 비용납부의 방법, 시기 및 금액 등에 필요한 사항은 시ㆍ도조례로 정한다고 위임하고 있어 이에 따라 자료공개의 방법 및 비용부담에 대해 정한다. 이 외에 자료공개의 범위나 방법에 대해 정하는 조항은 존재하지 않는다.

그러나 도시정비법 제118조 제1항에서는 '정비사업의 공공지원'에 대해 정하면서 시장ㆍ군수등은 정비사업의 투명성 강화 및 효율성 제고를 위하여 시ㆍ도조례로 정하는 정비사업에 대하여 사업시행 과정을 지원(이하 '공공지원')할 수 있다고 정하고 있다. 그리고 공공지원자의 업무범위도 조례로 정할 수 있다(제2항 제6호). 이에 서울 도시정비조례에서는 조합이 시행하는 정비사업은 모두 공공지원의 대상사업에 포함시키고(서울 도시정비조례 제73조), 공공지원자의 업무범위에 추진위원회 또는 조합의 운영 및 정보공개 업무의 지원을 포함시키고 있다(서울 도시정비조례 제75조 제4호).

즉, 정보공개 업무를 '지원'하는 한도에서는 도시정비법의 위임을 받은 것으로 적법하다. 그런데 클린업시스템은 실질적으로 정보공개의 '대상'을 확정하는 역할을 하고 있다.

나. 클린업시스템 운영지침과 부속 서류

서울시는 '클린업시스템'이라는 이름으로 정보공개를 위한 홈페이지를 운영하고 있다. 2021. 9.경 클린업시스템(정비사업 추진과정 공개), e-조합시스템(조합 생산 문서 공개), 분담금 추정 프로그램을 합쳐 '정비사업 정보몽땅'이라는 이름으로 변경하였다.9)

---

9) https://cleanup.seoul.go.kr.

서울시는 클린업시스템의 운영을 위한 지침을 2010. 6. 30. 제정하여 시행하였고, 2020. 5. 27. 마지막으로 개정되었다(이하 '**클린업시스템 운영지침**'). 클린업시스템 운영지침 <별표 1>에서는 정보공개 사항을 정하고 있다. '공개자료'별로 필수 요약항목과 필수 첨부자료를 정하고 있고, 의무와 기한, 공개정보의 최소 범위를 설정해두었다. 아래 표는 클린업시스템 운영지침 중 대상판결과 연관된 '의사록'과 '자금운용'에 관한 부분을 인용한 것이다.

[표 1] 클린업시스템 운영지침 <별표 1> 중 '의사록' 부분 발췌(편집)

공개자료	필수 첨부자료	공개기한	공개정보 최소범위
조합총회	의사록, 속기록(또는 녹음 또는 영상자료), 회의내용안내책자(예. 총회책자등), 참석자 및 결의자명부, 서면결의서원본스캔파일('13,10, 시스템구축오픈 이후부터)	자료효력발생일(개최일)로부터 권장 : 15일이내 의무 : 15일이내	모두(의사록), '12.10.18~ (속기록, 책자), '13.07.26~ (참석자 및 결의자명부) '13.10.1~(서면결의서)
이사회	의사록, 회의내용안내자료, 참석자 및 결의자명부, 서면결의서원본스캔파일('13,10, 시스템구축오픈 이후부터)	자료효력발생일(개최일)로부터 권장 : 15일이내 의무 : 15일이내	'10.7.16~(의사록), '13.07.26~ (참석자 및 결의자명부) '13.10.1~(서면결의서)
대의원회	의사록, 회의내용안내자료, 참석자 및 결의자명부, 서면결의서원본스캔파일('13,10, 시스템구축오픈이후부터)	자료효력발생일(개최일)로부터 권장 : 15일이내 의무 : 15일이내	'10.7.16~(의사록), '13.07.26~ (참석자 및 결의자명부) '13.10.1~(서면결의서)
기타	의사록	자료효력발생일(개최일)로부터 권장 : 10일이내 의무 : 15일이내	'10.7.16~

조합총회의 경우 의사록뿐만 아니라 속기록(또는 녹음 또는 영상자료)이 필수 첨부 자료에 해당한다는 것을 확인할 수 있다. 그 외 참석자 및 결의자 명부와 서면결의서 원본 스캔파일도 필수 첨부 자료에 해당한다.

[표 2] 클린업시스템 운영지침 〈별표 1〉 중 '자금운용' 부분 발췌(편집)

공개자료	필수 첨부자료	공개기한	공개정보 최소범위
연간자금운용계획	없음	자료효력발생일(의결일)로부터 권장 : 15일이내 의무 : 15일이내	'10.7.16~
월별자금입· 출금세부내역	금전출납부	자료효력발생일(매월말일)로부터 권장 : 15일이내 의무 : 15일이내	'10.7.16~ (필수요약항목) '15.1.1~ (필수첨부자료)
	업무추진비집행내역서 (※서울시 정비사업조합 등 예산회계규정 참고)		'15.1.2~
자금입출금관련 약정·계약서	계약서 및 계약서붙임문서(계약조건등) 원본스캔파일	자료효력발생일(약정·계약일)로부터 권장 : 15일이내 의무 : 15일이내	모두
자금수지보고서	없음	자료효력발생일(작성일)로부터 권장 : 15일이내 의무 : 15일이내	'15.1.2~
결산보고서	결산보고서	자료효력발생일(작성일)로부터 권장 : 15일이내 의무 : 15일이내	'12.10.18~
회계감사보고서	외부회계감사보고서 내부회계감사보고서	자료효력발생일(감사종료일)로부터 권장 : 15일이내 의무 : 15일이내	모두(외부), '12.10.18~ (내부)
카드사용점검결과서	카드사용점검결과서 (※서울시 정비사업조합 등 예산회계규정 참고)	자료효력발생일(작성일)로부터 권장 : 15일이내 의무 : 15일이내	'15.1.2~

　　법률이나 시행령상 공개 의무를 부담하지 않는 '자금 입출금 관련 약정·계약서'와 '자금수지보고서', '카드사용점검결과서'에 대해서도 공개 의무를 부과하고 있다. 대상 판결에서 문제된 서류 및 관련 자료가 여기서의 '자금수지보고서'와 '카드사용점검결과서'이다. 자금수지보고서의 경우 클린업시스템 〈서식 4〉에서 서식을 제공하고 있는데, 이를 간추리면 다음과 같은 항목으로 이루어져 있다.

가. 분기자금 수입 지출 내역

I. 수입총계(1+2+3)

1. 분양금수입

2. 차입금수입

3. 기타 수입

II. 지출총계(1+2+3+4)

1. 사업비

2. 운영비

3. 차입금상환

4. 차입금상환 외 기타지출

III. 수입지출차액(I-II)

IV. 전분기 이월현금예금

V. 당분기말 현금예금(III+IV)

나. 분기말 현금 예금 보유 내역

1. 현금

2. 예금

다. 분기말 차입금 현황

1. 전분기 차입금 이월액

2. 분기차입

3. 분기상환

다. 기타 조례의 경우

「경기도 도시 및 주거환경정비 조례」(이하 '**경기도 도시정비조례**')나 「수원시 도시 및 주거환경정비 조례」(이하 '**수원시 도시정비조례**') 등 서울특별시를 제외한 대다수의 지방자치단체에서는 정보공개에 관한 비용의 분담 방법에 대해서만 정하고 있을 뿐 서울특별시와 같이 표준 예산회계규정을 정하여 고시하거나 클린업시스템을 운용하지 않고 있다. 경기도 도시정비조례는 제57조에서 정보공개의 비용 분담에 관해 규정하고 있을 뿐이다. 수원시 역시 제77조에서 동일한 조항만 두었다. 그리고 경기도와 수원시 모두 표준 예산회계규정을 정하여 고시하거나 클린업시스템을 운용하지 않는다.

[경기도 도시정비조례]

> **제57조(관련 자료의 공개 등)** ① 법 제124조제5항에 따라 정보의 복사 및 우편발송 등에 드는 비용은 정보공개 청구인 부담으로 하며, 그 부담 금액은「경기도 각종 증명 등 수수료 징수 조례」별표1 제3호에 따른다.
> ② 추진위원장 또는 사업시행자는 제1항에 따른 복사에 필요한 비용을 청구인에게 사전에 통지하여야 하며, 청구인은 비용 통지를 받은 후 10일 이내에 현금으로 납부하여야 한다.

[수원시 도시정비조례]

> **제77조(관련 자료의 공개 등)** ① 법 제124조제5항에 따라 정보의 복사 및 우편발송 등에 드는 비용은 정보공개 청구인 부담으로 하며, 그 부담금액은「수원시 제증명등 수수료 징수조례」에 따른다.
> ② 추진위원장 또는 사업시행자는 제1항에 따른 복사에 필요한 비용을 청구인에게 사전에 통지하여야 하며, 청구인은 비용 통지를 받은 후 10일 이내에 현금으로 납부하여야 한다.

현재 서울특별시를 비롯해, 부산·대전·광주광역시 등 4개 지방자치단체에서만 정비사업관리시스템을 운영하고 있다. 그런데 정비사업관리시스템의 일부로서 자료 공개에 관한 규율내용은 각기 다르다. 서울특별시와 광주광역시는 정비사업관리시스템을 통해 정보를 공개하도록 의무화하고 있다. 대전광역시는 정보공개를 권고하고 있고, 부산광역시는 정비사업관리시스템은 존재하지만 정보공개에 관해서는 전혀 정하고 있지 않다. 부산광역시 도시 및 주거환경정비사업 조례(이하 '**부산시 도시정비조례**')에서는 법 제81조 제1항 각 호에 해당하는 자료를 시장이 구축한 정비사업 통합홈페이지에 공개하여야 한다고 정할 뿐이다.[10]

[부산시 도시정비조례]

> **제53조(자료공개의 방법 등)** 추진위원회위원장 또는 조합임원은 법 제81조제1항 각 호에 해당하는 자료를 시장이 구축한 정비사업 통합홈페이지에 공개하여야 한다.

---

10) 부산광역시의 경우, 정비사업 조합 등 예산·회계규정 제45조에서 자금수지보고서 작성 및 공개의무를 부과하고 있으나 조례에 예산 회계규정에 관한 근거가 없으며, 조합이 정관에서 자율적으로 이를 채택하여 운용하여야 한다.

도시정비법상 동일한 지위의 추진위원장 또는 조합장이 도시정비법상 동일한 조항에 의해 처벌받더라도, 그 지역에 따라 조례에서 정하고 있는 내용이 다르므로 충분히 예측가능하다고 볼 수 있을지 또는 그렇지 않은지에 관해 의견이 달라질 수 있다.

Ⅲ. 도시정비법상 '관련 자료'에 대한 판단기준 - '직접성'과 '불가분성'

지금까지 판례가 도시정비법상 공개의무가 있는 서류의 '관련 자료'인지 여부를 판단하기 위하여 제시한 기준을 토대로, 두 가지 개념을 추출할 수 있다. '직접성'과 '불가분성'이 도시정비법상 공개의무에 대한 판단 기준이 되어야 한다.

첫번째는 **대법원** 2012. 2. 23. **선고** 2010도8981 **판결**에서 제시한 기준이다. 해당 판례는 '의사록'의 관련 자료인지 여부를 판단함에 있어서, 의사록이 진정하게 작성되었는지 여부, 의사정족수와 의결정족수가 충족되었는지 여부, 조합원 등의 의사결정 내용이 올바르게 반영되었는지 여부 등을 판단하기 위해서는 의사록 이외에 **참석자 명부와 서면결의서**를 확인할 필요가 있으므로 참석자명부와 서면결의서를 의사록의 관련 자료로 볼 수 있다고 판시하였다.

> 정비사업의 투명한 추진과 조합원의 알권리를 충족시키기 위하여 2007. 12. 21. 법률 제8785호로 개정된 도시정비법에 제81조 제1항과 제86조 제6호가 신설된 점, 도시정비법 제81조 제1항 본문에서 '다음 각 호의 서류 및 관련 자료'로 규정하고 제3호에서 의사록을 규정하고 있는바, 의사록이 진정하게 작성되었는지 여부, 의사정족수와 의결정족수가 충족되었는지 여부, 조합원 등의 의사결정내용이 올바르게 반영되었는지 여부 등을 판단하기 위해서는 의사록 이외에 참석자명부와 서면결의서를 확인할 필요가 있으므로 참석자명부와 서면결의서를 의사록의 관련 자료로 볼 수 있는 점, 2010. 7. 16. 국토해양부령 제265호로 개정된 도시정비법 시행규칙 제22조 제1항에서는 법 제81조 제3항에 따라 같은 조 제1항 및 영 제70조의 공개대상 서류 및 관련 자료는 개인의 신상정보를 보호하기 위하여 이름, 주민등록번호 및 주소 등 개인정보를 제외하고 공개하여야 한다고 규정하고 있는바, 이 사건 2008. 11. 25.자 및 2008. 12. 1.자 등사 요청 당시에도 참석자명부와 서면결의서 중 위와 같은 개인정보를 제외하고 나머지 부분만 공개하는 것도 가능하고, 나머지 부분에 기재된 참석자 수, 찬성 반대 기권 등 의사결정내용 등을 보고 의사록이 진정하게 작성되었는지 여부 등을 확인할 수 있으므로 나머지 부분에도 공개할 가치가 있는 자료가 포함되어 있는 점 등에 비추어 보면, 참석자명부와 서면결의서는 도시정비법 제81조 제1항 제3호 의사록의 관련 자료에 포함된다고 보는 것이 체계적이고 논리적인 해석이라 할 것이고, 그와 같은 해석이 죄형법정주의에 위배된다고 볼 수는 없다.

두번째는 **대법원 2016. 2. 18. 선고 2015도10976 판결**이다. 해당 판례는 '이사회 의사록'의 관련 자료인지 여부를 판단하면서 이사회 결의 등을 위하여 이사회에 제출된 관련 자료로서 **이사회 의사록에서 그 내용을 인용하면서 별첨 등으로 첨부한 자료**라면, 이는 해당 이사회 의사록의 일부를 구성하므로 공개, 열람 · 복사의 대상이 된다고 판시하였습니다.

도시정비법 제81조 제1항 본문에서 공개 대상을 '다음 각 호의 서류 및 관련 자료'로, 같은 조 제6항에서 열람 · 복사의 대상을 '제1항에 따른 서류를 포함하여 정비사업 시행에 관한 서류와 관련 자료'로 규정하여 위 각 호에 열거된 서류뿐만 아니라 그 관련 자료도 공개, 열람 · 복사의 대상으로 하고 있음이 문언상 명백한 점 등에 비추어 보면, 조합의 이사회와 관련한 공개, 열람 · 복사의 대상은 '이사회 의사록'뿐만 아니라 '의사록의 관련 자료'를 포함한다고 해석함이 상당하다(대법원 2012. 2. 23. 선고 2010도8981 판결 등 참조). 더구나 이사회 결의 등을 위하여 이사회에 제출된 관련 자료로서 이사회 의사록에서 그 내용을 인용하면서 첨부 등으로 첨부한 자료라면, 이는 해당 이사회 의사록의 일부를 구성하므로 공개, 열람 · 복사의 대상이 된다.

기록에 의하면, 피고인이 이사 및 조합장 직무대행을 한 학동4구역주택재개발조합은 이사회를 개최하는 경우 안건 및 의결결과를 간단히 기재한 의사록 표지와 의사 진행 경과를 녹취하여 정리한 회의록을 작성한 다음 논의의 기초자료로서 이사회에 제출된 회의 안건 자료와 참석자 명단을 회의록 뒤에 첨부하여 1권의 의사록을 완성한 사실을 알 수 있다.

앞서 본 법리를 위 사실관계와 기록에 비추어 보면, 원심이 그 판시와 같은 이유로 추진위원회 및 이사회에서 논의의 기초자료로 제공된 회의 안건 자료인 '학동 재개발 아파트 개발 조사보고서, 정비사업전문관리업 입찰 평가기준 및 건축사무소 심사표, 법무사 견적서, 나우엔지니어링 금전소비대차 약정서'를 도시정비법 제81조 제1항 제3호에 해당하는 서류 및 관련 자료로서 공개, 열람 · 복사의 대상이라고 판단한 것은 정당하고, 거기에 상고이유 주장과 같이 도시정비법 제81조의 해석이나 죄형법정주의에 관한 법리를 오해하고, 논리와 경험의 법칙을 위반하여 자유심증주의의 한계를 벗어난 위법이 없다.

제1심 및 원심판결은 위 두 판결을 인용하며 이를 "**의사록에 원용되어 불가분적으로 관련되어 있거나 의사록과 직접적으로 관련**"되어 있다고 요약하였고, 불가분성과 직접성을 기준으로 관련 자료에 해당하는지 여부를 판단하였다.

이 중 불가분성의 경우 해당 문서에 **원용**되어 **하나의 문서로 간주**할 수 있는 것인지 여부가 일응의 판단 기준이 되는 것으로 보인다.

대법원 2016. 2. 18. 선고 2015도10976 판결에서 문제된 서류는 추진위원회 및 이사회에서 논의의 기초자료로 제공된 회의 안건 자료인 '학동 재개발 아파트 개발 조사보고서, 정비사업전문관리업 입찰 평가기준 및 건축사무소 심사표, 법무사 견적서, 나우엔지니어링 금전소비대차 약정서'였다.

위 자료는 "**이사회 의사록에서 그 내용을 인용하면서 별첨 등으로 첨부한 자료**" **로서 이미 해당 이사회 의사록의 일부를 구성하게 되었다**는 이유로, 이사회 의사록의 관련 자료에 해당한다고 판시하였다.

총회나 이사회의 원활한 운영을 위하여 회의 자료를 미리 조합원이나 이사에게 송부하는 경우가 많다. 그 경우, 회의 자료를 언급하며 논의가 이루어지므로 회의자료가 첨부되지 아니하면 의사록이 작성되더라도 의사록 자체만으로 그 의미를 알 수 없다. 이 경우, 일반적으로 의사록을 작성할 때 의사록에 관련 자료가 첨부되곤 한다. 특히 최근 많이 사용되는 문서의 형태(공문서의 형태)는 본문에 작성자와 제목, 작성일이 기재되고 실제 내용은 별첨으로 따로 첨부된다. 첨부 문서는 분명히 문서의 본문은 아니지만 첨부 서류가 없으면 문서의 내용을 온전히 이해하기 어렵다. 이런 경우, 첨부 문서까지 일체로 하나의 문서가 된다고 보는 것이 합리적이다.

직접성의 경우, <u>서류의 본질적 기능을 다하기 위해 필요한 것인지</u>와 관련된다. 예컨대 대법원 2012. 2. 23. 선고 2010도8981 판결에서는 **의사록**의 관련 자료로서 '**참석 자명부와 서면결의서**'가 문제되었다. "<u>의사록이 진정하게 작성되었는지 여부, 의사정족수와 의결정족수가 충족되었는지 여부, 조합원 등의 의사결정내용이 올바르게 반영되었는지 여부</u> 등을 판단하기 위해서는 의사록 이외에 참석자명부와 서면결의서를 확인할 필요"가 있다는 것이다.

도시정비법상 의사록의 작성에 대해서는 특별한 규정이 없다. 민법 제76조에 의하면 총회의 의사에 관하여는 의사록을 작성하여야 하고, 의사록에는 의사의 경과, 요령 및 **결과**를 기재하고 의장 및 **출석한 이사가 기명날인**하여야 한다. 도시정비법은 정비사업조합에 관해 도시정비법에 규정된 사항을 제외하고는 민법 중 사단법인에 관한 규정을 준용하도록 하고 있다(도시정비법 제49조). 따라서 아래 민법 조항은 정비사업조합에도 적용된다.

민법 제76조(총회의 의사록) ①총회의 의사에 관하여는 의사록을 작성하여야 한다.
②의사록에는 의사의 경과, 요령 및 결과를 기재하고 의장 및 출석한 이사가 기명날인하여야 한다.
③이사는 의사록을 주된 사무소에 비치하여야 한다.

즉, 의사록에는 의사의 '결과'와 이사의 '출석'여부가 기재되어야 한다. 그리고 민법에 따라 의사록에 기재되어야 하는 **의사의 경과요령 및 결과 등은 의사록을 작성하지 못하였다든가 또는 이를 분실하였다는 등의 특단의 사정이 없는 한 의사록에 의하여서만 증명된다**(대법원 1984. 5. 15. 선고 83다카1565 판결, 대법원 2010. 4. 29. 선고 2008두5568 판결 참조).

정비사업조합의 총회나 이사회, 대의원회의 경우 종류에 따라 참석자의 수가 여럿이어서 참석자가 의사록에 기명날인하기 어려울 수 있다. 의사의 경과를 일목요연하게 정리하는 것이 어려울 수도 있다. 만일 총회 내지 대의원회를 개최하며 참석자명부와 서면결의서를 작성한다면, 이는 의사록에 부수하여 의사록에 기재되어야 할 의사의 '결과'와 '출석' 여부를 확인할 수 있는 보조적인 자료가 된다. 의사록은, 민법의 규정 및 판례의 입장에 따라 그 자체만으로 의사의 결과와 출석 여부를 증명할 수 있어야 한다. 따라서 의사록이 진정하게 작성되었는지 여부, 의사정족수와 의결정족수가 충족되었는지 여부, 조합원 등의 의사결정내용이 올바르게 반영되었는지를 확인하는 것은 의사록의 본질적인 기능을 다 하기 위해 꼭 필요한 자료라고 볼 수 있다.

따라서 의사록이 진정하게 작성되었는지 여부, 의사정족수와 의결정족수가 충족되었는지 여부, 조합원 등의 의사결정내용이 올바르게 반영되었는지 여부를 확인할 수 있는 자료가 관련 자료가 되는 것은 의사록의 특성에 기인한 것에 불과하다.

즉, 의사록 외의 서류에 대하여는 그 관련서류인지 여부를 섣불리 확대하여 적용할 수 없으며 특히 어떤 서류의 진정성립을 확인하기 위한 제반 자료를 모두 관련 자료로 판단할 수는 없다.

Ⅳ. 대상판결에 관한 구체적인 검토

대상판결은 위 '직접성'과 '불가분성'을 도시정비법 제124조의 해석론으로서 제시하지는 않았다. '자료공개의무'와 '열람·복사요청에 응할 의무'의 구분이 필요하다는 점을 법리로 설시하지 않고, 이를 '죄형법정주의' 위반의 일부로서 판단하였다.

1. 죄형법정주의 위반의 경우

가. 위임규정을 둔 경우에 대한 판단

유추적용이 인정되면 형법에 명시되지 않은 행위가 처벌된다. 그러나 문언의 의미가 반드시 명확한 것은 아니며 입법기술상 전혀 의문의 여지가 없도록 입법하는 것도 불가능하다. 시대의 변화에 따라 어느 정도의 의미 변동은 필연적이다.

대상판결은 '위임규정을 둔 경우'를 죄형법정주의 위반 여부를 판단하는 근거 중 하나로 삼았다. 공개가 필요한 서류 및 관련 자료를 추가하고자 한다면, 대통령령에 위임하여 이를 추가할 수 있다는 것이다.

> "도시정비법은 공개대상이 되는 서류를 각 호에서 구체적으로 열거하면서도 '관련 자료'의 판단기준에 관하여는 별도로 규정하고 있지 않을 뿐만 아니라, 그 밖에 공개가 필요한 서류 및 관련 자료는 대통령령에 위임하여 이를 추가할 수 있는 근거규정을 두고 있으므로"

만일 대통령령에 위임하는 규정을 두지 아니하였더라면, 해석으로 인정해야 하는 '관련 자료'의 범위는 넓어졌을 것이다. 그러나 도시정비법에서는 대통령령에 위임하여 정할 수 있도록 하고 있고, 실제로 대통령령에서는 그 위임을 받아 서류의 내용을 추가하고 있다. 이에 대상판결은 '해석'의 범위를 제한하였다.

나. 범죄구성요건의 조례·정관위임에 대한 문제

'법률이 없으면 범죄도 없고 형벌도 없다'라는 말로 표현되는 죄형법정주의는 법치주의, 국민주권 및 권력분립의 원리에 입각한 것으로서, 일차적으로 무엇이 범죄이며 그에 대한 형벌이 어떠한 것인가는 반드시 국민의 대표로 구성된 입법부가 제정한 성문의 법률로써 정하여야 한다는 원칙이다. 헌법 제12조 제1항은 "법률과 적법한 절차에 의하지 아니하고는 처벌을 받지 아니한다"라고 규정하여 죄형법정주의를 천명하고 있다. 다만, 현대국가의 사회적 기능 증대와 사회현상의 복잡화에 따라 국민의 권리·의무에 관한 사항이라 하여 모두 입법부에서 제정한 법률만으로 정할 수는 없어 불가피하게 예외적으로 하위법령에 위임하는 것이 허용되는바, 위임입법의 형식은 원칙적으로 헌법 제75조, 제95조에서 예정하고 있는 대통령령, 총리령 또는 부령 등의 법규명령의 형식을 벗어나서는 아니된다(헌재 2010. 7. 29. 2008헌바106 참조).

정관은 법인의 조직과 활동에 관하여 단체 내부에서 자율적으로 정한 자치규범으로서, 대내적으로만 효력을 가질 뿐 대외적으로 제3자를 구속하지는 않는 것이 원칙이고, 그 성립 및 효력발생요건에 있어 법규명령과 성질상 차이가 크다. 국회의 의결 및 대통령의 공포절차를 거치는 법률의 제정·개정 절차와는 달리, 신용협동조합의 정관은 조합원으로 구성된 총회의 결의를 거쳐 신용협동조합중앙회 회장의 승인으로 제정 및 변경이 가능한 것이다(신용협동조합법 제7조, 제24조).

그럼에도 불구하고 형사처벌에 관련되는 주요사항을 헌법이 위임입법의 형식으로 예정하고 있지도 않은 특수법인의 정관에 위임하는 것은 사실상 그 정관 작성권자에게 처벌법규의 내용을 형성할 권한을 준 것이나 다름없다. 따라서 정관에 구성요건을 위임하는 것은 범죄와 형벌에 관하여는 입법부가 제정한 형식적 의미의 법률로써 정하여야 한다는 죄형법정주의에 비추어 허용되기 어렵다(헌재 2010. 7. 29. 2008헌바106; 헌재 2016. 11. 24. 2015헌가29; 헌재 2019. 5. 30. 2018헌가12 참조).

클린업시스템 운영지침은 도시정비법의 명시적 위임 없이 작성된 행정기관 내부지침에 불과하며, 자치규범에 해당하는 조합정관, 예산·회계규정 등의 규정 내용에 따라 처벌 여부가 달라지는 것은 죄형법정주의를 위반한 것이다(헌법재판소 2020. 6. 25. 선고 2018헌바278 결정, 헌법재판소 2019. 5. 30. 선고 2018헌가12 결정 등).

다. 체계적 해석의 또 다른 가능성 – 도시정비법상 작성의무의 범위

도시정비법 제124조 자체에서 알 수 있는 '관련 자료'의 구성요건은 **정비사업의 시행에 관련된 것**이라는 점 밖에 없다. 그렇다면 혹여나 도시정비법이나 도시정비법의 구체적 위임을 받은 하위규정이 조합에 명시적으로 특정 자료의 작성 의무를 부과하였는지 살펴볼 필요가 있다. 만일 도시정비법상 작성 의무가 있다면, 해당 서류가 사업 시행에 관해 작성되었다는 것이 명백하다고 볼 수 있다.

제3호 중 '의사록'의 경우, 도시정비법은 조합의 **총회에 대해서는 의사록**을 작성할 의무를 부과하고 있다. 도시정비법은 조합에 관하여는 이 법에 규정된 사항을 제외하고는 민법 중 사단법인에 관한 규정을 준용하도록 하고 있는데(도시정비법 제49조), 민법 제76조 제1항에서는 총회의 의사에 관하여는 의사록을 작성하도록 하고 있다. 같은 조 제2항에서는 의사록의 요소, 즉 의사의 경과, 요령 및 결과를 기재하고 의장 및 출석한 이사가 기명날인하여야 한다는 점을 정한다.

제4호의 **사업계획서**나 제5호의 **관리처분계획서**를 작성할 의무 역시 사업 시행을 위한 인가를 받기 위해 사업시행자가 행정청에 제출해야 하는 서류이므로, 사업의 계속을 꾀하는 이상 작성의무가 있다고 보아야 한다.

제7호 중 회계감사보고서의 경우, 도시정비법 제112조에서는 「주식회사 등의 외부감사에 관한 법률」 제2조 제7호 및 제9조에 따른 감사인의 회계감사를 받을 의무 및 **감사보고서**를 제출할 의무를 정하고 있다. 따라서 조합이 감사보고서를 직접 작성할 의무는 아니지만, 감사인에 대하여 감사를 받을 의무를 정하고 있다.

조합이 정관에서 작성 의무가 부과될 수도 있다. 그리고 대부분 정비사업조합의 정관은 표준정관이나 '자금수지보고서'를 작성할 의무는 조합 정관에서 비로소 정해진다. 조합의 회계에 관한 사항은 정관의 기재사항일 뿐(제40조 제1항 제8호) 자금수지보고서 등 회계장부의 내용으로 포함시켜야 할 사항이 법정되어 있는 것은 아니다. 도시정비법 제40조 제2항은 시·도지사는 표준정관을 작성하여 보급할 수 있도록 하고 있다.[11] 그리고 서울시 도시정비조례는 제83조에서 조합에게 정관등이 정한 방법과 절차에 따라 예산회계처리규정 등을 정하여 운영할 의무를 부과하고, 시장은 표준규정을 작성하여 고시할 수 있도록 한다. 이에 근거하여 서울시가 작성한 표준규정이 서울시 예산회계처리규정이고, 여기서 자금수지보고서를 작성하도록 하고 있다.

대의원회나 이사회의 경우, 총회에 준하여 의사록을 작성하도록 하고 있는 것도 법령이 아닌 표준 정관의 내용이다. 반면 법령이나 심지어 정관에서도 조합에 속기록을 작성할 의무는 부여하고 있지 않다.[12]

---

11) 도시정비법이 2019. 4. 23. 법률 제16383호로 일부개정되면서 도입되었다.

12) 참고로 총회 또는 대통령령이 정하는 중요한 회의의 경우 속기록, 녹음 또는 영상자료를 만들어 청산 시까지 '보관'하여야 할 의무가 별도로 규정되어 있다(도시정비법 제125조 제1항). 도시정비법 시행령 제94조 제3항에 의하면 중요한 회의는 조합원 또는 토지등소유자의 비용부담을 수반하거나 권리·의무의 변동을 발생시키는 경우로서 (i) 용역 계약(변경계약을 포함한다) 및 업체 선정과 관련된 대의원회·이사회 (ii) 조합임원·대의원의 선임·해임·징계 및 토지등소유자(조합이 설립된 경우에는 조합원을 말한다) 자격에 관한 대의원회·이사회에 해당한다.

2. 가운뎃점에 대한 판단 – 의사록의 '관련 자료'에 속기록을 포함시킬 수 있는지 여부

도시정비법 제124조 제1항 제3호의 '관련 자료'의 의미는 속기록 등의 보관의무를 규정하고 있는 도시정비법 제125조 제1항과 견주어 보아야 합당한 해석이 가능하다.

도시정비법 제124조 제1항만 본다면 속기록은 해당 회의 의사록의 '관련 자료'로 볼 여지가 있다. 조합 실무상 의사록을 별도로 작성하지 않고 속기록의 방식으로 의사록을 대체하여 작성하기도 한다. 특히 제125조에 따라 속기록을 의무적으로 만들어야 하는 '총회'의 경우, 속기록과 별도로 의사록을 작성하지 않고 속기록의 뒤에 의사정족수 등을 기재하여 이를 사실상 의사록과 같이 활용한다.

그러나 **제125조 제1항의 문언을 보면 속기록·녹음 또는 영상자료는 제124조 제1항에 따른 서류 및 관련 자료와 명백히 구별된다.** 도시정비법 제125조 제1항이 공개의무와 별도로 '자료 보관 및 인계의무'를 정하면서 **제124조 제1항의 공개대상 서류보다 범위를 확장**하여 **"속기록·녹음 또는 영상자료"를 추가적인 대상으로 규정**하고 있다.

속기록이 관련 자료에 해당하는지에 관하여는 사실상 대법원 판례가 있었다. **대법원은 '이사회 녹취파일'은 구 도시정비법 제81조 제1항의 관련 자료에 해당하지 않는다고 판시한 바 있다(대법원 2015. 12. 23. 선고 2015도8361 판결).** 대법원은 구 도시정비법 제81조 제1항 등의 문리해석상 총회 등의 녹음자료는 관련 자료에 해당하지 아니한다는 원심의 판단이 타당하다고 보았다.[13] 이에 관해서는 법제처도 이사회, 대의원회의 녹음자료는 도시정비법상 공개의무의 관련 자료에 해당하지 않는다고 유권해석을 한 바 있다.[14]

제125조에서 속기록, 녹음 또는 영상자료는 가운뎃점으로 연결되어 있다. "속기록·녹음 또는 영상자료"는 도시정비법 제124조 제1항의 서류 및 관련 자료와 도시정비법의 문언상 구별되고 있고, 이를 근거로 대법원은 '녹음자료'는 도시정비법 제124조 제1항의 관련 자료로 볼 수 없다고 판시하고 있다. 그렇다면 **녹음자료와 가운뎃점으로 연결되어 대등하게 규정되고 있는 '속기록' 역시 도시정비법 제124조 제1항의 관**

---

13) 서울중앙지방법원 2015. 5. 21. 선고 2015노499 판결
14) 법제처 법령해석 안건번호 21-0373, 2021. 8. 2.

련 자료에 해당한다고 볼 수 없다.

3. 직접성 · 불가분성 요건 - 자금수지보고서가 '결산보고서'의 관련 자료에 해당하는지 여부

자금수지보고서는 일별/월별/분기별 등 일정한 기간 동안의 자금수지를 기록한 문서이다.[15] 정확히 어떠한 내용이 기재되어야 한다고 법정되어 있지도 않다. 자금수지보고서 없이도 **도시정비법이 제124조 제1항 제8호에서 공개의무를 별도로 정하고 있는 "월별 자금의 입금 · 출금 세부내역"을 통해 결산보고서의 진정성은 충분히 확인된다.**

> 도시정비법 제124조(관련 자료의 공개 등) ① 추진위원장 또는 사업시행자(조합의 경우 청산인을 포함한 조합임원, 토지등소유자가 단독으로 시행하는 재개발사업의 경우에는 그 대표자를 말한다)는 정비사업의 시행에 관한 다음 각 호의 서류 및 관련 자료가 작성되거나 변경된 후 15일 이내에 이를 조합원, 토지등소유자 또는 세입자가 알 수 있도록 인터넷과 그 밖의 방법을 병행하여 공개하여야 한다.
> (1.~6. 생략)
> 7. 회계감사보고서
> 8. 월별 자금의 입금 · 출금 세부내역
> 9. 결산보고서
> (10.~11. 생략)

도시정비법 제124조 제1항 제8호에서 정하고 있는 월별 자금의 입 · 출금 세부내역의 경우, 월별 자금의 입 · 출금 세부내역이 분기별로 작성되는 '자금수지보고서'가 훨씬 자세하며 구체적인 내용을 담고 있는 자료이므로, 오히려 '자금수지보고서'가 진정하게 작성되었는지 여부를 '월별 자금의 입 · 출금 세부내역'이 뒷받침할 수 있는 것이지, 월별 자금의 입 · 출금 세부내역이 진정하게 작성되었는지 여부를 판단하기 위해 '자금수지보고서'가 필요하다고 볼 수 없다.

특히 도시정비법상 조합은 「주식회사 등의 외부감사에 관한 법률」 제2조 제7호 및 제9조에 따른 감사인의 회계감사를 받을 의무 및 감사보고서를 제출할 의무가 있고(도시정비법 제112조), 회계감사보고서는 공개대상 서류로 명기되어 있다(도시정비법 제124조 제1항 제7호).

---

15) 이 사건에서는 서울특별시 표준예산회계규정에서 정하고 있는 '분기별' 자금수지보고서가 문제되고 있다.

이처럼 원심 판단과 같이 결산보고서가 진정하게 작성된 것을 확인하기 위해 자금수지보고서가 직접적으로 필요한 자료라고 볼 수 없다. 월별 자금의 입금·출금 세부내역(제124조 제1항 제9호)을 통해 확인이 가능한 사항이고, 외부감사제도를 통해 회계장부 작성의 진정성은 상당 부분 제도적으로 확보되고 있다.

한편 자금수지보고서는 결산보고서와 불가분적으로 결합되어 있는 자료라고 할 수도 없다. 도시정비법상 결산보고서의 작성 방식은 법정되어 있지 않다. 상법 제447조 제1항은 이사는 '결산기마다' 재무제표를 작성하여야 한다고 규정하고 있으므로 일응 상법상 재무제표의 구성요소(대차대조표, 손익계산서, 자본변동표 또는 이익잉여금 처분계산서 및 부속명세서)를 참조할 수 있겠으나, 상법 규정에 의하더라도 자금수지보고서는 결산보고서의 내용에 포함된다거나 재무제표의 본질적 기능을 다 하기 위해 필요한 서류라고 볼 수 없다. 또한 원심이 근거로 제시한 '서울시 표준예산·회계규정'에 의하더라도 '자금수지보고서'가 결산보고서의 일부를 이룬다거나 진정성립을 확인하기 위해 꼭 필요한 서류라고 볼 수도 없다.

[서울시 정비사업 조합 등 표준예산·회계규정]

> 제20조(결산보고) ① 조합장 등은 회계연도 종료일로부터 3월 이내에 제12조에 의한 재무제표 및 부속명세서를 작성하고 감사의 의견서를 첨부하여 대의원회에 보고하여 표준정관에 따른 승인을 득해야 한다. 다만, 제19조에 의한 재무제표를 제외하고는 재무제표에 대한 주석은 생략할 수 있다.
> ② 조합원 10분의 1이상의 감사요청이 있을 때에는 정관의 감사규정에 따르며, 이때에는 제1항의 결산보고서 제출기한을 1개월 범위 내에서 연장 할 수 있다.
> ③ 조합장 등은 대의원회의 승인 후 3개월 이내에 정기총회를 개최하지 못할 경우 1항에 의한 재무제표 및 부속명세서를 조합원에게 서면으로 보고하여야 한다.

표준예산·회계규정의 별지에서 결산보고서에 첨부되는 부속명세서 양식으로 ① 공사원가명세서, ② 자산부채명세서, ③ 사업비명세서, ④ 사업비예산결산대비표, ④ 운영비 예산결산대비표 및 예비비명세서를 규정하고 있으나, 위 규정과 도시정비법령 어디에서도 자금수지보고서가 결산보고서와 불가분적으로 결합되어 있다거나 진정하게 작성된 것임을 확인하기 위한 직접적인 자료라고 볼 근거는 찾을 수 없다.

Ⅴ. 바람직한 해석론

1. 자료공개의무와 열람·복사요청에 응할 의무의 구별

가. '자료를 공개할 의무'와 '열람·복사 요청에 응할 의무'의 구별

도시정비법에서 정하고 있는 자료공개의무는 단일한 내용과 성격을 가진 의무가 아니다. 자료공개의무의 구체적 내용은 자료의 공개의무(제124조 제1항)와 열람·복사 요청에 응할 의무(제124조 제4항)로 구분된다. 제124조 제1항의 공개의무는 '서류 및 관련 자료가 작성되거나 변경된 후 15일 이내에 조합원, 토지등소유자 또는 세입자가 알 수 있도록 인터넷과 그 밖의 방법을 병행하여 공개'할 의무이다. 반면 제124조 제4항의 '열람·복사' 의무는 조합원이나 토지등소유자가 서류 및 관련 자료에 대하여 열람·복사 요청을 한 때부터 15일 이내에 요청에 따를 의무이다.

두 의무의 가장 큰 차이는, 제124조 제1항의 공개의무의 경우 조합원의 요청이 없어도 의무가 발생한다는 것이다(대법원 2018. 4. 26. 선고 2016도13811 판결 참조). 제124조 제1항 각호의 서류 및 관련 자료에 해당하면 작성일부터 15일 이내에 조합임원 등은 곧바로 자료 공개의무를 부담한다. 반면 제124조 제4항의 열람·복사 의무의 경우 조합원이 먼저 서류나 관련 자료를 특정하여 열람·복사를 요구할 때 비로소 발생하는 의무이다.

도시정비법 제124조의 입법 목적, 특히 '관련 자료'의 범위를 넓게 설정하여 달성하고자 하는 입법 목적은 대부분 제1항의 '공개' 의무가 아니라 제4항의 '열람·복사 요청에 응할 의무' 부과를 통해 달성할 수 있다. 조합원의 알 권리는 도시정비법 제124조 제4항에 따라 관련 자료의 열람과 복사를 통하여 충분히 충족될 수 있다.

현행 도시정비법의 구조 역시 특정한 서류는 선제적인 공개의무를 부담하고 나머지 서류는 요청에 따라 공개하되, 그 목록은 사전에 공개하도록 하는 구조로 되어 있다. 도시정비법 제124조 제2항은 공개의 대상이 되는 서류 및 관련 자료의 경우 분기별로 공개대상의 목록, 개략적인 내용, 공개장소, 열람·복사 방법 등을 대통령령으로 정하는 방법과 절차에 따라 조합원 또는 토지등소유자에게 서면으로 통지하도록 하고 있다.

도시정비법 제124조 ② 제1항에 따라 공개의 대상이 되는 서류 및 관련 자료의 경우 분기별로 공개대상의 목록, 개략적인 내용, 공개장소, 열람·복사 방법 등을 대통령령으로 정하는 방법과 절차에 따라 조합원 또는 토지등소유자에게 서면으로 통지하여야 한다.

만일 정비사업조합이 작성하는 모든 '관련 자료'를 바로 공개의 대상으로 볼 경우, 도시정비법 제124조 제2항과 제4항이 사문화되는 결과를 낳게 된다. 관련 자료가 어차피 모두 공개되는데, 공개 대상인 자료를 사전에 서면으로 통지할 이유가 없을 뿐 아니라 해당 자료에 대해 굳이 별도로 열람·복사를 요청할 필요도 없기 때문이다.

나. 다른 법률이 정하는 정보공개의무의 내용

실제로 정보비대칭을 해소하기 위한 대부분의 법제(法制)도 사전공개와 권리자의 요청에 의한 공개를 구분하고 있다.

개인 또는 집단이 의사 결정을 다른 사람에게 위임해야 하는 상황에서, 본인(주체)과 대리인 사이에 정보 비대칭이 발생하게 되고, 대리인이 자신의 이익을 추구함으로써 발생하는 소유자의 이익 침해 현상을 '대리인 문제'(Agency dilemma)라고 한다. 대리인 문제를 해소하려면 대리인에 대한 적절한 통제가 필요한데 이를 위해 감시비용(Monitoring costs), 즉 대리인 비용이 발생한다.[16] 대리인 문제를 해소하고 감시비용을 낮추기 위해 여러 법제에서는 적절한 규제를 통해 정보공개를 강제함으로써, 정보의 비대칭 상황을 해소하고 대리인 비용을 줄이고 있다.

국가(행정부)와 국민의 정보비대칭 상황의 해소를 위해 제정된 「공공기관의 정보공개에 관한 법률」(이하 '정보공개법')과 주주와 경영진(이사) 사이의 대리인 비용 감소를 위해 제정된 상법 중 회사법의 규정이 대표적으로 정보공개를 강제하는 법률이다. 그런데 정보공개법과 상법은 공통적으로, 모든 정보를 사전에 공개하도록 하는 것이 아니라 중요한 정보만 사전에 공개하도록 하고 나머지 정보는 공개를 요구할 수 있는 수단만 제공한 뒤 사후적으로 요청이 있을 경우 요청에 응하도록 정하고 있다.

우선, **정보공개법**은 공공기관에 국민생활에 매우 큰 영향을 미치는 정책에 관한 정보 등에 한정해 사전적으로 공개할 의무를 부과하고(제7조), 국민의 정보공개 청구가 없더라도 주기적으로 정보공개 시스템 등을 통하여 공개하도록 하고 있다(제8조의2).

---

16) 주석 상법(회사법), 한국사법행정학회(2014), 제5판, 23쪽 참조.

그러나 사전공개 대상이 아닌 정보의 경우 <u>정보목록을 작성하도록 하되</u>(제8조), <u>청구인의 정보공개의 청구에 따라 공개하면 된다</u>(제10조).

정보공개법 제7조(정보의 사전적 공개 등) ① 공공기관은 다음 각호의 어느 하나에 해당하는 정보에 대해서는 공개의 구체적 범위, 주기, 시기 및 방법 등을 미리 정하여 정보통신망 등을 통하여 알리고, 이에 따라 정기적으로 공개하여야 한다. 다만, 제9조제1항 각호의 어느 하나에 해당하는 정보에 대해서는 그러하지 아니하다.

1. 국민생활에 매우 큰 영향을 미치는 정책에 관한 정보
2. 국가의 시책으로 시행하는 공사(工事) 등 대규모 예산이 투입되는 사업에 관한 정보
3. 예산집행의 내용과 사업평가 결과 등 행정감시를 위하여 필요한 정보
4. 그 밖에 공공기관의 장이 정하는 정보

② 공공기관은 제1항에 규정된 사항 외에도 국민이 알아야 할 필요가 있는 정보를 국민에게 공개하도록 적극적으로 노력하여야 한다.

제8조(정보목록의 작성 · 비치 등) ① 공공기관은 그 기관이 보유 · 관리하는 정보에 대하여 국민이 쉽게 알 수 있도록 정보목록을 작성하여 갖추어 두고, 그 목록을 정보통신망을 활용한 정보공개시스템 등을 통하여 공개하여야 한다. 다만, 정보목록 중 제9조제1항에 따라 공개하지 아니할 수 있는 정보가 포함되어 있는 경우에는 해당 부분을 갖추어 두지 아니하거나 공개하지 아니할 수 있다.

② 공공기관은 정보의 공개에 관한 사무를 신속하고 원활하게 수행하기 위하여 정보공개 장소를 확보하고 공개에 필요한 시설을 갖추어야 한다.

제8조의2(공개대상 정보의 원문공개) 공공기관 중 중앙행정기관 및 대통령령으로 정하는 기관은 전자적 형태로 보유 · 관리하는 정보 중 공개대상으로 분류된 정보를 국민의 정보공개 청구가 없더라도 정보통신망을 활용한 정보공개시스템 등을 통하여 공개하여야 한다.

제10조(정보공개의 청구방법) ① 정보의 공개를 청구하는 자(이하 "청구인"이라 한다)는 해당 정보를 보유하거나 관리하고 있는 공공기관에 다음 각호의 사항을 적은 정보공개 청구서를 제출하거나 말로써 정보의 공개를 청구할 수 있다.

한편 상법에서는 공시 · 공고 · 열람 등의 방법을 통해 정보를 공개하도록 하고 있는데, 그 중 기업의 재무상태와 경영성적을 공개하도록 하는 규정으로 재무제표 등의 비치 · 공시(제448조)와 대차대조표의 공고(제449조 제3항)가 있다. 제449조 및 제448조 제1항을 살펴보면, 이사는 <u>재무제표 전체에 대해 총회의 승인을 얻고 이를 비치하여</u>

야 한다. 주주와 회사채권자는 언제든지 비치된 재무제표를 열람하고 복사할 수 있다. 그러나 일반적 공개에 대응하는 '공고'의 대상은 재무제표 중 대차대조표에 한정된다.[17] 즉, 가장 중요한 서류인 대차대조표만 선제적으로 공개하고, 나머지 서류는 권리자의 요청에 따라 열람할 수 있는 것이다.

> 상법 제448조(재무제표 등의 비치·공시) ① 이사는 정기총회회일의 1주간전부터 제447조 및 제447조의2의 서류와 감사보고서를 본점에 5년간, 그 등본을 지점에 3년간 비치하여야 한다.
> ② 주주와 회사채권자는 영업시간내에 언제든지 제1항의 비치서류를 열람할 수 있으며 회사가 정한 비용을 지급하고 그 서류의 등본이나 초본의 교부를 청구할 수 있다.
>
> 제449조(재무제표 등의 승인·공고) ③ 이사는 제1항의 서류[18]

또한 정보공개법에서 주목할 점은, 설령 공공기관이 청구인의 정보공개 청구에 불응하더라도 청구인은 그 결정에 대하여 이의신청을 하거나(제18조) 이에 대해 행정심판(제19조) 또는 행정소송(제20조)으로 불복하여 정보를 공개하도록 강제할 수 있을 뿐, 정보의 비공개 자체로 정보를 작성하고 공개하여야 할 의무를 지는 공무원이 형사처벌을 받는 것은 아니라는 것이다. 상법에서도 공고를 게을리하거나 정당한 사유 없이 서류의 열람 또는 등사, 등본 또는 초본의 발급을 거부한 경우는 과태료에 처해질 뿐(상법 제635조 제1항 제2호, 제4호) 형사처벌의 대상은 아니다. 반면 도시정비법은 공개의무 위반 시 형사처벌이 규정되어 있을 뿐 아니라 이로 인해 벌금 100만 원 이상의 형을 선고받을 경우 조합 임원 피선거권이 10년간 제한된다. 정보공개법 등과 비교할 때 관련 자료의 범위를 보다 엄격히 해석해야 할 필요가 있다.

---

17) 공고에는 적지 않은 비용이 수반될 수 있으므로 가급적 그 대상을 제한할 수밖에 없는데다 대차대조표가 회사의 재산상태는 물론이고 당기순이익도 표시하고 있어 주주와 기타 이해관계인의 이익보호에 가장 적합하기 때문이다. 주석 상법(회사법), 한국사법행정학회(2014), 제5판, 303쪽 참조.

18) 제449조 제1항에서는 제447조의 서류에 대해 승인을 받도록 하고 있으며, 제447조에서는 대차대조표, 손익계산서, 그 밖에 회사의 재무상태와 경영성과를 표시하는 것으로서 대통령령으로 정하는 서류와 부속명세서를 작성하도록 하고 있고 이를 '재무제표'라 칭하고 있다.

다. 도시정비법상 사업시행자의 자료공개의 범위를 넓게 판단한 기존 판결례는 대부분 '열람·복사' 의무에 관한 것이다.

대법원은 조합임원과 건설사간 유착으로 인한 비리가 발생할 소지가 크고, 정비사업과 관련된 비리의 병폐도 크므로, 정비사업의 투명성·공공성을 확보하기 위해서 정비사업의 시행과 관련된 서류 및 자료의 공개가 필요하며, 이는 정비사업의 투명한 추진과 조합의 알 권리를 충족시키기 위한 것이라고 보고 있다(대법원 2016. 2. 18. 선고 2015도10976 판결 등 참조). 그리고 대법원은 위 판시를 토대로 '관련 자료'의 범위를 일정 정도 확대하는 경향을 보이기도 한다.

투명한 정비사업의 수행과 조합원의 알 권리를 위해서라면 정비사업에 관해 사업시행자가 작성한 서류와 그 근거가 되는 자료 모두가 공개되는 것이 원칙이다. 그러나 이는 조합원의 사후적인 열람·복사 청구를 통해서도 충분히 달성할 수 있다. 실제로 '관련 자료'의 범위를 넓게 판단한 판례는 거의 대부분 제124조 제1항의 공개의무 위반이 문제된 것이 아니라 제124조 제4항의 열람·복사에 응할 의무의 위반이 문제된 경우였다.

1) 대법원 2012. 2. 23. 선고 2010도8981 판결 - 참석자명부, 서면결의서

피고인이 2008. 4. 11.경 조합원 공소외인 등으로부터 그 해당 자료를 2008. 4. 17.경까지 열람·등사하여 달라는 요청을 받고도 그 자료가 너무 방대하다는 등의 이유로 정당한 사유 없이 이에 응하지 아니하였다."는 것이었으나, 제1심에서 위와 같이 열람·등사를 요청한 자료 중 도시정비법 제81조 제3, 6, 7호에서 규정한 추진위원회·주민총회 의사록, 정비사업시행에 관한 공문서, 회계감사보고서 등으로 제한하는 내용으로 공소장이 변경된 사실, 원심은 추진위원회 위원장인 피고인에게 위와 같은 자료를 인터넷 등을 통하여 공개하는 외에 조합원 등이 이러한 자료의 열람·등사를 요청하는 경우 즉시 이에 응할 의무가 있다고 전제한 다음 피고인이 이러한 자료에 대한 열람·등사 요청을 받고서도 이에 불응한 사실을 인정할 수 있다.

2) 대법원 2015. 12. 23. 선고 2015도8361 판결[19] - 법무사 선정기준 심사표

1. 피고인은 2013. 8. 7.경 조합원인 F으로부터 용역업체 선정계약서인 법무용역계약서의 관련 자료인 법무사 선정기준 심사표에 대한 열람 및 복사 요청을 받았음에도 다음날인 2013. 8. 8. 정당한 이유 없이 그 요청을 거부하였다.
2. 피고인은 2013. 10. 15.경 조합원인 F으로부터 이사회 의사록의 관련 자료인 이사회 녹취 파일에 대한 열람 및 복사 요청을 받았음에도 2013. 10. 21.경 정당한 이유 없이 그 요청을 거부하였다.

3) 대법원 2017. 11. 29. 선고 2017도12811 판결[20] - 월별 입출금 세부내역서, 영수증

1. 2015. 9. 8. 경 경기 의정부시 가능동 20-1에 있는 금의1구역 주택재개발정비사업추진위원회 사무실에서 토지 소유자인 박장춘으로부터 2014. 1. ~ 12. 까지의 월별 입출금 세부내역서 등에 대한 공개요청이 기재된 내용증명서를 수령하였음에도 그 요청에 따르지 아니하였다.
2. 2015. 11. 27. 경 위 사무실에서 박장춘으로부터 2012. 8. 경부터 2015. 10. 31.경 까지의 각종 영수증 등 세부내역에 대한 공개요청이 기재된 내용증명서를 수령하였음에도 그 요청에 따르지 아니하였다.

4) 대법원 2016. 2. 18. 선고 2015도10976 판결 - 조사보고서, 정비사업전문관리업 입찰 평가기준 및 건축사무소 심사표, 법무사 견적서, 금전소비대차 약정서 등

본문에서 공개 대상을 '다음 각호의 서류 및 관련 자료'로, 같은 조 제6항에서 열람·복사의 대상을 '제1항에 따른 서류를 포함하여 정비사업 시행에 관한 서류와 관련 자료'로 규정하여 위 각호에 열거된 서류뿐만 아니라 그 관련 자료도 공개, 열람·복사의 대상으로 하고 있음이 문언상 명백한 점 등에 비추어 보면, 조합의 이사회와 관련한 공개, 열람·복사의 대상은 '이사회 의사록'뿐만 아니라 '의사록의 관련 자료'를 포함한다고 해석함이 상당하다. 더구나 이사회 결의 등을 위하여 이사회에 제출된 관련 자료로서 이사회 의사록에서 그 내용을 인용하면서 별첨 등으로 첨부한 자료라면, 이는 해당 이사회 의사록의 일부를 구성하므로 공개, 열람·복사의 대상이 된다.

---

19) 제1심판결(서울중앙지방법원 2015. 1. 14. 선고 2014고정4479 판결) 참조
20) 원심판결(의정부지방법원 2017. 7. 19. 선고 2017노922 판결), 제1심판결(의정부지방법원 2017. 4. 6. 선고 2016고정1223판결) 참조

도시정비법 제124조 및 '관련 자료'의 범위가 문제된 하급심 판결례들도 제1항의 공개의무가 아니라 제4항의 열람·복사에 응할 의무에 응할 의무를 위반한 경우가 대부분이다.[21] [22]

라. 제124조 제1항과 제4항의 '관련 자료'의 의미를 동일하게 해석하는 경우의 문제점

조합원의 알 권리를 충족시키기 위해 모든 '관련 자료'에 대해 선제적 공개의무를 부과할 경우, 조합 임원 등은 어떤 서류가 공개의 대상인지에 대해 판단하여야 한다. 그리고 공개대상인지 여부에 관한 판단을 그르칠 경우 곧바로 형사처벌의 대상이 된다. 하지만 '관련 자료'는 해석상 그 범위를 정확히 규정하기 힘든 대표적인 불확정 개념이다. '관련 자료'의 의미에 대해서는 법률전문가인 변호사조차 상반된 견해를 표시하고 있었다.

만일 조합원의 열람·복사 요청이 있는 서류와 자료를 제공하는 경우라면 그 판단이 어렵지 않을 수도 있겠지만, 조합원이 요청하지도 않은 서류임에도 공개 대상인지 여부를 미리 판단하는 것은 쉬운 일이 아니다. 결국 형사처벌의 위험을 피하기 위해서는 일단 조합에서 작성하거나 조합에서 수령한 모든 문서·자료·녹음파일 등 일체를 사전 공개해야 하는데 이는 조합의 업무를 과중하게 할 뿐 아니라 불필요한 비용을 발생시켜 조합원의 부담을 늘리는 결과를 초래하게 된다.

또한, 제124조 제1항과 제4항의 '관련 자료'의 의미가 동일하다고 볼 경우 사후적으로 조합원이 열람을 요청하여 이에 응한다면 그 자체만으로 제124조 제1항 위반이 될 수도 있는 부당한 상황이 발생한다. 즉, 조합원이 어떠한 서류의 열람을 요청하는지에 따라 조합 임원이 형사처벌을 받는지 여부가 달라질 위험조차 있다.

예컨대 청주지방법원 2021. 10. 14. 선고 2020고단2361 판결에서는 **석면조사결과서**에 대한 열람·복사 요청에 응하지 아니하였다는 이유로 조합장과 총무이사에게 도시

---

21) 서울남부지방법원 2020. 11. 18. 선고 2019고정1550 판결, 부산지방법원 2020. 11. 5. 선고 2019고저1493 판결, 부산지방법원 동부지원 2019. 6. 23. 선고 2019고정52 판결 등 다수

22) 일부 하급심에서는 제124조 제1항의 범위를 한정하여 해석하려는 판시를 하고 있다. 서울동부지방법원 2021. 11. 19. 선고 2021노300 판결은 직무집행정지가처분 및 직무대행자 선임 사건에 관한 약정서가 작성일로부터 15일 이내에 공개되지 않았던 사안에서, "이 부분 공소사실에 관한 처벌조항은 이해관계인의 공개청구를 요건으로 하고 있지 아니하고 '관련 자료'라는 개념은 그 외연이 넓으므로" 관련 자료에 포함되는지 여부는 엄격하게 해석될 필요가 있다는 점을 언급하고 있다.

정비법 위반죄를 인정하였다. 석면조사결과서는 도시정비법 제124조 제1항 각호 및 제4항 각호가 명시적으로 정하고 있는 서류는 아니다. 하지만 도시정비법 제124조 제1항과 제4항의 관련 자료의 범위가 동일하다고 해석하는 경우 조합원의 요청에 따른 열람·복사의 대상이 된다면, '관련 자료'로서 도시정비법상 공개의무의 대상이 된다고 해석해야 할 수밖에 없는 것이다.

이 때문에 조합 임원 등은 오히려 정비사업에 관련된 제반 자료를 공개하지 않을 유인이 생긴다. 예를 들어, 조합원이 사후적으로 특정한 자료에 대하여 열람·복사를 신청하였고, 해당 자료의 정비사업 관련성은 인정될 여지가 있으나 도시정비법 제124조 제1항 각호에서 열거한 서류에는 해당하지 않는 경우를 상정해볼 수 있다. 작성 당시에는 공개 대상인지 분명하지 않아 공개하지 않았으나, 조합원의 요청을 받고 공개의 필요성을 인지하게 된 것이다. 그러나 이때 조합 임원이 조합원의 요청에 응하게 되면, 도시정비법 제124조 제1항의 공개의무 위반이 성립한다. '관련 자료'에 해당함에도 불구하고 작성일로부터 15일 이내에 공개하지 않았기 때문이다. 제124조 제1항은 작성일부터 15일 이내에 서류를 공개할 것을 구성요건으로 하고 있고, 지연 공개 역시 제124조 제1항 위반에 해당한다. 자료가 존재하지 않는다며 버티거나, 혹은 '관련 자료'에 해당하지 않는다며 공개의무를 다투는 등 열람·복사에 관해 불필요한 법적 분쟁이 초래될 수 있다.

제124조 제4항을 위반한 경우에도 형사처벌을 받는 것은 동일하다. 그러나 구체적인 위반행위는 "열람·복사 요청을 따르지 아니하는" 경우로 제한된다(도시정비법 제138조 제1항 제7호). 조합임원으로서는 자신이 어떠한 경우에 처벌받는지 분명히 예측할 수 있고, 그에 따라 행동할 수 있다. 하지만 제124조 제1항 위반의 경우, '관련 자료'에 해당하는지 여부를 스스로 판단하여 행위하여야 할 뿐만 아니라 상황에 따라 법 위반 여부가 달라질 위험까지도 발생한다.

이상의 점을 종합적으로 고려할 때 도시정비법 제124조 제1항이 규정하는 일반적·사전적 '공개의무'와 같은 조 제4항이 정하고 있는 '열람·복사'의 대상이 되는 관련 자료의 범위는 준별하여 해석하는 것이 마땅하다.

2. 기타 회계 관계 서류의 경우 관련 자료에 해당할 수 있는지 여부

서울특별시는 2010. 7. "도시 및 주거환경정비조례"를 개정하여 전국에서 처음으로 '공공지원제도'를 시행하였고, '클린업시스템'이라는 인터넷 홈페이지를 개설하여 정비사업 추진과정에서의 정보를 공개할 수 있도록 함으로써 정비사업의 투명성과 공개성을 확보하고, 사업비용의 절감으로 분양가를 인하하고자 하였다. 이외에도 서울특별시는 2015. 3. 19. 서울특별시 정비사업조합 등 표준 예산·회계규정을 개정 고시하는 등,23) 지방자치단체로서 적극적으로 개입하여 투명하고 공정한 정비사업의 진행을 추진해왔다.

이 사건 파기환송 판결에서 문제가 된 '자금수지보고서' 역시 서울특별시 클린업시스템과 서울특별시 정비사업조합 등 표준 예산·회계규정이 공개의무를 부여하고 있는 회계자료이다. 공공지원제도의 확장으로 조합이 공개하여야 하는 회계 관계 서류의 종류 역시 다양화되었고, 각 서류를 도시정비법상 공개의무 있는 자료로 보아야 할지에 대한 검토가 필요하다.

현재 서울시 클린업시스템의 자금운용과 관련한 자료의 분류 체계 및 분류에 따라 공개된 자료현황은 다음과 같다.

구분	공개건수
연간자금운용계획	7,371건
월별자금 입·출금세부내역	105,896건
자금입출금관련 약정·계약서	2,721건
자금수지보고서	7,761건
결산보고서	7,326건
회계감사보고서	9,277건
카드사용점검결과서	8,195건
회계전표	9,850건

이 중 월별자금 입·출금세부내역은 도시정비법 제124조 제1항 제8호에 의해, 결산보고서는 동항 제9호에 의해, 회계감사보고서는 동항 제7호에 의해, 연간자금운용계획은 동항 제11호 및 시행령 제94조 제1항 제2호에 의해 공개의무가 부여된다.

이 중 회계 관계 서류의 관련 자료에 해당할 수 있는지가 추가적으로 문제되는 서류는 ① 카드사용점검결과서와 ② 자금입출금 관련 약정·계약서 및 ③ 회계전표일 것으로 보인다.

① 서울시 표준예산회계규정은 다음과 같이 제42조에서 카드사용점검결과를 공개

---

23) 서울특별시고시 2015-000호(2015. 3. 19.)

하도록 하는 규정을 두고 있다.

> 제42조(확인의무 등) ① 감사는 조합 등 카드의 위법·부당한 사용을 막기 위하여 사용내용을 주기적으로 점검하여야 한다. 이 경우 다음 각 호의 사항을 확인하여야 한다.
> 1. 심야, 휴일, 자택 인근 등 업무와 무관한 시간 및 장소에서 사용 여부
> 2. 휴가기간 중 법인카드 사용 여부
> 3. 동일 일자 동일 거래처 반복 사용(분할 결제 여부를 확인하기 위한 것을 말한다)
> 4. 법인카드를 이용한 상품권 구매 등 조합업무와 관련 없는 지출 여부
> ② 제1항 규정에 따라 <u>감사는 점검결과를 작성일로부터 15일 이내에 조례 제69조에 의한 클린업시스템 또는 e-조합시스템에 공개해야 하고, 이를 추진위원회 또는 대의원회에 보고하여야 한다.</u>

카드사용점검결과서가 도시정비법상 공개의무가 부과된 관련 자료에 해당하는지 역시 공개의무에 대한 판단기준인 ① 직접성과 ② 불가분성에 따라 판단할 수 있을 것이다. 이에 따르면 카드사용점검결과서 역시 도시정비법상 공개의무가 부과된 관련 자료라고 보기 어렵다.

특히 이 사건의 원심은 카드사용내역서의 공개의무를 판단하면서 아래와 같은 논거를 제시한바 있어 카드사용점검결과서가 공개의무가 있는 관련 자료에 해당하는지는 중요한 문제가 될 수 있다.

> 서울특별시 정비사업 조합 등 표준 예산·회계규정은 감사에게 카드 사용내용을 주기적으로 점검하도록 하고 있고, 감사가 작성한 '카드사용내역 점검결과'를 공개하도록 하고 있으나(제44조) 카드사용내역을 공개의무에 포함하고 있지 않다. 클린업시스템 정보공개 사항에 의하더라도 감사가 작성한 '카드사용내역 점검결과'만이 공개되도록 하고 있고, '카드사용내역서'에 대한 항목이 따로 존재하지 않는다. 결산보고서의 진정 작성 여부를 판단하기 위해 '카드사용내역서'가 아닌 '카드사용내역점검결과'만을 확인하여도 충분하다.

다만 이 사건 파기환송 판결의 논리에 의하면 카드사용점검결과서 역시 공개의무가 있는 관련 자료에 해당한다고 보기 어렵다. 결산보고서 혹은 월별 자금의 입금·출금 세부내역이 진정하게 작성된 것을 확인하기 위해 카드사용점검결과서가 반드시 필요하다고 볼 수는 없다. 카드사용점검결과서가 없이도 도시정비법이 제124조 제1항 제8호에서 공개의무를 별도로 규정하고 있는 월별 자금의 입금·출금 세부내역(제124조

제1항 제9호)와 외부감사제도를 통해 회계장부 작성의 진정성은 상당 부분 제도적으로 확보되고 있다. 카드사용점검결과서가 공개의무가 있는 관련 자료에 해당한다고 본다면 회계와 관련된 자료의 범위가 지나치게 확장될 수밖에 없다.

특히 서울특별시는 클린업시스템 자료실을 통해 카드사용점검결과서 작성 예시를 공개하고 있는데,[24] 해당 예시문서에서는 조합의 체크카드·신용카드 등 전체사용분을 점검대상으로 하여 ⅰ) 조합의 금전출납부, ⅱ) 지출결의서 등 서면 또는 클린업시스템 공개자료를 통해 카드사용의 적정성, 사용 시 예산과목의 적정성, 개선·권고사항의 이행 여부, 기타 법인(체크)카드 사용과 관련사항 등을 점검하도록 하고 있다.[25]

카드사용의 세부내역은 월별 자금의 입·출금 세부내역을 통해 알 수 있고, 도시정비법상 조합은 「주식회사 등의 외부감사에 관한 법률」 제2조 제7호 및 제9조에 따른 감사인의 회계감사를 받을 의무 및 감사보고서를 제출할 의무가 있고(도시정비법 제112조), 회계감사보고서 역시 공개대상 서류로 명기되어 있기 때문에(도시정비법 제124조 제1항 제7호) 카드사용점검결과서를 통하지 않아도 카드사용의 적정성, 예산과목의 적정성을 확보할 수 있다. 또한 서울특별시 클린업시스템이 카드사용 방법 및 제한에 있어 일응의 기준으로 삼고 있는 서울특별시 정비사업조합 등 표준 예산·회계규정 역시 클린업시스템운영지침과 마찬가지로 도시정비법 제124조 제1항의 위임을 받아 관련 자료의 범위를 정하기 위한 조항이라고 볼 수 없다.

그럼에도 불구하고 카드사용점검결과서가 공개의무 있는 관련 자료에 해당한다고 본다면 형사처벌의 범위를 정함에 있어 그에 관한 법령의 명시적인 위임 근거가 없는 지방자치단체 조례나 그에 따라 설치된 정비사업 종합정보관리시스템 운영지침에 기속될 수 없다고 본 이 사건 파기환송 판결의 논리에 정면으로 반하는 결과가 도출된다.

② 회계전표는 회계내용, 즉 금액이 발생한 모든 거래 내용을 기재한 서식이다. 회계전표는 거래 내역을 파악하기 쉽도록 작성하는 서식이며, 각각 다른 형식을 가진 금전거래 전체를 한 눈에 파악할 수 있다는 편의성이 있다. 서울시 표준예산회계규정은 제37조에서 아래와 같이 전표의 작성에 대해 규정하고 있다.

---

24) 2015. 1. 14. 자료실 등록

25) 카드사용 방법 및 제한에 관한 사항은 서울특별시 정비사업조합 등 표준 예산·회계규정을 참고하도록 하고 있다.

제37조(수입·지출의 처리) ① 수입·지출행위를 할 때에는 전표 또는 수입·지출결의서를 작성한 후에 금전출납부, 총계정원장에 기록한다. 다만, 전표 또는 수입·지출결의서를 작성하기 어려운 경우에는 내부결재 문서로서 이에 갈음 할 수 있다.
③ 자금을 지출하였을 때에는 거래처로부터 제36조와 같이 세법에서 인정하는 적격증빙 영수증을 받아야 한다

또한 서울특별시 정비사업조합 등 표준예산·회계규정의 별지 제6호, 제7호, 제8호 서식에서는 전표 양식으로 ① 수입결의서(별지 제6호), ② 지출결의서(별지 제7호), ③ 대체결의서(별지 제8호)를 규정하고 있고 그 작성요령으로 다음의 사항을 제시하고 있다.

작성요령 예시

1. 모든 거래는 발생일자에 꼭 위 수입 · 지출 · 대체전표(결의서) 작성 및 결재
2. 자산 · 부채 · 자본 · 수입 · 지출 등 자금의 모든 거래내용 기재
3. 과거 발생된 미수 · 미지급금을 받거나 지급시는 발생일자를 상단에 표시
4. 증빙서류가 없거나 틀린 경우 세법상 경비불인정 또는 가산세 부담 가능
5. 기타 작성 · 보관 · 기장 등은 예산회계규정과 회계처리규정 세칙에 의함
증빙종류 예시(회계처리규정 세칙 제4조 참조)

1. 증빙서류가 많을 경우 등 본란 부족시 별지로 첨부
2. 세금계산서, 계산서, 카드전표, 기타영수증, 입금표, 계약서사본, 거래명세서 등

위 작성요령 및 별지 서식에 따르면 회계전표가 갖는 사실상의 성격이 카드사용내역서와 다르다고 볼 수 없다. 특히 이 사건 파기환송 판결의 제1심은 대금지급자료 등에 대해 '해당 월이 경과된 후 작성되는 월별 자금 입출금 세부내역보다 앞서 입출금 즉시 작성되는 경우가 많을 입출금 자료를 같은 조 제1항의 관련 자료로 해석할 경우, 입출금 자료는 월별 자금 입출금 세부내역보다 먼저 각 작성된 날로부터 15일 내에 따로 공개되어야 하는 어색한 결과가 되는데 위 조항이 이러한 결과를 예정하고 있다고 보기도 어렵다(서울북부지방법원 2020. 12. 3. 선고 2020고정485 판결)'다고 보았는데, 같은 논리로 '모든 거래의 발생일자에 꼭 수입 · 지출 · 대체전표를 작성하여 결재'하도록 되어 있는 회계전표를 각 작성된 날로부터 15일 내에 따로 공개하여야 한

다고 본다면 월별 자금의 입출금 세부내역의 공개는 물론 '작성'도 되기 이전에 각 도시정비법상 조합이 회계전표를 공개하여야 한다는 부당한 결과가 도출된다. 무엇보다 서울시 표준예산회계규정 역시 전표 또는 수입, 지출 결의서를 작성하기 어려운 경우에는 내부결재문서로서 이에 갈음할 수 있다고 하여 수입·지출행위를 할 때 전표의 작성·기록을 권장하고 있으나, 강제하고 있지 아니하다. 회계전표 역시 도시정비법상 공개의무가 부과된 관련 자료에 해당한다고 보기 어렵다.

③ 마지막으로 자금입출금 관련 약정·계약서에 대해 살펴본다. 자금입출금 관련 약정·계약서는 관련 자료에 해당할 가능성이 높다고 보인다. 도시정비법은 제45조 제1항에서 조합원의 권리·의무에 직접적인 영향을 미치는 사항에 대해서는 조합의 최고의사결정기관인 총회의 의결을 거치도록 하고 있는데, 동항 제2호에서 "자금의 차입과 그 방법·이율 및 상환방법"에 대해 총회의 의결 사항으로 정하여 조합원들의 의사가 반영될 수 있도록 절차적으로 보장하고 있다.

자금입출금과 관련한 약정·계약서는 해당 자금의 입출금이 조합원총회 등에 따른 의결에 따라 올바르게 이루어진 것인지를 판단할 수 있는 근거자료가 될 수 있다. 즉, 자금입출금과 관련한 약정·계약서는 경우에 따라서는 그 자체로 도시정비법 제124조 제1항 제2호의 '설계자·시공자·철거업자 및 정비사업전문관리업자 등 용역업체의 선정계약서'에 해당할 수도 있고, 월별 자금의 입금·출금 세부내역 및 결산보고서의 진정성립을 확인할 수 있는 관련 자료가 될 수 있다. 또한 비록 자금의 입출금과 관련한 약정·계약서라고 명시되어 있지는 않으나 제124조 제1항 제2호는 설계자·시공자·철거업자 및 정비사업전문관리업자등 용역업체의 선정계약서에 대해 공개의무를 부과하고 있는데, 각 용역업체의 선정계약서에 대한 공개의무를 부과하고 있는 취지 역시 조합원의 권리·의무에 직접적인 영향을 미치는 사항에 조합원들의 의사가 반영될 수 있도록 하고, 투명한 정비사업의 추진을 도모하기 위한 것이라는 점 등을 고려하면 자금입출금 관련 약정·계약서는 관련 자료에 해당한다고 볼 가능성이 높다고 할 것이다.

법원 역시 이와 비슷한 취지에서 다음과 같이 금전소비대차계약서를 '월별자금의 입·출금 세부내역'의 관련 자료에 해당한다고 보았다.

서울중앙지방법원 2019. 6. 12. 선고 2018고정2238 판결(확정)

[공소사실]

정비사업의 시행에 관하여 작성된 서류 및 관련 자료는 15일 이내에 인터넷과 그 밖의 방법을 병행하여 공개하여야 한다. 피고인은 조합이 서울특별시 서울주택도시공사로부터 2016. 12. 29. 15억 5,000만 원을, 같은 달 30.6억 원, 2017. 3. 31. 15억 원을 각 차입하는 금전소비대차계약의 계약서를 작성하였음에도 15일 이내에 공개하지 아니하였다.

[법원의 판단]

정비사업의 투명한 추진과 조합원의 알권리를 충족시키기 위하여 2007. 12. 21. 법률 제8785호로 개정된 도시정비법에 제81조 제1항과 제86조 제6호가 신설된 점, 구 도시정비법 제81조 제1항 본문에서 공개대상을 '다음 각 호의 서류 및 관련 자료'로 규정하고 제8호에서 '월별 자금의 입금·출금 세부내역'을 규정하고 있는바, 자금의 입출금이 진정하게 이루어졌는지 여부, 해당 자금의 입출금이 조합원총회 등에 따른 의결에 따라 올바르게 이루어진 것인지 여부 등을 판단하기 위해서는 그 입출금의 근거서류인 금전소비대차계약서를 확인할 필요가 있으므로, 해당 금전소비대차계약서를 '월별 자금의 입금·출금 세부내역'의 관련 자료로 볼 수 있는 점 등에 비추어 보면, 금전소비대차계약서는 구 도시정비법 제81조 제1항 제8호 '월별 자금의 입금·출금 세부내역'의 관련 자료에 포함된다고 봄이 상당하다.

따라서 피고인이 각 금전소비대차계약서를 15일 이내에 공개하지 않은 이상 구 도시정비법 제81조 제1항을 위반하였다고 봄이 상당하므로, 피고인과 변호인의 이 부분 주장도 이유 없다.

자금의 출금은 물론이고, 자금의 차입과 관련한 약정·계약서 역시 투명한 정보공개가 필요하다. 정비사업 추진과정에서 참여업체의 음성적 자금 지원으로 집행부와 유착이 발생하게 되고, 그 과정에서 형식적 절차로 업체를 선정하여 계약하는 부작용과 그로 인한 사업비 증가를 방지하기 위해서도 자금의 입출금 관련 약정·계약서는 공개가 필요한 관련 자료라고 판단될 가능성이 높을 것으로 생각된다.

참고문헌

단행본
김종보, 『건설법의 이해』, 피데스, 2018.
전재우, 『도시 및 주거환경정비법』, 박영사, 2020.
맹신균, 『도시 및 주거환경정비법 해설』, 법률&출판, 2018.
안종화, 『재개발 재건축 법규의 이해와 실무』, 법문사, 2022.

논문
김종보, "재건축,재개발과 형사처벌 – 건설분야 부패방지제도의 일부로서 –", 서울대학교 법학 제60권
        2호, 2019.
조필규, "정비사업자금조달 실태 및 개선방안에 관한 연구" – 사단법인 토지공법학회 토지공법연
        구 제65집, 2014.

아동의 헌법적 권리와 아동에 대한 이주구금의 위헌성*

이상현

목 차

Ⅰ. 들어가며[1])

이주구금(immigration detention)이란 이주 및 출입국을 통제하는 권한에 근거하여 이루어지는 구금을 말한다. 외국인에게도 신체의 자유가 보장되어야 하며, 이주 및 출입국행정의 절차에서도 적법절차원칙의 준수가 요구된다는 점에는 이론의 여지가 없다. 하지만 다른 한편으로는 외국인에게는 입국이나 체류의 자유가 인정되지 않으며, 출

---

* 이 글은 필자가 인권법학회 2022년 춘계 심포지엄 <국제인권법의 현주소: 사법부가 인권을 마주하는 법>에서 '미등록 이주난민아동 구금 위헌소송'을 주제로 발제한 내용을 일부 수정, 보완한 것이며, 후술하는 헌법소송에서 제청신청인 측 대리인단이 2021. 5. 28. 헌법재판소에 제출한 의견서의 내용에 기반하고 있다.

1) 본 절의 내용은 필자가 공동집필한, 김진 외 4, "한국 이주구금제도의 문제점에 관한 국제인권법적 검토", 공익과 인권 제20권(2020. 9.)의 내용을 수정, 보완한 것이다.

입국의 통제는 국가가 고유한 주권을 행사하는 것의 일환이라고도 인식되고 있다. 또한 이러한 인식하에 외국인의 출입국관리에 관하여서는 입법단계와 집행단계에서 상당한 재량이 인정되는 것으로 이해되고 있다.[2] '신체의 자유 보장 및 적법절차원칙 준수에 대한 요구'와 '국가주권 행사의 성격을 가진 출입국 통제에서는 폭넓은 재량이 인정된다는 입장'이 대립하는 것이다. 그리고 그 간극에 이주구금제도의 인권문제가 존재한다.

출입국관리법 제63조 제1항의 위헌소송은 두 관점의 대립을 분명하게 보여준다. 출입국관리법 제63조 제1항[3]은 강제퇴거 대상인 외국인에 대한 보호명령[4]을 규정하고 있는, 이주구금제도의 근거조항이다. 그 규정의 위헌 여부에 대해서 헌법재판소의 입장은 둘로 나뉘었다. 합헌의견[5]과 위헌의견[6]은 모두 외국인에게도 신체의 자유가 보장되어야 하며, 이주 및 출입국행정의 절차에서도 적법절차원칙의 준수가 요구된다는 점에 동의한다. 하지만 합헌의견은 "[이주구금은] 출입국관리행정의 일환이며, 주권국가로서의 기능을 수행하는 데 필요한 것이므로 일정부분 입법정책적으로 결정될 수 있다"며, 현행 이주구금제도가 피구금자의 신체의 자유를 침해하지 않고 적법절차원칙에 반하지 않는다고 본다. 반면, 위헌의견은 이주구금제도가 필요하다고 하더라도 이 제도로 인하여 피구금자의 신체의 자유가 제한되는 정도가 지나치게 커서 과잉금지원칙에 위배되며, 구금의 적법성 통제수단이 충분하지 않은 등 적법절차원칙에 위반된다는 입장이다.[7] 헌법재판소에서 두 차례 내려진 결정들에서는 기간의 상한이 없

---

2) 이에 대한 비판적 견해로는, 최계영, "출입국관리행정, 주권 그리고 법치", 행정법연구 제48호 (2017. 2.), 31면 참조.

3) 출입국관리법 제63조(강제퇴거명령을 받은 사람의 보호 및 보호해제) ① 지방출입국·외국인관서의 장은 강제퇴거명령을 받은 사람을 여권 미소지 또는 교통편 미확보 등의 사유로 즉시 대한민국 밖으로 송환할 수 없으면 송환할 수 있을 때까지 그를 보호시설에 보호할 수 있다.

4) 본 법률조항에 따른 보호명령은 문언상으로는 '보호이나' 실질적으로는 '구금'의 성격을 가진다. 이하에서는 출입국관리법상의 보호명령제도를 직접적으로 언급할 때에만 '보호'라고, 그 외의 경우에는 '구금' 또는 '이주구금'이라고 한다.

5) 헌법재판소 2016. 4. 28. 선고 2013헌바196 결정 중 재판관 김창종, 재판관 안창호의 다수의견에 대한 보충의견, 헌법재판소 2018. 2. 22. 선고 2017헌가29 결정 중 재판관 김창종, 재판관 안청호, 재판관 서기석, 재판관 조용호의 합헌의견.

6) 헌법재판소 2016. 4. 28. 선고 2013헌바196 결정 중 재판관 이정미, 재판관 김이수, 재판관 이진성, 재판관 강일원의 반대의견, 헌법재판소 2018. 2. 22. 선고 2017헌가29 결정 중 재판관 이진성, 재판관 김이수, 재판관 강일원, 재판관 이선애, 재판관 유남석의 위헌의견.

는 현행 제도의 신체의 자유 침해 여부, 강제송환금지의 원칙[8]상 강제송환을 할 수 없는 난민신청자에 대한 이주구금의 신체의 자유 침해 여부, 보호명령의 처분발급 절차와 적법성 통제 절차와 관련해서 적법절차원칙의 위배 여부 등이 쟁점이 된 바 있다.

가장 최근의 헌법재판소 결정에서는 위헌의견(5인)이 합헌의견(4인)보다 다수였지만 위헌정족수에 이르지는 못하였고,[9] 결국 이주구금제도는 존속하게 되었다. 하지만 헌법재판소에서도 위헌의견이 합헌의견보다 다수였다는 사실이 방증하듯, 현행 이주구금제도에 인권침해의 문제가 존재함은 분명하다. 합헌의견도 '출입국관리법 제63조 제1항이 위헌에 이르렀다고 할 수는 없으나, 현행 이주구금제도를 정비할 필요성이 있다'는 점을 인정한 바 있다.[10]

한편, 위 헌법재판소 결정 이후로, 필자는 공동대리인단의 일원으로 출입국관리법상 보호명령에 의해서 구금된 당사자를 대리하여 강제퇴거명령 및 보호명령에 대한 취소소송을 제기하였고, 보호명령과 강제퇴거명령의 근거조항에 대한 위헌법률심판제청신청을 한 바 있다. 현재에도 강제퇴거명령의 근거조항[11]과 보호명령의 근거조항

---

7) 헌법재판소 2018. 2. 22. 선고 2017헌가29 결정.

8) 난민법 제3조.

9) 헌법재판소법 제23조 제2항 제1호.

10) 헌법재판소 2018. 2. 22. 선고 2017헌가29 결정 중 재판관 김창종, 재판관 안창호, 재판관 서기석, 재판관 조용호의 합헌의견.

11) 출입국관리법 제46조(강제퇴거의 대상자) ① 지방출입국·외국인관서의 장은 이 장에 규정된 절차에 따라 다음 각 호의 어느 하나에 해당하는 외국인을 대한민국 밖으로 강제퇴거시킬 수 있다.

 1. 제7조를 위반한 사람

 2. 제7조의2를 위반한 외국인 또는 같은 조에 규정된 허위초청 등의 행위로 입국한 외국인

 3. 제11조제1항 각 호의 어느 하나에 해당하는 입국금지 사유가 입국 후에 발견되거나 발생한 사람

 4. 제12조제1항·제2항 또는 제12조의3을 위반한 사람

 5. 제13조제2항에 따라 지방출입국·외국인관서의 장이 붙인 허가조건을 위반한 사람

 6. 제14조제1항, 제14조의2제1항, 제15조제1항, 제16조제1항 또는 제16조의2제1항에 따른 허가를 받지 아니하고 상륙한 사람

 7. 제14조제3항(제14조의2제3항에 따라 준용되는 경우를 포함한다), 제15조제2항, 제16조제2항 또는 제16조의2제2항에 따라 지방출입국·외국인관서의 장 또는 출입국관리공무원이 붙인 허가조건을 위반한 사람

 8. 제17조제1항·제2항, 제18조, 제20조, 제23조, 제24조 또는 제25조를 위반한 사람

 9. 제21조제1항 본문을 위반하여 허가를 받지 아니하고 근무처를 변경·추가하거나 같은 조 제2항을 위반하여 외국인을 고용·알선한 사람

 10. 제22조에 따라 법무부장관이 정한 거소 또는 활동범위의 제한이나 그 밖의 준수사항을 위반한 사람

의 위헌 여부에 대해서는 헌법재판소의 심리가 진행 중이다.

주목할 부분은 이 사건의 당사자가 구금될 당시 아동이었다는 점이다. 이에 따라 이 사건에서는 아동에 대한 이주구금제도의 위헌 여부가 추가적인 쟁점이 되고 있다. 아동은 인격형성의 과정이 진행 중이고, 구금에 더욱 취약하기 때문에, 아동에 대한 구금은 아동이 아닌 자에 대한 구금의 경우와는 또 다른 헌법적인 문제를 야기하며, 이로 인하여 위헌의 소지가 더욱 크기 때문이다.

이처럼 이 사건 헌법소송에서 아동에 대한 이주구금제도의 위헌 여부가 새로운 쟁점으로 대두되고 있는바, 이 글에서는 '아동의 헌법적 권리'에 초점을 맞추어서 이주구금제도의 위헌 여부를 검토하였다. 이 글에서는 먼저 ① 아동에 대한 이주구금제도의 실태를 간략하게 살펴보았다. 그리고 ② 이주구금의 맥락에서 보장되어야 할 아동의 헌법적 권리를 구체화하였고. ③ 이를 토대로 아동에 대한 이주구금제도의 위헌성 판단기준을 제시하였다. 마지막으로, ④ 도출된 위헌성 판단기준을 적용하여 현행 아동에 대한 이주구금제도의 위헌 여부를 검토하였다.

Ⅱ. 아동에 대한 이주구금제도의 실태

1) 관련 법령

출입국관리법은 아동[12])을 이주구금의 대상에서 배제하고 있지 않다. 다만 피구금

10의2. 제26조를 위반한 외국인

11. 제28조제1항 및 제2항을 위반하여 출국하려고 한 사람

12. 제31조에 따른 외국인등록 의무를 위반한 사람

12의2. 제33조의3을 위반한 외국인

13. 금고 이상의 형을 선고받고 석방된 사람

14. 그 밖에 제1호부터 제10호까지, 제10호의2, 제11호, 제12호, 제12호의2 또는 제13호에 준하는 사람으로서 법무부령으로 정하는 사람

12) 아동복지법에 따르면, 아동이란 18세 미만인 사람을 말한다(제3조 제1항). 유엔 「아동의 권리에 관한 협약」 (이하 '유엔 아동권리협약')도 18세를 기준으로 아동을 정의하고 있다(제1조). 다만, 청소년보호법은 청소년을 19세 미만인 사람으로 정하고 있고(제2조 제1호), 민법은 미성년자를 19세 미만으로 규정하고 있으며 (제4조), 소년법은 소년을 19세 미만으로 정하고 있다(제2조). 이처럼 여러 법률들이 청소년, 아동, 소년 등에 대해서 각기 다른 연령기준을 제시하고 있다. 아래에서는 이에 대한 엄밀한 구분 없이 18세 미만의 사람인 아동을 중심으로 살펴보겠다.

자의 처우 측면에서만 '19세 미만인 사람'에 대한 특별한 보호를 규정하고 있다.[13] 「외국인보호규칙」은 구금된 아동의 처우와 관련해서 교육과 외부 전문복지시설에의 위탁, 전담공무원의 지정, 정기적인 면담 등을 규정하고 있다.[14]

2) 구금인원 및 구금기간

대한변호사협회의 2015년도 실태조사에 따르면, 2013년부터 2015년까지 3년간 화성외국인보호소와 청주외국인보호소, 여수출입국관리사무소에 구금된 아동[15]은 총 80명이었다.[16] 자유박탈아동에 대한 한국 실무그룹이 2020년 실시한 조사에서는 2015년부터 2019년 4월까지 구금된 아동이 총 173명이며, 평균 구금기간은 7.7일, 최장 구금기간은 140일로 확인되었다.[17]

3) 영아에 대한 구금

외국인보호시설에서는 영아에 대한 구금도 이루어지고 있는 것으로 알려져 있다. 국가인권위원회와 대한변호사협회는 생후 10개월의 아동이 2개월 동안 구금된 사례, 생후 26개월의 아동이 50일 동안 구금된 사례를 각각 보고한 바 있다.[18][19]

4) 교육, 혼거수용 등 피구금자 처우

대한변호사협회의 실태조사에 따르면, 외국인보호시설에서 아동에 대한 교육은 실시되지 않고 있다.[20] 그리고 외국인보호시설에서는 아동에 대한 분리수용[21]이 이루어

---

13) 출입국관리법 제56조의3.

14) 외국인보호규칙 제4조 제4항, 제5항, 제6항.

15) 법무부는 민법상 성년에 이르게 되는 연령인 19세를 기준으로 보호외국인에 관한 통계를 내고 있는 것으로 보인다.

16) 대한변호사협회, 외국인보호소 실태조사 결과 보고서 (2015), 25면.

17) 자유박탈에 대한 한국 실무그룹, 한국의 자유박탈아동 실태조사-유엔국제연구를 중심으로 (2020), 57-58면.

18) 국가인권위원회 2018. 7. 26.자 결정, 「출입국관리법 일부개정법률안」에 대한 의견표명.

19) 대한변호사협회, 전게서, 26면.

20) 대한변호사협회, 전게서, 26면.

21) 다수의 국제인권기준은 '아동의 분리수용원칙'을 규정하고 있다. 예컨대, 유엔 아동권리협약은 "자유를 박탈당한 모든 아동은 성인으로부터 격리되지 아니하는 것이 아동의 최선의 이익에 합치된다고 생각되는 경

지지 않은 채, 가족이 아닌 성인과 한 방에 수용되고 있는 것으로 알려져 있다.[22] 또한 국제인권기준에 부합하도록 구금된 아동의 운동할 권리[23]가 보장되고 있지 않으며, 아동의 성장이나 건강을 고려한 식사가 제공되지 않고 있다는 지적이 있다.[24][25]

5) 소결

이와 같이 현행 출입국관리법은 아동을 이주구금의 대상에서 제외하고 있지 않으며, 실무상으로도 아동에 대한 이주구금이 이루어지고 있다. 영아에 대한 구금도 이루어지고 있으며, 아동에 대한 평균구금기간도 짧지 않은 것으로 확인된다. 처우의 측면에서 보더라도, 이주구금된 아동은 교육권을 보장받지 못하고 있고, 성인과 한 방에 수용되고 있는 등 반인권적인 구금환경에 처해있다.

III. 아동의 헌법적 권리[26] – 이주구금의 맥락을 중심으로

1) 관련 헌법규정 및 선행논의

현행 헌법은 아동의 권리에 관한 일반적인 규정을 별도로 두고 있지 않다. 명시적으로는 연소자의 근로에 대한 특별한 보호[27]와 청소년의 복지향상을 위한 정책을 실

우를 제외하고는 성인으로부터 격리되어야 [한다]"고 규정하고 있다(제37조 다항). 유엔 「피구금자 처우에 관한 최저기준규칙」도 "소년은 송년과 분리하여 구금하여야 한다"고 규정하고 있다(제11조 (d)항). 그 연장선상에서 아동의 구금에 관한 다른 국내법령도 아동의 분리수용원칙을 따르고 있다(「형의 집행 및 수용자의 처우에 관한 법률」 제11조 제1항).

22) 같은 취지로, 국가인권위원회 2009. 12. 28.자 09진인2790 결정.

23) 유엔 「피구금자 처우에 관한 최저기준규칙」에 따르면, 모든 피구금자는 매일 적어도 1시간의 실외운동을 하여야 하고, 특히 소년피구금자는 운동시간 중에 체육 및 오락훈련을 받도록 하여야 하며, 이를 위한 공간, 설비 및 용구가 제공되어야 한다(제23조).

24) 자유박탈에 대한 한국 실무그룹, 전게서, 61면.

25) 대한변호사협회, 전게서, 119면.

26) 본 절에서 다루게 되는 아동의 헌법적인 특수성에는 아동에게 헌법적으로 보장되는 주관적 공권뿐 아니라, 아동에 대한 공권력 행사에 있어서 국가에게 요구되는 적법절차의 원칙 등 객관적 헌법원칙이 포함된다. 따라서 이하의 논의는 '아동의 헌법적 권리'에 관한 것이라기보다는 '아동 고유의 헌법적 접근'에 관한 것이라고 보는 것이 보다 적절할 것이다. 다만, 이하에서는 양자를 엄밀하게 구분하지 않고, 대체로 '아동의 헌법적 권리'로 통칭하였다.

27) 헌법 제32조 제5항.

시할 국가의 의무,[28] 아동의 교육권을 도출케 할 수 있는 부모의 자녀에 대한 교육의무[29]가 규정되어 있을 뿐이다.

헌법의 해석을 통해서 아동의 고유한 권리를 인정한 헌법재판소 결정례는 확인되지 않는다. 또한 헌법재판소가 헌법적 판단을 함에 있어서 아동의 특수성을 적극적으로 고려한 사례도 소수에 불과하다.[30] 헌법해석을 통해 아동인권의 헌법적 의미를 확인하고 확장시키는 학술적 논의도 활발하지 못한 것으로 보인다. 이는 아동을 보호의 객체로서만 인식하고, 개별적인 권리의 주체로서는 충분하지 못하고 있는 시각에 기인한 것으로 추측된다.[31]

다만, 아동에 대한 헌법상 명문의 규정이 없다하더라도 헌법 제10조 인간의 존엄 조항 또는 제37조 제1항 등의 규정을 토대로, 해석을 통해 아동의 권리를 도출할 수 있다는 해석적 시도도 확인된다. 사회권 조항, 교육관련 조항, 근로에 관한 조항, 평등권에 대한 조항 등으로 산재되어 있는 헌법규정의 해석을 통해 아동에 관한 권리는 간접적으로 도출될 수 있다거나,[32] 아동의 인격성장권이나 국가의 청소년정책 개발·실시의무로부터 아동의 고유한 헌법적 권리가 도출될 수 있다는 것이다.[33]

한편, 아동에 대한 이주구금제도의 위헌 여부를 판단할 때 주로 문제가 되는 '아동권의 방어권적 기본권으로서의 성격'에 대해서 논의는 거의 없는 것으로 보이며, 이러한 측면에서 아동의 특수성을 고려한 헌법재판소의 결정례도 확인되지 않는다.

2) 아동의 헌법적 권리에 관한 비교헌법적 검토

아동의 헌법적 권리에 관한 비교헌법적 검토는 우리 헌법을 해석하는 데에 하나의 단초가 될 수 있다. 특히 명문의 규정이 없음에도 해석을 통해서 아동의 헌법적 특수성을 인정한 사례가 있다면, 이는 우리 헌법의 해석에도 시사하는 바가 클 것이다. 나아가, 아동의 권리와 인권은 인류보편의 가치라는 점을 고려할 때, 외국의 헌법이 아

---

28) 헌법 제34조 제4항.

29) 헌법 제31조 제2항.

30) 구체적인 결정례들은 이 글의 논지와 연결되는 범위 내에서 뒤에 소개하겠다.

31) 같은 취지로, 정혜영, "아동의 기본권에 관한 연구", 공법학연구, 제10권 제4호(2009. 11), 81면.

32) 김정현, "헌법상 아동권 수용을 위한 헌법개정방안", 교육법학연구, 제29권 제4호(2017. 12), 77면.

33) 김선택, "아동·청소년보호의 헌법적 기초-미성년 아동·청소년의 헌법적 지위와 부모의 양육권", 헌법논총 (1997), 84−92면.

동권을 명문으로 규정하고 있는 경우 그러한 규정은 우리 헌법의 해석에 잣대가 될 수 있다.

대부분의 국가에서는 헌법상 아동권을 직접적인 기본권 형태로 규정하기 보다는, 국가의 미래세대 보호의무 규정을 두거나, 개별 헌법규정의 해석을 통해 아동권을 구체화하고 있다.[34]

가. 독일

독일 헌법은 명문으로 아동권을 규정하고 있지 않으나, 독일 연방헌법재판소는 헌법해석에 의하여 아동의 기본권(Kindegrundrecht)을 도출해내고 있다.[35] 독일 연방헌법재판소는 아동의 기본권을 인간의 존엄과 가치로부터 도출해내고 있는 것으로 보인다. 이러한 해석은, 아동에게 있어 인간존엄이 '인간형성 중의 성장기본권'(Menschwerdungsgrundrecht)이라는 특수성으로 인하여 헌법의 인간상에 일치하는 인격발달을 강조하고,[36] 아동의 건강한 성장을 위해서 생활의 여건을 적극적으로 형성할 의무를 국가에게 부여한다[37]는 입장에 근거하고 있다. 나아가, 독일 연방헌법재판소는 아동의 고유한 인간존엄과 독일 기본법 제1조 제1항, 제2조 제1항의 인격발현권의 존중을 통하여 부모의 책임이 강화되어야 한다고 강조하고 있다.[38]

특히 독일 연방헌법재판소가 독일 기본법 제1조 제1항과 제2조 제1항의 의미에서 아동과 청소년이 자신의 인격을 '방해받지 않고 발현'할 권리를 가진다고 본 결정을 우리에게 시사하는 바가 크다.[39] 최근에는 아동 및 청소년보호의 헌법적 의미를 강화시키기 위해 다음과 같이 판시하기도 하였다.

"헌법의 우선순위는 제2조 제1항과의 관련 속에서 제1조 제1항으로부터의 아동과 청소년보호에 있다. 아동과 청소년은 이 기본권규정의 의미에서 인격발현의 권리를 가진다. 그들은 사회 공동

---

34) 배건이, "아동권", 한국법제연구원 헌정제도연구사업 이슈페이퍼 (2018. 1. 3.), 9면.

35) Adelmann, Bundesverfassungsgericht schafft "Kindergrundrecht" Anmerkung zu BVerfG vom 1. April 2008 (1 BvR 1620/04), JAmt 2008, S. p. 289. 정혜영, 전게서, 84면에서 재인용.

36) BVerfGE 24, 119(145). 정혜영, 전게서, 86면에서 재인용.

37) Ditzen, Das Menschwerdungsgrundrecht des Kindes, NJW 1989, S. 2519. 정혜영, 전게서, 86면에서 재인용.

38) BVerfGE 24, 119(144). 정혜영, 전게서, 86면에서 재인용.

39) BVerfGE 45, 400(417); 59, 360(382); 72, 122(137). 정혜영, 전게서, 89면에서 재인용.

체 내에서 자기책임능력 있는 인격으로 발전하기 위한 보호와 도움을 필요로 한다."[40]

나. 스위스[41]

스위스는 1998년 연방헌법 개정을 통해 아동권 규정을 신설하였다. 연방헌법 제11조 제1항에 "아동과 청소년은 특히 자기가 상처받지 아니할 특별한 보장과 그 성장발달을 지원받을 권리를 가진다"라고 규정한 것이다. 이 규정은 국적이나 체류자격에 상관없이 스위스에 거주하는 모든 18세 미만 아동에게 적용된다.[42]

이러한 '상처받지 아니할 특별한 보장'은 아동의 신체의 자유를 더욱 특별하게 보호하려는 헌법제정권력의 의사가 반영된 것으로 볼 수 있다. 스위스 연방헌법개정 연혁에 따르면 제11조 제1항 아동과 청소년의 신체와 정신의 불가침성에 대한 특별한 보호는 이미 제10조 제2항이 보장하는 신체와 정신의 불가침성에 대한 보호권(Schutzanspruch)의 대상으로 보호받을 수 있다. 하지만 당시 헌법제정권력은 약하고 의존적인 존재이며 양육과 돌봄을 필요로 하는 아동 및 청소년의 특징을 고려할 때, 아동에게 성인과 동일한 수준의 보호만 제공하는 것은 아동 및 청소년이 누려야 하는 기본권적 요청(Grundrechtsanspruch)을 보장하기에는 충분하지 않다고 판단하였다. 이에 따라 제11조 제1항에서 미성년자의 상황을 반영한 특별한 국가적 보호를 요청할 수 있는 권리를 독립적인 기본권(selbständiges Grundrecht)으로 격상시킨 것이다.[43]

다. 핀란드[44]

핀란드 헌법은 아동을 단순한 기본권의 객체라기보다는 독자적인 기본권 주체로 보고 있다.[45] 핀란드 헌법 제6조 제3항은 "아동은 개인으로서 평등한 대우를 받고, 각자의 발달수준에 따라 자신과 관련된 문제에 대해 영향을 미칠 수 있다"라고 규정하

---

40) BVerfGE 83, 130(140). 정혜영, 전게서, 89면에서 재인용.

41) 스위스 헌법 영문본은 https://www.constituteproject.org/constitution/Swaziland_2005?lang=en에서 확인할 수 있다.

42) 배건이, 전게서, 30면.

43) 배건이, 전게서, 32면.

44) 핀란드 헌법의 영문본은 https://www.constituteproject.org/constitution/Finland_2011?lang=en에서 확인할 수 있다.

45) 김정현, 전게서, 85면.

고 있다.[46]

이 중에서 제6조 제3항 후문은 아동의 피청취권과 절차적 참여권을 규정한 것으로
볼 수 있다.

라. 일본[47]

일본 헌법 제27조 제3항은 "아동을 혹사해서는 아니 된다"라고 규정하고 있다.[48]
일본 헌법이 혹사에 있어서 아동에 관한 특별규정을 둔 것은 '혹사에 대한 아동의
취약성'을 고려한 것으로 볼 수 있다.

마. 폴란드[49]

폴란드 헌법 제72조 제1항은 "폴란드공화국은 아동의 권리를 보호하여야 한다. 모
든 사람은 아동에 대한 폭력, 학대, 착취, 기타 비도적적인 행위로부터 아동을 보호할
것을 공공기관에 요구할 권리를 가진다."고 규정하고 있고, 제2항은 "부모의 보호를
받지 못하는 아동은 공공기관에 의하여 제공된 보호를 받을 권리를 가진다"고 규정하
고 있으며, 제3항은 "아동에 대하여 책임 있는 공공기관과 개인은 아동의 권리를 확
정하는 과정에서 가능한 한 아동의 견해를 우선해야 한다"고 명시하고 있고, 제4항은
"어린이권리감독관 임명의 권한과 철자를 법률로 정하다"고 규정하고 있다.[50]

여기에서 제1항은 폭력, 학대, 착취 등에 있어서 아동의 취약성을 고려한 것으
로 볼 수 있다. 제2항은 부모를 동반하지 않은 아동에 대해서는 더욱 특별한 고려를
하여야 한다는 취지로 볼 수 있다. 제3항은 아동의 피청취권 및 절차적 권리와 관련
이 있다.

---

46) 김정현, 전게서, 85면의 국문 번역.

47) 일본 헌법의 영문본은 https://www.constituteproject.org/constitution/Japan_1946?lang＝en에서 확인할 수
있다.

48) 김정현, 전게서, 85면의 국문 번역.

49) 폴란드 헌법의 영문본은 https://www.constituteproject.org/constitution/Poland_2009?lang＝en에서 확인할
수 있다.

50) 이상 김정현, 전게서, 86면의 국문 번역.

바. 벨기에[51]

벨기에 헌법 제22조의2 제1항은 "모든 아동은 자신의 도덕적, 신체적, 정신적 및 성적 완전성에 대한 권리를 가진다"고 규정하고 있고, 제2항은 "모든 아동은 자신에게 영향을 미치는 모든 문제에 대하여 자신의 견해를 피력할 권리를 가진다. 단 그와 같은 견해는 연령 및 성숙도 따라 그 아동에게 당연히 중시되는 견해를 가리킨다."고 규정하고 있으며, 제3항은 "모든 아동은 자신의 발달을 촉진하는 조치 및 시설의 혜택을 받을 권리를 가진다"고 규정하고 있고, 제4항은 "아동에 관한 모든 결정에서 아동의 이익이 가장 우선된다"고 규정하고 있으며, 제5항은 아동권의 구체적인 내용을 법률에 유보하고 있다.[52]

여기에서 제1항은 아동의 정신적, 신체적 권리를 특별히 강조한 것으로 볼 수 있고, 제2항은 아동의 피청취권 및 절차권 권리와 관련이 있다. 제3항은 아동의 권리를 아동의 '발달'과 연관시키고 있고, 제4항은 '아동 최상의 이익 원칙'[53]을 선언한 것으로 볼 수 있다.

사. 남아프리카공화국[54]

남아프리카공화국 헌법은 아동의 권리에 대해서 매우 상세한 규정을 두고 있다. 남아프리카공화국 헌법은 제28조 제1항은 a. 태어나면서 이름과 국적을 획득할 권리, b. 가정 또는 부모의 보호를 받을 권리, 또는 가정 환경에서 떨어져 있는 경우 적절한 대체적 보호를 받을 권리, c. 기본적 영양, 주거, 기본적 보건 서비스 및 사회 복지에 대한 권리, d. 학대, 방치, 폭행 또는 비하로부터 보호를 받을 권리, e. 착취적 노동 관

---

51) 벨기에 헌법의 영문본은 https://www.constituteproject.org/constitution/Belgium_2014?lang＝en에서 확인할 수 있다.

52) 이상 김정현, 전게서, 86면의 국문 번역.

53) 아동복지법 제2조 제3항은 기념이념으로 "아동에 관한 모든 활동에 있어서 아동의 이익이 최우선적으로 고려되어야 한다"고 규정하고 있고, 유엔 아동권리협약 제3조 제1항은 "공공 또는 민간 사회복지기관, 법원, 행정당국 또는 입법기관 등에 의하여 실시되는 아동에 관한 모든 활동에 있어서 아동의 최선의 이익이 최우선적으로 고려되어야 한다"고 규정하고 있다. 이러한 '아동 최상의 이익 원칙'은 일반적으로 아동인권의 가장 핵심적인 원칙 중 하나로 이해되고 있다.

54) 남아프리카공화국 헌법의 영문본은
https://www.constituteproject.org/constitution/South_Africa_2012?lang＝en에서 확인할 수 있다.

행으로부터 보호를 받을 권리, f. 아동의 연령인 자에게 부적합한 작업 또는 서비스, 아동의 행복, 교육, 신체적 또는 정신적 건강이나 영적, 윤리적 또는 사회적 발달을 위협하는 작업 또는 서비스를 수행하도록 요구 또는 허용되지 않을 권리, g. 최후의 수단인 경우를 제외하고는 구금되지 않을 권리(최후의 수단으로 구금되는 경우, 본 헌법 제12조 및 제35조에 따라 아동이 향유하는 권리와 더불어, 아동은 최소한의 적절한 기간 동안만 구금될 수 있으며, 18세 이상의 성인 구금자들과 따로 구금될 권리, 아동의 연령을 감안한 대우를 받고 연령을 고려한 여건에 있을 권리를 가진다), h. 아동에게 영향을 미치는 민사 소송에서 국선변호인을 배정받지 않는다면, 실질적인 불이익이 있을 경우 국가의 비용으로 국선변호인을 선임받을 권리, ⅰ. 무력 충돌에 직접 이용되지 않을 권리, 무력 충돌 시 보호를 받을 권리를 규정하고 있다. 그리고 같은 조 제2항은 "아동의 최대 이익은 아동에 관한 모든 사안에서 가장 중요하다"고 규정하고 있다.55)

이러한 규정은 부모 미동반 아동의 특수성(제1항 b.), 거주·생활환경에 관한 특별한 권리(제1항 c. 및 g.), 학대 등으로부터의 취약성에 대한 고려의 필요성(제1항 d., e. 및 f.), 구금에 있어서의 특별한 보도(제1항 g.), 절차적 권리와 변호사 조력권에 있어서의 특수성(제1항 h.), 아동 최상의 이익 원칙(제1항)과 관련이 있다.

아. 포르투갈56)

포르투갈 헌법 제69조는 "온전한 발달을 위해 아동은 사회와 국가의 보호를 받을 권리, 특히 모든 형태의 유기, 차별, 억압, 가족이나 기타 기관의 권력 남용으로부터 보호받을 권리가 있다"고 규정하고 있다.

이러한 규정은 아동의 권리를 '발달'과 연관시키고 있고, 아동권이 권력 남용으로부터의 방어권적 성질도 가짐을 보여주고 있다는 특징이 있다.

자. 시사점

이상의 내용을 종합해보면, 아래와 같은 시사점을 도출할 수 있다.

첫째, 아동권은 '인간의 존엄과 가치'로부터 파생되는 권리로 이해할 수 있다(독일).

---

55) 이상 김정현, 전게서, 86-87면의 국문 번역.

56) 포트투갈 헌법의 영문본은 https://constituteproject.org/constitution/Portugal_2005?lang=en에서 확인할 수 있다.

둘째, 아동 고유의 헌법적 접근이 필요한 이유는 ① 인격발현과정 내지는 발달기에 있는 아동의 특수성(독일, 벨기에, 포르투갈)이나, ② 아동의 취약성(일본, 폴란드, 남아프리카공화국)에서 찾을 수 있다.

셋째, 모든 시민에게 보장되는 헌법적 권리와는 구분되는, 아동 고유의 헌법적 특성으로는 ① 신체와 정신의 불가침성에 대한 특별한 보호가 필요하다는 점(스위스, 벨기에), ② 피청취권과 절차적 참여권, 변호사조력권 등 절차권 권리에 대한 특별한 보호가 필요하다는 점(핀란드, 폴란드, 남아프리카공화국), ③ 거주 및 생활환경에 관한 특별한 권리가 인정된다는 점(남아프리카공화국), ④ 아동은 구금으로부터 특별한 보호를 받는다는 점(남아프리카공화국)을 들 수 있다.

넷째, 아동의 최상의 이익 원칙을 하나의 헌법원칙으로 받아들이고 있는 국가들이 확인된다(벨기에, 남아프리카공화국).

다섯째, 아동 중에서도 부모를 동반하지 않은 아동에 대해서는 특별한 고려가 필요하다는 원칙도 인정되고 있음을 알 수 있다(폴란드, 남아프리카공화국).

여섯째, 앞서 살펴본 헌법상의 아동권은 국가권력의 남용으로부터 아동을 보호하는 방어권적 성질을 함께 가지고 있음이 확인된다(포르투갈).

3) 헌법상 인격의 발달권·발현권과 아동의 헌법적 권리

우리 헌법상 아동을 포함하여 모든 국민(해석상으로 인간)은 인간으로서의 존엄과 가치를 가지며, 행복을 추구할 권리를 가진다(헌법 제10조 제1문). 인간으로서의 존엄과 가치는 헌법에 의하여 형성되는 국가질서에 있어서 인간이 주체가 되며 주체로서 유지되어야 한다는 선언이며, 그 누구도 어떠한 관계에 있어서건 단순한 객체로 전락되어서는 안된다는 요청이다.[57] 아동 역시 인간으로서의 존엄과 가치를 가진 존재로서 어떠한 경우에도 타자의 행위의 단순한 객체일 수는 없는 것이다.[58]

문제는 아동은 발달기에 있다는 특수성이 있어서, 자기와 관련된 모든 상황에서 독자적인 주체로서 행위하는 데에는 다소간의 한계가 존재한다는 점이다. 아동은 법적인 의미를 가지는 행위를 함에 있어서 종종 타자의 도움을 필요로 한다.[59]

---

57) 김선택, 전게서, 85-87면.
58) 김선택, 전게서, 85-87면.
59) 같은 취지로, 김선택, 전게서, 85-87면.

하지만 이를 이유로 아동으로서의 존엄과 가치가 무시되는 일은 허용될 수 없다. 오히려 이러한 사실은 아동이 독립된 주체로서 헌법질서 형성의 주도적 역할을 수행할 수 있도록 '성장' 내지는 '발달'할 수 있도록 할 필요가 있다는 새로운 헌법적 과제를 부여한다. 다시 말해서, 헌법 제10조가 규정하는 '인간으로서의 존엄과 가치'가 온전히 실현되기 위해서는 아동의 발달과 인격 발현이 전제되어야 하는 것이다. 결국 헌법 제10조는 '아동의 발달권과 인격발현권'을 포함하는 개념으로 이해되어야 한다.

관련해서, 아동권을 개별적인 기본권으로 보는 경우 그 보호범위와 주된 내용에 대해서는 이를 독립된 인격체로서 성장할 권리(Recht auf Person-Werden)로 보는 견해[60]와 아동이 헌법국가의 자율적 인간상으로 형성될 수 있는 인격의 발달(Entwicklung)과 발현(Entfaltung)할 권리라고 보는 견해[61]가 존재한다.[62] 전자에 따르면, 인격성장의 권리는 아동의 주관적 권리로서 국가적 침해에 대한 방어권적 성격을 가지고 있다. 입법·행정·사법을 불문하고 국가공권력의 적법성 및 정당성을 다툴 수 있는 것이다. 또한 이러한 권리는 객관적인 측면에서 아동의 인격성장에 조력할 국가의 의무를 담고 있으므로, 국가는 아동의 인격성장을 위해 입법을 통해 적정한 수준의 보호 및 지원을 할 의무를 진다.[63] 후자에 따르면, 인격의 발달과 발현권은 국가권력에 대한 방어권과 객관적 가치질서로서 작용하는데, 인격발달권과 인격발현권은 상호구분된다. 인격발달권은 국가에 대하여 이러한 기본권 행사를 위한 실질적 전제조건을 형성할 의무를 지우며, 인격발달권과 인격발현권의 관계는 직업의 자유와 교육의 권리 사이의 관계와 유사하다.[64]

어느 견해에 따르더라도, 아동의 헌법상 권리가 '인간의 존엄과 가치'에 근거하고 있다는 점, '성장' 또는 '발달, 발현'이라는 매개개념을 통해서 이러한 권리가 해석상 도출된다는 점, 이러한 권리는 방어권으로서의 성질과 객관적 가치질서로서의 성질을 겸유하고 있다는 점에서는 공통된다.

앞서 살펴본 독일 연방헌법재판소의 결정례는 인간의 존엄과 가치로부터 아동의

---

60) 김선택, 전게서, 94면.
61) 정혜영, 전게서, 88면.
62) 이러한 구분에 대해서는 배건이, 전게서, 27면 이하 참조.
63) 이상 김성택, 전게서, 88-90면.
64) 이상 정혜영, 전게서, 88-89면.

발달권과 인격발현권을 도출해내는 해석에 설득력을 더한다. 독일 헌법이 명문으로 아동권을 규정하고 있지 않으나 독일 연방헌법재판소는 인간의 존엄과 가치로부터 아동의 기본권(Kindegrundrecht)을 도출해내고 있고, 이러한 해석은 아동에게 있어 인간존엄이 '인간형성 중의 성장기본권(Menschwerdungsgrundrecht)'이라는 특수성으로 인하여 헌법의 인간상에 일치하는 인격발달을 강조하고 아동의 건강한 성장을 위해서 생활의 여건을 적극적으로 형성할 의무를 국가에게 부여한다는 입장에 근거하고 있다는 점은 앞서 살펴본 바와 같다.

이러한 논의는 우리 헌법의 해석에도 적용될 수 있다. 구금을 통해서 아동의 발달과 인격발현을 제한하는 국가공권력 행사는 그 자체로 헌법상 아동의 권리를 제한하는 것이며, 구금을 통해서 신체의 자유를 제한하는 것을 뛰어넘는 헌법적인 의미를 가진다. 따라서 아동에 대한 구금의 경우 신체의 자유가 침해되었는지 여부와는 별도로 아동의 인격이 발달, 발현될 권리가 침해되었는지가 별도로 판단될 필요가 있다. 나아가, 아동의 신체의 자유를 제한하는 국가공권력 행사에 대한 위헌심사의 경우, 아동이 아닌 자의 신체의 자유를 제한하는 국가공권력 행사에 대한 위헌심사와 비교하였을 때보다 엄격한 심사기준을 적용하는 것도 고려될 필요가 있다.

4) 아동의 취약성과 아동의 헌법적 권리

앞서 살펴보았듯이, 일본, 폴란드, 남아프리카공화국의 헌법은 아동 고유의 헌법적 접근이 필요한 이유를 아동의 취약성에서 찾고 있다. 이에 아래에서는 '아동의 취약성'을 매개로 하여 헌법상 아동에 대한 특별한 지위가 인정될 수 있는지를 살펴보겠다.

가. 관련 헌법재판소 결정례 및 선행논의

아동의 취약성을 이유로 헌법상 아동에 대한 특별한 지위를 인정한 명시적인 헌법재판소 결정례는 확인되지 않는다. 다만, 헌법재판소는 아동의 인격권이 성인과 마찬가지로 인간의 존엄성 및 행복추구권을 보장하는 헌법 제10조에 의하여 보호된다고 판단하였고,[65] 한국 사회에서 청소년이 느끼는 입시교육의 중압감을 고려해서 청소년의 문화향유권을 특별하게 해석한 바 있다.[66]

---

65) 헌법재판소 2000. 4. 27. 선고 98헌가16, 98헌마429(병합) 결정.
66) 헌법재판소 2004. 5. 27. 선고 2003헌가1 결정.

한편, 헌법재판소는 미등록 외국인이 그 '신분적 취약성'으로 인해 강제근로와 같은 인권침해의 우려가 있다고 설시한 바 있다.[67] 그리고 장애인과 같은 사회적 약자의 경우에는 개인 스스로가 자유행사의 실질적 조건을 갖추는 데 어려움이 많으므로 국가가 특히 이들에 대하여 자유를 실질적으로 행사할 수 있는 조건을 형성하고 유지해야 한다고 보거나, 여성이 사회적으로 차별을 받아온 집단이라는 구체적 사실에 대한 인식하에 여성할당제와 같은 잠정적인 우대조치를 합헌이라고 판단한 이면에는 '취약한 지위에 있는 자의 기본권을 두텁게 보장하여야 한다'는 인식이 있는 것으로 볼 여지가 있다.

취약성을 토대로 한 아동의 헌법적 특수성에 대한 학술적 논의도 활발하지 못한 것으로 보인다.

나. 미국 연방대법원의 입장

미국 연방대법원은 여러 사례에서 '아동 고유의 헌법적 접근'을 취한 바 있다.[68] 나아가, 미국 연방대법원은 2012년 몽고메리 대 루이지애나 주 사건에서 '아동과 성인이 헌법적으로 다르다'는 점은 분명히 하였다("[C]hildren are constitutionally different from adults...").[69]

특히 미국 연방대법원은 이처럼 아동과 성인을 구분하는 세 가지 이유 중에 하나로 '아동의 특수한 취약성(the peculiar vulnerability of children)'을 들고 있다.[70] 그리고 이때의 취약성은 ① 피해기반 취약성(특정한 자극이나 상황에 대한 노출로 인해서 신체적, 심리적 피해가 큰 취약성), ② 영향기반 취약성(다른 사람의 영향, 압력, 강압에 의해 더 큰 영향을 받는 취약성), ③ 능력기반 취약성(미숙한 결정과 부족한 자기보호능력에 기인하는 취약성), ④ 지위기반 취약성(소수자로서의 지위와 다른 사람의 권위와 통제에 종속되는 법적, 사회적, 지위에 기인하는 취약성), ⑤ 의존성기반

---

67) 헌법재판소 2016. 3. 31. 선고 2014헌마367 결정.

68) Weithorn, Lois A., A Constitutional Jurisprudence of Children's Vulnerability (December 1, 2017). Hastings Law Journal, Vol. 69, No. 179, 2018, p. 181.

69) Montgomery v. Louisiana, 136 S. Ct. 718, 733 (2016) (quoting Miller v. Alabama, 567 U.S. 460, 471 (2012) (citing Roper v. Simmons, 543 U.S. 551, 569-70 (2005); Graham v. Florida, 560 U.S. 48, 68 (2010))). Weithorn(2017), 181면에서 재인용.

70) Bellotti v. Baird, 443 U.S. 622, 634 (1979), Weithorn(2017), 181면에서 재인용.

취약성(자신의 기본적인 욕구 충족을 위해 다른 사람에게 더 많이 의존함에 따른 취약성)으로 의미를 나누어볼 수 있다.[71]

다. 유럽인권재판소의 입장

유럽인권재판소는 여러 차례에 걸쳐서 아동에 대한 행정구금이 유럽인권협약에 위배된다고 판단하였다. 특히 유럽인권재판소는 이러한 구금이 고문이나 비인간적, 굴욕적 처우의 금지를 규정한 유럽인권협약 제3조[72])에 위배된다며, '아동의 극도의 취약성(the child's extreme vulnerability)'이 그 결정적 요인이라고 보았다.[73][74] 취약성 논증은 아동의 권리를 제한하는 공권력 행사에 대한 합헌 논거로서도 사용되지만, 동시에 아동을 성인과 동일하게 취급하는 공권력 행사에 대한 위헌 논거로서도 사용된다.[75]

또한 유럽인권재판소는 성적인 학대를 당한 아동에 대한 국가의 적절한 조사 실패와 관련한 사건에서 상대적으로 당국은 자신이 당한 학대를 보고하거나 묘사하기 어려운 아동의 취약성에 주의를 기울여야 하고 취약함에 따르는 인권침해로부터 적절한 보호를 제공해야 한다고 결정한 바 있다. 이 판결에서 유럽인권재판소는 개인의 사생활을 보호하여야 할 유럽인권협약상의 국가의 의무를 언급하면서, 특히 어린이와 기타 취약한 개인은 효과적인 보호를 받을 자격이 있다("Children and other vulnerable individuals, in particular, are entitled to effective protection.")고 보았다. 나아가, 같은 사건에서 유럽인권재판소는 성적 학대 사건의 피해자인 미성년자는 일정한 취약성, 즉 '학대에 대해서 신고하거나 사실관계를 설명하는 데에 주저할 수밖에 없는 특수성'을 가지고 있다는 점을 고려하였다.[76]

---

71) Weithorn, op. cit., p. 185.

72) 유럽인권협약 제3조는 'Prohibition of torture'라는 표제 하에 "No one shall be subjected to torture or to inhuman or degrading treatment or punishment."라고 규정하고 있다.

73) A.B. and Others v. France (no. 11593/12); A.M. and Others v. France (no. 24587/12) ; R.C. and V.C. v. France (no. 76491/14); R.K. and Others v. France (no. 68264/14) ; R.M. and Others v. France (no. 33201/11); Popov v France (Nos. 39472/07 and 39474/07); Mubilanzila Mayeka and Kaniki Mitunga v Belgium (No. 13178/03); Muskhadzhiyeva and Others v. Belgium (No. 41442/07);

74) 위 판결들의 원문과 해석에 대해서는 아래의 링크 참조. https://www.asylumlawdatabase.eu/en/content/ecthr−administrative−detention−children−context−deportation−procedures

75) Weithorn, op. cit., pp. 182−183.

라. 시사점

미국 연방대법원의 판례를 보면, 아동의 취약성으로부터 아동의 헌법적 특수성을 인정하는 해석은 그 타당성이 인정될 수 있음을 알 수 있다.

그리고 아동의 취약성을 다섯 가지로 분류하고 있는 미국의 논의는 아동의 헌법적 특수성의 구체적인 내용을 도출해냄에 있어서 방법론적으로 큰 도움이 될 수 있다. 아동은 아동이 아닌 사람과 비교하였을 때 앞서 소개한 다섯 가지 측면에서 취약하므로, 그러한 취약국면에 각각 대응시켜서 헌법상 아동에 대한 특별한 지위를 도출해볼 수 있는 것이다.

예를 들어, 구금에 더욱 취약한 아동의 특수성[77]은 '피해기반 취약성'에 해당한다고 볼 수 있다. 따라서 국가공권력을 행사하여 사람을 구금하는 것의 위헌 여부를 판단할 때에는 아동의 이러한 취약성을 헌법적으로 평가하여야 한다. 능력기반 취약성은 절차적 권리의 보장과 관련이 있다. 아동의 경우 이러한 취약성을 고려하여 더 높은 수준의 절차적 보장이 이루어져야 하는 것이다.

유럽인권재판소의 판례는 아동에 대한 이주구금의 위법·위헌 여부를 판단할 때, 아동의 취약성이 중요한 요소가 됨을 보여준다. 나아가, 위 판례가 법적 근거로 들고 있는 유럽인권협약 제3조의 내용을 보면, 우리 헌법의 해석에도 유사한 해석적 접근이

---

76) C.A.S. and C.S. v. ROMANIA, App. No. 26692/05, 20 March 2012.

77) 구금이 아동에게 미치는 악영향과 관련하여서는, 이병기, 김성언, "소년원생의 생활실태 및 교육에 관한 연구", 한국형사정책연구원 연구보고서 (1995); 신민희, 강문희, "소년원 수용 비행 청소년과 일반청소년의 자기 불일치 및 우울 수준에 관한 연구", 청소년학연구 12(1), (2005); 주리애, 김현진, "소년원에 수감된 여자 청소년의 이야기 그림검사 반응특성 연구", 미술교육논총 제30권 1호, (2016); Australian Human Rights Commission, "The Forgotten Children: National Inquiry into Children in Immigration Detention 2014" (2015), https://humanrights.gov.au/our−work/asylum−seekers−and−refugees/publications/for−gotten−children−national−inquiry−children, pp. 139−140; Laban CJ, Gernaat HB, Komproe IH, van der Tweel I, de Jong JT, "Postmigration living problems and common psychiatric disorders in Iraqi asylum seekers in the Netherlands", J Nerv Ment Dis (2015), pp. 825-832; M. Werthern et al., "The impact of immigration detention on mental health: a systematic review", MBC Psychiatry (2018), p. 2; Sarah Mares, Jon Jureidini, "Psychiatric assessment of children and families in immigration detention - clinical, administrative and ethical issues", AUSTRALIAN AND NEW ZEALAND JOURNAL OF PUBLIC HEALTH VOL. 28 NO. 6, (2004); Sarah Mares, Louise Newman, Michael Dudley and Fran Gale, "Seeking refuge, losing hope: parents and children in immigration detention", Australasian Psychiatry Vol 10, No 2 (2002) 각 참조.

타당하다는 점을 알 수 있다. 고문 및 굴욕적 처우의 금지를 규정하고 있는 유럽인권협약 제3조의 내용은 인간의 존엄과 가치를 규정하고 있는 우리 헌법 제10조의 내용에서 도출되는 내용으로 볼 수 있다. 그렇다면 아동 등 취약한 사람에 대한 고문이나 굴욕적 처우에 대한 헌법심사에 있어서는 동일한 논리에 따라 헌법 제10조 위반 여부를 판단할 수 있을 것이다.

IV. 헌법상 아동의 권리에 비추어본 아동에 대한 이주구금제도의 위헌성 판단기준

1) 심사기준 ①: 아동에 대한 행정구금의 절대적 금지 원칙

앞서 살펴보았듯 '아동 최상의 이익 원칙'은 헌법상 아동권으로부터 파생되는 세부 원칙으로 인정될 여지가 있다. 그런데 아동 최상의 이익 원칙을 헌법상의 원칙으로 받아들인다면, 아동에 대한 행정구금은 언제나 헌법에 위반된다고 보는 것이 타당하다. 행정목적의 달성을 위한 아동구금은 언제나 아동 최상의 이익에 부합하지 않는다고 보아야 하기 때문이다. 같은 취지에서, 유엔 아동권리위원회는 여러 차례에 걸쳐서 아동 최상의 이익 원칙을 선언한 유엔 아동권리협약의 해석을 통해서 '행정목적 달성을 위한 아동구금은 언제나 아동 최상의 이익에 부합하지 않으며, 따라서 그 자체로 유엔 아동권리협약에 위배된다'고 판단한 바 있다.[78][79] 2017년에는 일반논평을 통해서 "모든 아동은 언제나 신체의 자유와 이주 구금으로부터 자유로울 권리를 갖는다. [⋯] 모든 유형의 아동 이주구금은 법으로 금지되어야 하며, 이러한 금지는 실제로 완전히 이행되어야" 한다고 명시하였다.[80]

한편, 헌법상 아동권의 주요 내용 중 하나라고 볼 수 있는 '신체와 정신의 불가침

---

78) UN Committee on the Rights of the Child, Report of the 2012 Day of General Discussion on the Rights of All Children in the Context of International Migration, 28 September 2012.

www.ohchr.org/Documents/HRBodies/CRC/Discussions/2012/DGD2012ReportAndRecommendations.pdf

79) United Nations General Assembly, 「Global Study on Children Deprived of Liberty」, 11 July 2019, A/74/136. 제56항.

80) CMW and CRC, "Joint general comment No. 4 (2017) of the Committee on the Protection of the Rights of All Migrant Workers and Members of Their Families and No. 23 (2017) of the Committee on the Rights of the Child on State obligations regarding the human rights of children in the context of inter-national migration in countries of origin, transit, destination and return", CMW/C/GC/4-CRC/C/GC/23, 2017. 11. 16., paras. 5-13.

성에 대한 특별한 보호의 요청'도 아동에 대한 행정구금의 절대적 금지 원칙을 뒷받침한다. 헌법상 아동권은 아동의 신체와 정신의 불가침성을 특별히 보호하기 때문에 이를 정면으로 침해하는 아동구금은 매우 좁은 범위에서만 헌법적으로 용인될 수 있는 것이다.

취약성에 따른 아동에 대한 헌법적 접근의 필요성도 아동에 대한 행정구금의 절대적 금지 원칙을 뒷받침한다. 아동은 구금에 더욱 취약하기 때문에 아동에 대한 구금은 원칙적으로 금지되는 것이다.

2) 심사기준 ②: 아동구금의 최후수단성 원칙

설령 아동에 대한 행정구금이 그 자체로 위헌이라고 볼 수 없다고 하더라도, 아동구금은 최후의 수단으로서만 허용될 수 있으며, 그렇지 않은 경우에는 헌법에 반한다는 원칙을 도출해낼 수 있다. 앞서 살펴본 아동의 헌법적 특수성에 비추어 보면, 신체의 자유를 제한할 때 통상적으로 따르는 헌법 제37조 제2항에 따른 헌법상의 제한보다도 더욱 엄격한 기준에 의해서 아동구금에 대한 위헌심사가 이루어져야 하는 것이다. 동일한 원칙은 앞서 살펴본 남아프리카공화국 헌법이나 유엔 아동권리협약[81]에서도 재확인할 수 있다.

---

81) 유엔 아동권리협약 제37조

당사국은 다음의 사항을 보장하여야 한다.

가. 어떠한 아동도 고문 또는 기타 잔혹하거나 비인간적이거나 굴욕적인 대우나 처벌을 받지 아니한다. 사형 또는 석방의 가능성이 없는 종신형은 18세 미만의 사람이 범한 범죄에 대하여 과하여져서는 아니된다.

나. 어떠한 아동도 위법적 또는 자의적으로 자유를 박탈당하지 아니 한다. 아동의 체포, 억류 또는 구금은 법률에 따라 행하여져야 하며, 오직 최후의 수단으로서 또한 적절한 최단기간 동안만 사용되어야 한다.

다. 자유를 박탈당한 모든 아동은 인도주의와 인간 고유의 존엄성에 대한 존중에 입각하여 그리고 그들의 연령상의 필요를 고려하여 처우되어야 한다. 특히 자유를 박탈당한 모든 아동은, 성인으로부터 격리되지 아니하는 것이 아동의 최선의 이익에 합치된다고 생각되는 경우를 제외하고는 성인으로부터 격리되어야 하며, 예외적인 경우를 제외하고는 서신과 방문을 통하여 자기 가족과의 접촉을 유지할 권리를 가진다.

라. 자유를 박탈당한 모든 아동은 법률적 및 기타 적절한 구조에 신속하게 접근할 권리를 가짐은 물론 법원이나 기타 권한있고 독립적이며 공정한 당국 악에서 자신에 대한 자유박탈의 합법성에 이의를 제기하고 이러한 소송에 대하여 신속한 결정을 받을 권리를 가진다.

3) 심사기준 ③: 엄격한 심사기준을 적용한 과잉금지원칙

설령 아동에 대한 행정구금 금지의 원칙이나 아동구금의 최후수단성 원칙이 헌법상의 원칙으로 인정될 수 없다고 하더라도, '아동의 헌법적 특수성에 의해서 더욱 고양된 신체의 자유'에 비추어서 이주구금제도의 위헌여부에 대한 심사를 하여야 한다. 따라서 아동에 대한 이주구금제도가 과잉금지원칙에 반하는지를 심사할 때에는 엄격한 심사기준이 적용되어야 한다.

4) 심사기준 ④: 고양된 아동의 절차적 권리를 고려한 엄격한 적법절차의 원칙

아동에게 피청취권과 절차적 참여권, 변호사조력권 등 절차권 권리에 대한 특별한 보호가 필요하다는 점은 아동의 헌법적 특수성 중에서 중요한 요소이다. 따라서 아동에 대한 이주구금절차가 적법절차의 원칙에 위배되는지 여부를 판단할 때에는 아동의 고양된 절차적 권리를 고려하여 적법절차의 원칙이 보다 엄격하게 적용되어야 한다.

관련해서 유엔 아동권리협약과 유엔 「모든 이주노동자와 그 가족들의 보호를 위한 국제협약」(이하 '유엔 이주노동자권리협약')은 '아동'[82]과 '이주아동',[83] '부모를 동반하지 않은 이주아동',[84] '구금된 아동'[85]에 대해서 각각 고양된 절차적 권리를 요구하고 있다. 이러한 협약의 내용들은 헌법상 아동의 고양된 절차적 권리를 구체화하는 데에도 중요한 잣대가 될 수 있다.

구체적인 내용을 살펴보면, 첫째, 유엔 아동권리협약은 아동의 절차적 권리를 특별히 강조하고 있다. 특히 "자신의 견해를 형성할 능력이 있는 아동에 대하여 본인에게 영향을 미치는 모든 문제에 있어서 자신의 견해를 자유스럽게 표시할 권리를 보장"하여야 하고,[86] "아동에게 영향을 미치는 어떠한 사법적·행정적 절차에 있어서도 직접

---

82) 유엔 아동권리협약 제12조.

83) 유엔 이주노동자권리협약 제18조 제4항.

84) UN Committee on the Rights of the Child (CRC), General comment No. 6 (2005): Treatment of Unaccompanied and Separated Children Outside their Country of Origin, 1 September 2005, CRC/GC/2005/6, available at:

https://www.refworld.org/docid/42dd174b4.html [accessed 18 March 2022].

85) 유엔 아동권리협약 제37조 라항.

86) 유엔 아동권리협약 제12조 제1항.

또는 대표자나 적절한 기관을 통하여 진술할 기회가 국내법적 절차에 합치되는 방법으로 주어져야 한다."라며,[87] 그중에서도 '아동의 견해를 표시할 권리'를 더욱 강조하고 있다. 그리고 이러한 피청취권 규정은 유엔 아동권리협약의 일반원칙으로 이해되고 있다.[88]

이는 기본권을 제한하는 경우 반드시 당사자에게 자기 입장을 개진할 수 있는 기회를 보장해야 한다는 헌법상 적법절차의 원칙과도 일맥상통한다.[89] 아동의 경우 자신의 권리를 파악해 온전하게 행사하거나, 자신이 요구할 수 있는 개선된 처우를 알아내 주장하는 것 등이 성인에 비해 용이하지 않으므로, 보다 엄격한 적법절차의 원칙이 적용되어야 하는 것이다.

관련해서 유엔 아동권리위원회는 일반논평을 통해서 아동의 피청취권에 대해서 아래와 같은 해석을 확립하였다.

✓ "보장해야 한다"는 당사국에 어떠한 재량의 여지도 남기지 않는 특별한 힘을 가진 법률용어이다. 따라서 당사국은 모든 아동을 위하여 피청취권을 완전히 이행하기 위해 적절한 조치를 취할 엄정한 의무를 지닌다.[90]

✓ 당사국은 자신의 견해가 청취되도록 하는 데 어려움을 겪는 아동을 위해서도 피청취권의 이행을 보장할 의무가 있다. 예컨대, 장애아동은 자신의 견해를 표현하는 데 필요한 의사소통 수단을 제공받고, 그것을 사용할 수 있어야 한다. 또한, 다수 인구의 언어를 구사하지 못하는 소수민, 선주민, 이주 아동 및 여타 아동에게도 자신의 견해를 표현할 권리가 있음을 인정하기 위해 노력해야 한다.[91]

✓ [피청취권이 보장되어야 하는] 전형적인 행정절차에는 아동의 교육, 건강, 환경, 생활여건, 보

---

87) 유엔 아동권리협약 제12조 제2항.

88) UN Committee on the Rights of the Child (CRC), General comment No. 12 (2009): The right of the child to be heard, 20 July 2009, CRC/C/GC/12, para. 15, available at: https://www.refworld.org/doc‒id/4ae562c52.html [accessed 18 March 2022]. 이에 따르면, 유엔 아동권리협약 제12조가 규정하는 피청취권은 일반원칙에 해당하며, 당사국은 협약에 포함된 모든 다른 권리의 해석과 이행에 있어서 제12조가 지침이 되도록 노력해야 한다.

89) 헌법재판소 2000. 11. 30. 선고 99헌마624 결정 등.

90) UN Committee on the Rights of the Child (CRC), General comment No. 12 (2009): The right of the child to be heard, 20 July 2009, CRC/C/GC/12, para. 19.

91) Ibid., para. 21.

호에 관한 결정 등이 포함된다.[92]

✓ 위협적이거나 적대적인 환경 또는 아동의 연령에 신경 쓰지 않거나 부적절한 환경 속에서는 아동의 견해가 효과적으로 청취될 수 없다. 따라서 절차는 접근이 용이하고 동시에 아동에게 적합해야 한다. 아동 친화적인 정보의 제공과 전달, 자기옹호를 위한 충분한 지원 [...중략...] 등에 특별한 관심을 기울여야 한다.[93]

✓ 대변할 기회는 "국내법의 절차규칙에 합치되는 방식으로" 제공해야 한다. 이 구절을 아동의 피청취권 향유를 제한하거나 방해하는 절차법의 사용을 허용한다는 의미로 해석해서는 안 된다. 오히려 변호권 및 본인의 서류철에 접근할 권리와 같은 공정한 절차의 기본규칙을 준수할 것을 당사국에 권장한다.[94]

✓ 절차규칙이 지켜지지 않으면, 법원 또는 행정당국의 결정에 이의가 제기되어 결정이 번복 또는 대체되거나 추가적인 사법적 검토를 위해 반송될 수도 있다.[95]

✓ [위원회는] 이주·망명 절차 등에 관한 정보 등 모든 관련 정보를 아동이 이해할 수 있는 언어로 아동에게 제공해야 한다는 점을 강조한다.[96]

요컨대, 아동의 피청취권을 보장할 국가의 의무는 ▲ 다수 인구의 언어를 구사하지 못하는 이주 아동에게도 피청취권을 보장할 것, ▲ 변호권을 보장할 것, ▲ 본인의 서류철에 접근할 권리를 보장할 것, ▲ 아동이 이해할 수 있는 언어로 이주 절차 등에 관한 모든 정보를 제공할 것을 그 내용으로 한다.

둘째, 이주아동에 대해서는 다른 아동보다도 절차적 권리가 더욱 강조된다. 유엔 아동권리위원회와 유엔 이주노동자권리보호위원회는 공동 일반논평을 통해서, 국제이주의 맥락에 있는 모든 아동에게 "자신의 권리를 주장할 수 있는 권한을 부여하는 것이 더 없이 중요하[다]"며, "[아동은] 자신의 권리를 침해당한 경우, 아동 및 이주 문제에 전문 지식을 갖춘 전문가들로부터 아동친화적인 방식으로 조언을 듣고 대리인으로부터 조력을 받을 수 있어야 한다."라고 강조하였다.[97]

---

92) Ibid., para. 32.

93) Ibid., para. 34.

94) Ibid., para. 38.

95) Ibid., para. 39.

96) Ibid., para. 124.

97) UN Committee on the Protection of the Rights of All Migrant Workers and Members of Their Families

위 공동 일반논평은 이주아동의 고양된 절차적 권리를 구체화하여, ▲ 절차의 모든 단계에서 의견을 피력하고 참여하며 무상으로 번역자 및 통역자의 조력을 받을 권리, ▲ 절차의 모든 단계에서 아동의 대리인 역할에 대한 훈련을 받았고 대리인 경험이 있는 변호인의 조력을 받고 대리인과 자유롭게 소통하며, 무료 법률 지원을 이용할 수 있는 권리, ▲ 절차 과정의 전반에 걸쳐, 자신의 후견인 및 법적 자문인과 함께, 자신의 권리에 대한 정보와 자신에게 영향을 미칠 수 있는 모든 관련 정보를 포함하여, "완전하게 정보를 제공 받을 권리" 등이 이주아동의 기본적 권리에 해당한다고 판단하였다.[98]

셋째, 부모를 동반하지 않은 이주아동의 경우에는 더더욱 철저한 절차보장이 이루어져야 한다. 유엔 아동권리위원회는 부모를 동반하지 않은 이주아동 부모를 동반하지 않은 이주아동에게 유엔 아동권리협약 제12조에 따른 '자신의 견해를 자유롭게 표시할 권리'가 더욱 중요하다는 점을 강조하면서, "동반되지 않거나 분리된 아동에 대하여 채택할 조치를 결정하는데 있어서"는 "필요한 경우에 절차의 모든 단계에서 통역이 제공되어야만 한다."라고 유엔 아동권리협약상 아동의 절차적 권리를 구체화하였다.[99]

넷째, 구금된 아동에 대해서도 특별한 절차적 보장이 이루어져야 한다. 유엔 아동권리협약은 "자유를 박탈당한 모든 아동은 법률적 및 기타 적절한 구조에 신속하게 접근할 권리를 가짐은 물론, 법원이나 기타 권한있고 독립적이며 공정한 당국 앞에서 자신에 대한 자유박탈의 합법성에 이의를 제기하고 이러한 소송에 대하여 신속한 결정을 받을 권리를 가진다."라고 규정하고 있다(제37조 라항). 구금된 아동의 특수성을

(CMW), Joint general comment No. 4 (2017) of the Committee on the Protection of the Rights of All Migrant Workers and Members of Their Families and No. 23 (2017) of the Committee on the Rights of the Child on State obligations regarding the human rights of children in the context of international migration in countries of origin, transit, destination and return, 16 November 2017, CMW/C/GC/4−CRC/C/GC/23, available at: https://www.refworld.org/docid/5a12942a2b.html [accessed 18 March 2022].

98) Ibid., para. 17.

99) UN Committee on the Rights of the Child (CRC), General comment No. 6 (2005): Treatment of Unaccompanied and Separated Children Outside their Country of Origin, 1 September 2005, CRC/GC/2005/6, para. 25., available at:
https://www.refworld.org/docid/42dd174b4.html [accessed 18 March 2022].

고려해서, 그 절차적 권리를 다시 한 번 강조하고 있는 것이다.

이러한 내용을 종합해보면, 아동에 대한 이주구금의 위헌 여부가 쟁점이 되고 있는 이 사건에서 적용되는 적법절차 원칙은 구체적으로 보았을 때 ① 절차의 모든 단계에서 통역을 제공할 것, ② 본인이 이해할 수 있는 언어로 본인이 처해있는 상황에 대해 설명할 것, ③ 본인에게 진술할 권리를 제공할 것, ④ 본인의 서류철에 접근할 권리를 보장할 것, ⑤ 구금에 대해 불복할 권리를 실질적으로 보장할 것, ⑥ 변호사의 조력을 받을 권리를 실질적으로 보장할 것을 의미한다고 보아야 한다.

V. 아동에 대한 이주구금제도의 위헌성 판단기준에 비추어본 현행 제도의 위헌 여부

앞서 도출한 아동에 대한 이주구금제도의 위헌성 판단기준에 비추어서 현행 이주구금제도의 위헌 여부를 살펴보겠다.

1) '아동에 대한 행정구금의 절대적 금지 원칙' 위배 여부

이 심사기준에 따를 때, 행정목적 달성을 위한 아동구금은 그 자체로 아동의 헌법상 권리를 침해한다. 따라서 이주구금의 구체적인 요건이나 절차와 무관하게 아동에 대한 이주구금제도는 헌법에 위배된다.

2) '아동구금의 최후수단성 원칙' 위배 여부

원칙과 금지가 뒤바뀐 현행의 법체계는 아동구금의 최후수단성 원칙에 위배된다. 출입국관리법은 강제퇴거의 사유가 인정되는 외국인에게 원칙적으로 강제퇴거명령과 보호명령을 내리도록 규정하고,[100] 예외적으로 구금하지 않을 수 있도록 규정[101]하고 있으며, 이는 아동의 경우에도 마찬가지이다. 아동에 대한 행정구금이 그 자체로 위헌이 아니라고 하더라도 이는 어디까지나 예외로서만 인정될 수 있으므로, 아동에 대한 비구금을 원칙으로 정하고 예외적인 경우에만 강제퇴거명령 및 보호명령을 내릴 수

---

100) 출입국관리법 제46조 제1항, 제59조 제2항, 제63조 제1항.
101) 출입국관리법 제67조, 제68조는 일정한 요건하에서만 구금을 수반하지 않는 출국명령이나 출국권고를 내릴 수 있다고 규정하고 있다.

있다고 규정하여야만 위헌을 면할 수 있다.

3) '엄격한 심사기준을 적용한 과잉금지원칙' 위배 여부

현재의 아동에 대한 이주구금제도는 엄격한 심사기준을 적용한 과잉금지원칙에 위배된다. '강제퇴거 대상에 해당된다고 의심할만한 상당한 이유가 있는 아동(출입국관리법 제2조 제11호)'을 출국시키기 위해서 반드시 아동에게 극히 침익적인 구금을 수반하게 되는 강제퇴거명령 및 보호명령을 하여야 하는 것은 아니다. 동일한 행정목적을 달성할 수 있는 덜 침해적인 수단이 존재한다.

먼저, 강제퇴거명령 및 보호명령을 내리는 대신, 출국명령이나 출국권고로써 비구금적 상황에서 해당 아동의 출국을 강제하는 것이 가능하다. 같은 취지에서 국가인권위원회도 비구금적 대안이 적극적으로 시행되어야 한다고 권고한 바 있다.[102]

또한 외국인보호시설에 구금을 하는 대신 출국 요건이 구비될 때까지 주거지를 제한하거나 주거지에 대하여 정기적으로 보고하는 방법도 있다. 신원보증인을 지정하거나 적정한 보증금을 내도록 할 수도 있고, 감독관 등을 통하여 이들을 지속적으로 관찰 및 감독하는 것도 가능하다. 출입국관리법이 규정하고 있는 '활동범위 제한제도'도 고려해볼 수 있다.[103] 이에 따르면, 법무부장관은 공공의 안녕질서나 대한민국의 중요한 이익을 위하여 필요하다고 인정하면 대한민국에 체류하는 외국인에 대하여 거소 또는 활동의 범위를 제한하거나 그 밖에 필요한 준수사항을 정할 수 있다.

한편, 덜 침해적인 수단이 존재한다는 점은 비교법적으로도 확인이 가능하다. 해외의 각국은 아동에 대한 이주구금 대신 대안적 수단을 택하고 있다. 독일에서는 거주지를 제한하는 것으로 구금을 대신하고 있다. 대신 1주일에서 11일 정도의 단기간만 체류자격을 부여하고 매 기간마다 체류자격을 갱신하도록 한다. 스웨덴에서는 이민국이나 경찰의 감독을 받을 것을 전제로 구금하지 않을 수 있다. 이 경우 가까운 경찰서나 이민국에 정해진 시간에 보고하는 것으로 감독명령을 이행할 수 있다. 멕시코의 경우에도 정기적인 보고의무를 부여하고 구금을 하지 않도록 하고 있다.[104]

---

102) 국가인권위원회 2019. 1. 16.자 결정, '2018년도 외국인보호소 방문조사에 따른 권고', 국가인권위원회 2019. 8. 29.자 19진정0117700·19진정0214900(병합) 결정. 특히 아동에 대해서는 국가인권위원회 2009. 12. 28.자 09진인2790 결정.

103) 출입국관리법 제22조.

104) 이상 김종철, "이주아동 구금 보고서-이주아동 구금 근절과 구금 대안을 향하여", 2016.

그 외에도 아동구금에 있어 보호기간의 상한이 존재하지 않는다는 점, 분리수용원칙에 위배하여 성인과 아동을 함께 수용하고 있고 아동의 교육받을 권리를 박탈하고 있는 등 구금된 아동에 대한 처우가 지극히 침익적이라는 점에 비추어보더라도, 현재의 아동에 대한 이주구금제도는 엄격한 심사기준을 적용한 과잉금지원칙에 위배된다.

4) '고양된 아동의 절차적 권리를 고려한 엄격한 적법절차의 원칙' 위배 여부

앞서 '고양된 아동의 절차적 권리를 고려한 엄격한 적법절차의 원칙'이 ① 절차의 모든 단계에서 통역을 제공할 것, ② 본인이 이해할 수 있는 언어로 본인이 처해있는 상황에 대해 설명할 것, ③ 본인에게 진술할 권리를 제공할 것, ④ 본인의 서류철에 접근할 권리를 보장할 것, ⑤ 구금에 대해 불복할 권리를 실질적으로 보장할 것, ⑥ 변호사의 조력을 받을 권리를 실질적으로 보장할 것을 의미한다고 살펴본 바 있다. 현재재의 아동에 대한 이주구금제도는 이러한 기준을 충족시키지 못하므로, 적법절차의 원칙에 위배된다.

먼저, 단속 및 구금 과정에서 통역이 제공되는 경우는 거의 없다. 단적으로 이 사건의 당사자도 긴급보호처분에서 강제퇴거명령 및 보호명령, 화성외국인보호소로의 이송에 이르는 일련의 절차에서 통역을 제공받지 못하였다. 실태조사에서도 "단속 및 구금과정에서 출입국사범 심사, 당사자 신문절차 등을 통해 의사를 표명하거나 해명할 기회가 있었는지 질문하였는데, 참여자 모두 통역이 없어 의견을 전달할 수 없었[다.]"라는 점이 확인된 바 있다.105)

다음으로 본인이 처해있는 상황에 대한 설명도 제대로 이루어지지 않고 있다. 앞서 살펴보았듯 통역이 제공되고 있지 않기 때문이다. 처분절차에서 강제퇴거명령서와 보호명령서가 교부되고, 심사결정통고서에 당사자의 서명을 받지만, 그 양식은 국문 및 영문으로만 기재되어 있고 그 내용은 국문으로만 작성된다.106) 단속(긴급보호)을 할 때 제시하는 '미란다원칙 등 고지문'도 국문과 영문으로만 준비되어 있다.107) 결국

---

http://www.w4refugee.org/board/bbs/board.php?bo_table=2_manual&wr_id=44&page=7&wr_1

105) 자유박탈에 대한 한국 실무그룹, 전게서, 60-62면.

106) 출입국관리법 시행규칙 [별지 제95호서식](보호명령서 양식), 같은 법 시행규칙 [별지 제104호서식](보호사항 변경통지서 양식), 같은 법 시행규칙 [별지 제110호서식](강제퇴거명령서 양식), 같은 법 시행규칙 [별지 제109호서식](심사결정서 양식), 같은 법 시행규칙 [별지 제142호서식](출입국사범 심사결정 통고서 양식) 각 참조.

국문과 영문을 모르는 이주아동으로서는 본인이 처해있는 상황에 대해서 어떠한 설명도 듣지 못하게 된다. 실태조사에서도 '본인이 이해할 수 있는 언어로 본인이 처해있는 상황을 설명받지 못했다'는 점이 여러 차례 확인되었다.[108]

또한 아동의 진술할 권리도 보장되자 않고 있다. 출입국관리법은 강제퇴거 대상자로 의심이 되는 외국인에 대한 신문을 임의 규정으로 정하고 있기 때문이다.[109] 신문을 할 것인지는 출입국관리공무원의 재량에 맡겨져 있고, 그 결과 실무에서 강제퇴거명령 및 보호명령을 내리기 전에 신문을 하는 경우는 적으며, 대부분은 신문절차를 생략하고 처분을 내린다. 이 사건의 당사자도 신문을 받지 못한 채 구금되었다. 실태조사에서도 "출입국사법심사, 당사자 신문절차 등을 통해 의견을 전달할 수 없었[다.]"라는 사실이 확인되었다.[110]

본인의 자료에 대한 접근권도 보장되지 않고 있다. 출입국관리법은 강제퇴거명령과 보호명령의 과정에서 용의사실 인지보고서,[111] 용의자신문조서,[112] 참고인 진술조서,[113] 제3자가 제출한 서류,[114] 제출된 서류 및 물건의 제출물목록,[115] 심사결정서,[116] 출입국사범 심사결정통고서[117] 등의 문서를 남길 것을 규정하고 있으나, 구금당한 아동으로서는 이러한 자료에 접근하는 것이 제한된다. 출입국관리법이 이러한 자료를 당사자에게 교부하거나 제시하도록 규정하도록 규정하고 있지 않으며,[118] 열람·등사권도 규정하고 있지 않기 때문이다. 나아가, 「공공기관의 정보공개에 관한 법

---

107) 「출입국사범 단속과정의 적법절차 및 인권보호 준칙」(법무부 훈령 제1003호) [별지 2] 미란다 원칙 등 고지문.

108) 자유박탈에 대한 한국 실무그룹, 전게서, 64면.

109) 출입국관리법 제47조 제1항.

110) 자유박탈에 대한 한국 실무그룹, 전게서, 60면.

111) 출입국관리법 시행령 제57조.

112) 출입국관리법 제48조 제1항.

113) 출입국관리법 제49조 제2항, 제48조 제3항.

114) 출입국관리법 시행령 제61조.

115) 출입국관리법 시행령 제62조.

116) 출입국관리법 시행령 제72조.

117) 출입국관리법 시행령 제104조 제3항.

118) 예외적으로, 용의자신문조서나 출입국사범 심사결정통고서는 당사자가 날인을 하도록 되어 있어서 당사자가 날인 시에 그 내용을 확인할 수 있지만, 그 문서를 계속해서 보유할 수는 없다. 더구나 이 과정에서 충분한 통·번역이 제공되지 않으므로, 한 번 보고 날인하는 것만으로 자료접근권이 보장되었다고 볼 수는 없다.

률」도 외국인의 정보공개청구권을 제한하고 있다.[119] 설령 이주아동이 정보공개청구
권자로 인정받을 수 있다고 하더라도, 미성년자로서 직접 정보공개청구를 하는 것은
사실상 불가능하다.

나아가, 불복절차에 대한 설명이 불충분하여 불복할 권리가 실질적으로 보장되고
있지 않다. 강제퇴거명령 및 보호명령을 받은 이주아동은 각 처분에 대한 이의신청,
행정소송, 행정심판 등을 통해서 불복할 수 있는데, 이에 대한 설명이 제대로 이루어
지지 않고 있는 것이다. 불복절차를 '아동이 이해할 수 있는 방법'으로 구두설명하지
않고 있으며, 강제퇴거명령서나 보호명령서에는 불복절차에 관한 사항이 국문 및 영
문으로만 기재되어 있다. 실태조사에서도 "이주아동이 이의신청 등을 할 수 있다는 안
내를 전혀 받지 못했다."라는 사실이 확인되었고,[120] 외국인보호소에는 이의신청 안내
문이 한국어, 영어, 중국어로만 기재되어 있음이 밝혀졌다.[121]

VI. 나가며

이주구금된 아동의 취약성은 이론적이거나 관념적인 우려로 치부할 수 없다. 이는
심각한 인권침해로 현실화되는 실존적인 문제이다.

구금이 아동의 정신건강에 미치는 악영향은 실증적으로 밝혀져 있다. 연구에 따
르면, 소년원에 수용된 청소년은 그렇지 않은 청소년보다 우울척도가 훨씬 높
다.[122] 구금된 청소년은 우울증이나 불안감을 호소하였고, 식사를 제대로 하지 못
해서 체중이 감소하는 경향이 있으며, 자해의 위험이 있었거나 자해로 이어진 경우
가 적지 않다는 보고도 존재한다.[123] 호주에서 실시된 연구에 따르면, 2년 이상의

---

119) 「공공기관의 정보공개에 관한 법률」 제5조 제2항, 같은 법 시행령 제3조.

120) 자유박탈에 대한 한국 실무그룹, 전게서, 60면.

121) 대한변호사협회, 외국인보호소 실태조사 결과 보고서 (2015), 175－178면.

122) 이병기, 김성언, "소년원생의 생활실태 및 교육에 관한 연구", 한국형사정책연구원 연구보고서 (1995), 김
은영, "소년원생의 사회적 탄력성과 심리사회적 특성과의 관계", 청소년학연구 16(1) (2009)에서 재인용.
신민희, 강문희, "소년원 수용 비행 청소년과 일반청소년의 자기 불일치 및 우울 수준에 관한 연구", 청소
년학연구 12(1), (2005). 주리애, 김현진, "소년원에 수감된 여자 청소년의 이야기 그림검사 반응특성 연
구", 미술교육논총 제30권 1호, (2016).

123) Australian Human Rights Commission, "The Forgotten Children: National Inquiry into Children in
Immigration Detention 2014" (2015), pp. 139－140. https://humanrights.gov.au/our－work/asy－

이주구금을 경험한 가족의 경우 구금 이후에 정신질환을 앓고 있는 자의 수가 증가한 것으로 나타났는데, 그 중 아동의 경우 증가율이 더욱 컸다. 성인은 구금 이후에 정신 질환이 3배 증가하였는데, 아동은 정신 질환이 10배 증가한 것이다.[124] 즉, 구금은 아동의 정신건강에 악영향을 미치며, 이러한 악영향은 성인의 경우보다 훨씬 심각하다.

이주배경 아동이나 난민 아동의 경우에는 구금이 아동의 정신건강에 미치는 악영향이 더욱 심각하다. 구금된 이주배경 아동이나 난민 아동이 겪는 불안 장애(anxiety disorder), 우울증(depression), 외상 후 스트레스 장애(post-traumatic stress disorder), 자살이나 자해 우려에 대해서는 다수의 보고가 존재한다.[125] 영국에서는 이주구금시설 내 11명의 아동의 심리를 검사해본 결과, 11명 전원이 우울과 불안을 겪고 있으며, 수면장애, 신체적 증상, 식욕부진, 정서적 증상 및 행동 장애가 일반적이었다.[126] 소아과 검사에 의하면 20명 중 8명의 아동은 체중이 감소했다.[127] 호주에서는 이주구금을 경험한 아동의 34%가 병원에서 외래 치료를 받아야 할 정도의 심각한 정신과적 질병을 앓고 있다는 결과도 보고된 적이 있다.[128] 심지어 외국인보호소에서 꽃을 본 적이 없는 3세 아동은 꽃을 그리지 못했고, 대부분의 아동이 그림에 철조망을 그리는 것이 관찰되었다.[129] 애초에 난민들은 본국에서의 경험으로 인해 심리적인 고통을 겪은 상

---

lum-seekers-and-refugees/publications/forgotten-children-national-inquiry-children .

124) 실제로 이 연구가 발표된 이후 호주 정부는 2014년, 지역사회의 협력 요청 또는 체류자격의 부여를 통해 부모 미동반 아동을 포함한 220명여 명의 아동을 구금 해제하기도 했다. Australian Human Rights Commission, "The Forgotten Children: National Inquiry into Children in Immigration Detention 2014" (2015), p. 15. https://humanrights.gov.au/our-work/asylum-seekers-and-refugees/publications/forgotten-children-national-inquiry-children

125) Laban CJ, Gernaat HB, Komproe IH, van der Tweel I, de Jong JT, "Postmigration living problems and common psychiatric disorders in Iraqi asylum seekers in the Netherlands", J Nerv Ment Dis (2015), pp. 825-832. M. Werthern et al., "The impact of immigration detention on mental health: a systematic review", MBC Psychiatry (2018), p. 2.

126) Ann Lorek, Kimberly Ehntholt, Anne Nesbitt, Emmanuel Wey, Chipo Githinji, Eve Rossor, Rush Wickramasinghe, "The mental and physical health difficulties of children held within a British immi-gration detention center: A pilot study", Child Abuse & Neglect 33 (2009).

127) Ibid.

128) Australian Human Rights Commission, "The Forgotten Children: National Inquiry into Children in Immigration Detention", 2014, pp. 58-59.

129) Sarah Mares, Louise Newman, Michael Dudley and Fran Gale, "Seeking refuge, losing hope: parents

황인데, 보호소에서의 경험이 그들의 트라우마를 더욱 강화하는 것이다.[130]

　나아가, 이러한 정신건강에의 악영향은 비가역적이다. 영국의 연구결과에 따르면, 구금된 이주아동은 구금에서 해제되어 가정과 공동체로 복귀하더라도 정신건강 문제가 지속되었다.[131] 인격형성기에 구금되었던 이주아동은 그 트라우마를 평생동안 가지게 되며, 구금에서 해제된 이후에도 그의 정신건강은 회복되지 않는 것이다.

　이와 같이 아동의 건강과 발달에 지대하고 항구적인 영향을 주는 아동에 대한 이주구금은, 공권력에 의한 '아동학대'에 해당한다는 것이 필자의 견해이다. 같은 취지에서, 벨기에의 브뤼셀자유대학 의료원에서는 행정 목적의 아동구금이 '심리적 학대'라고 선언하였고,[132] 영국에서는 우간다 아동이 난민신청 후 구금되자 아동위원이 구금을 아동학대의 하나라고 보았다.[133]

　이러한 제도적인 '아동학대'가 반인권적이며, 나아가 반헌법적이라는 점은 자명하다. 그리고 반인권적이고 반헌법적인 아동에 대한 이주구금제도가 폐지되기 위해서는 무엇보다도 헌법재판소의 결단이 필요하다. 아동에 대한 이주구금제도는 헌법상 아동의 권리를 침해하는 것으로서 헌법에 반한다는 결정이 내려져야 할 것이다.

　다시금 말하지만, 아동에 대한 이주구금제도가 반인권적이며, 반헌법적이라는 점은 자명하다. 어쩌면 이에 대해서는 긴 논증이 필요하지 않을지도 모른다. 그럼에도 불구하고 이 글은 헌법재판소의 결정을 앞두고 있는 상황에서 아동의 헌법적 권리와 이에 따른 아동에 대한 이주구금제도의 위헌성에 관한 추가적인 이론적인 근거를 찾

and children in immigration detention", Australasian Psychiatry Vol 10, No 2 (2002).

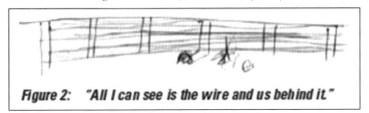

Figure 2: "All I can see is the wire and us behind it."

130) Ibid.

131) Emma Fillmore, "The effects of immigration detention on the health of children and families in the UK", ADOPTION & FOSTERING VOLUME 34 NUMBER 1 (2010).

132) Fréderique Mawet, "Centres fermés pour étrangers: etat des lieux", CIRE (2006) DERRICK SILOVE, PATRICIA AUSTIN, & ZACHARY STEEL의 위 논문에서 재인용.

133) Bianca Brigitte Bonomi, "Parents on hunger strike strengthen calls to end child detention", IRR News (27 July 2006), DERRICK SILOVE, PATRICIA AUSTIN, & ZACHARY STEEL의 위 논문에서 재인용.

기 위한 목적에서 작성되었다. 반인권적인 이주구금제도를 단죄하고 아동의 헌법적 권리를 재조명하는 헌법재판소의 결정에 있어서, 이 글이 조금이나마 기여할 수 있기를 희망한다.

선거구획정과 민주주의*

- 선거구획정주체를 중심으로 -

최명지

목 차

Ⅰ. 서론

헌법은 제11조 제1항에서 모든 국민은 법 앞에 평등하다고 규정하여 일반적인 평등의 원칙을 선언함과 동시에, 제41조 제1항에서 국회의원의 선거에 있어서 평등선거

---

* 이 글은 강원법학 제66권 제1호, 비교법학연구소, 2022에 게재된 논문이다.

의 원칙을 선언하고 있다.[1] 이러한 평등선거 원칙은 "평등의 원칙이 선거제도에 적용된 것으로서 투표의 수적 평등, 즉 복수투표제 등을 부인하고 모든 선거인에게 1인 1표(one man, one vote)를 인정함을 의미할 뿐만 아니라 투표의 성과가치의 평등, 즉 1표의 투표가치가 대표자선정이라는 선거의 결과에 대하여 기여한 정도에 있어서도 평등하여야 함(one vote, one value)을 의미한다".[2]

특히 투표가치의 평등은 국민주권의 원리(헌법 제1조)에 따른 대의제 민주주주의에서 국가의사형성의 정당성 확보와도 깊은 관련을 갖고 있다. 국민주권주의와 대의제 민주주의가 결합된 우리 헌법상, 선거를 통해 선출된 대표자를 통해 국민의 의견이나 이해가 공정하고도 효과적으로 국정에 반영되기 때문이다.[3] 다만 투표가치의 평등이 모든 투표가 선거의 결과에 미치는 기여도 내지 영향력에 있어서 숫자적으로 완전히 동일할 것까지를 요구하는 것이라고 보기는 어렵다. 투표가치는 그 나라의 선거제도의 구조와 밀접하게 관련되어 있어, "그 구조가 어떠하냐에 따라 결과적으로 선거의 결과에 미치는 투표의 영향력에 어느 정도의 차이가 생기는 것은 면할 수 없기 때문"이다.[4] 따라서 선거구획정 과정에서 투표가치의 불평등을 최소화하는 것은 평등선거 원칙을 실현함과 동시에 대의제 민주주의를 건강하게 하는 기초가 된다.

선거구는 "독립적으로 대표자를 선출할 수 있는 지리적 단위"로,[5] 선거구획정은 전국적인 인구조사에 따라 의회의석을 정치적 단위지역의 인구수에 따라 재분배하는 의석재분배와 그 단위지역 안에서 새로운 선거구의 경계선을 획정하는 작업으로 구성된다.[6] 선거구획정에 관한 법학연구는 주로 선거구획정기준인 인구편차와 게리멘더링 문제에 집중되었다. 그러나 선거구획정주체가 누구인지에 따라 획정과정에 반영되는 정치적 이해관계가 달라지고, 궁극적으로 국민의 의사도 선거구획정주체를 거쳐 획정안에 반영된다. 따라서 대의제 민주주의의 관점에서 선거구획정기준의 문제만큼이나 누가 어떤 절차로 선거구를 획정하는지의 문제도 살펴볼 필요가 있다. 이에 본고에서는 선거구 획정기준에 관한 논의를 차치하고, 선거구획정주체에 초점을 맞추어 살펴

---

1) 헌법 제41조 ① 국회는 국민의 보통·평등·직접·비밀 선거에 의하여 선출된 국회의원으로 구성한다.

2) 헌법재판소 1995. 12. 27. 선고 95헌마224·239·285·373 결정.

3) 헌법재판소 2021. 2. 25. 선고 2019헌바58 결정 등.

4) 헌법재판소 1995. 12. 27. 선고 95헌마224·239·285·373 결정.

5) 국회의원선거구획정위원회, 『제21대 국회의원선거 선거구획정 백서』, 2020, 36쪽.

6) 강휘원, 투표의 등가성을 위한 선거구획정의 정치와 기법, 한국정치학회보, 35(2), 2001, 89~112쪽.

본다. 특히 선거구획정주체는 각국의 정치문화에 따라 상이하게 결정되는 만큼, 비교법적으로 검토할 실익이 크다. 선거구획정주체는 크게 독립기관형, 입법부형, 행정부형 등으로 나누어 볼 수 있다. 이에 각 유형을 대표하는 영국, 미국, 일본의 선거구획정주체와 운영을 살펴보고, 한국의 선거구획정위원회 및 획정절차와 비교하며 개선점을 검토한다.

II. 각국의 선거구획정주체와 평가

선거구획정주체는 각국의 정치문화에 따라 달라진다. 크게 입법부, 행정부, 독립기구가 관할하는 형태를 상정해 볼 수 있다. 한국의 경우 헌법상 독립된 기관인 중앙선거관리위원회에 소속된 국회의원선거구획정위원회에서 국회의원 선거구획정안을 제출하고, 국회에서 채택 여부를 결정한다. 다만 국회가 위원회안의 채택 여부를 결정하고 제한적으로나마 수정권한을 행사한다는 점에서 독립기구와 입법부 모델이 혼재되어 있다.[7] 영국의 경우 한국과 유사하게 독립기구인 선거구획정위원회가 운영되고 있으나, 실질적으로 위원회가 최종적으로 선거구를 획정하고 위원회가 상설로 운영된다는 점에서 기관의 권한과 운영모습에 차이를 보인다. 영국의 사례는 독립 선거구획정위원회의 모범적인 운영모델로 알려진 만큼, 한국 선거구획정위원회의 개선점을 도출하기 위해 검토할 필요가 있다. 한편 미국의 경우 주마다 선거구획정주체에 차이가 있다. 선거구획정위원회 없이 입법부인 주 의회에서 결정하는 경우도 있으나, 시민위원을 참여시키거나 사법부의 적극적인 개입을 허용하는 등 다양한 시도가 이루어지고 있다. 일본의 경우 독특하게도 선거구획정위원회가 행정부에 소속되어 있어 행정부 모델의 대표적인 사례로 살펴볼 만하다. 이에 독립기관인 영국의 선거구획정위원회, 입법부 및 다양한 모델을 두고 있는 미국의 선거구획정위원회, 행정부 모델인 일본의 선거구획정위원회를 검토하고 각 유형의 특징을 살펴본다.

---

7) 종래 국회는 선거구획정위원회의 획정안을 존중하여 의결할 뿐 자유롭게 수정할 권한이 있었다. 그러나 2015년 공직선거법 개정으로 국회상임위원회 재적위원 2/3이상의 찬성으로 단 1회의 수정요구가 가능하도록 하여, 선거구획정위원회의 획정안에 대한 국회의 수정권한이 축소되었다(공직선거법 제24조의2 제3항).

1. 영국

1) 선거구획정위원회의 설치 근거

영국은 19세기까지 입법부(하원)에서 선거구 경계를 획정하였으나, 선거구획정주체의 독립성을 강화하자는 논의가 대두되었다. 이에 1942년 2차 세계대전 중 전시연립정부(wartime coalition government)는 선거제도 개편을 위해 중앙호적등기소장 비비안을 의장으로 하는 위원회(Vivian Committee)를 설립하였다. 해당 위원회에서는 투표가치의 등가성을 보장하여야 한다는 원칙을 천명하면서, 독립적인 위원회 설치를 권고하였다. 위 권고에 따라 1944년 하원의석재분배법[House of Commons (Redistribution of Seats) Act 1944]이 제정되어 독립된 선거구획정위원회에서 선거구획정을 담당하게 되었다. 이후 1986년 의회선거구법(Parliamentary Counstituencies Act 1986), 1992년 선거구획정위원회법(Boundary Commissions Act 1992)에서 선거구획정위원회 및 선거구획정에 관한 내용을 정하고 있다.[8][9]

2) 선거구획정위원회의 구성과 운영

선거구획정위원회는 상설기관으로 잉글랜드, 스코틀랜드, 북아일랜드, 웨일즈에 각각 설치된다. 하원의장은 잉글랜드, 스코틀랜드, 북아일랜드, 웨일즈 선거구획정위원회의 의장이 된다.[10] 의장은 관례상 위원회 잠정안 및 획정안의 검토와 작성에 참여하지 않는다. 각 위원회는 의장과 부의장, 내무부장관이 임명하는 2인의 위원으로 구성된다.[11] 이하에서는 잉글랜드의 선거구획정위원회(Boundary Commissions for England, BCE)를 중심으로 살펴본다. BCE 부의장은 대법관이 고등법원 현직 판사 중 지명하고,[12] 위원 2인은 내무부장관과 환경교통부장관이 각각 지명한다. 각 위원회에는 평가자(assessor)가 배치되는데, BCE의 경우 통계위원회[13]와 국립지리원장이 평가업무를

---

8) 2020년 일부 개정되었다(Parliamentry Counstituencies Act 2020).

9) 의회선거구법은 하원의원선거와 선거구획정에 관한 내용을 담고 있다. 선거구획정위원회법은 의회선거구법 중 선거구획정위원회에 관한 부분을 개정하는 법률이다.

10) Parliamentry Counstituencies Act 1986 별표1, 제1조.

11) Parliamentry Counstituencies Act 1986 별표1, 제2조.

12) Parliamentry Counstituencies Act 1986 별표1, 제3조.

13) 종래 중앙호적등기소장이 평가자로 지정되었으나, 2008년 개정으로 통계위원회가 그 역할을 수행한다. Statistics and

수행한다. 위원회의 요청이 있을 경우 내무부장관은 위원회 업무를 보좌할 보조위원을 지명할 수 있는데, 2021년 18명의 보조위원이 2023년 선거구획정을 위해 활동하고 있다.[14] 이들 보조위원은 잉글랜드 지역의 선거구획정 관련 공청회를 주재하고 관련 자료의 분석, 위원에 대한 서면보고 등의 업무를 수행한다. BCE 위원뿐만 아니라 보조위원의 경력과 주요업무, 담당지역 등의 정보는 모두 상세하게 BCE 홈페이지에 공개되어 있다.[15]

3) 선거구획정절차와 공개협의

선거구획정위원회는 다수의 선거구획정안을 평가한 뒤 잠정안을 결정하여 공개협의절차에 부친다. 선거구획정위원회는 공개협의절차에서 수렴한 의견과 수집한 정보 등을 기초로 잠정안을 수정할지 혹은 그대로 확정할지를 결정하고, 만약 잠정안을 변경할 경우 수정안을 기초로 다시 공개협의절차를 거치게 된다.[16] 잠정안의 내용이 최종적으로 확정되면, 선거구획정위원회는 내무부장관을 통해 선거구획정보고서를 의회에 제출한다. 의회의 승인을 통해 최종적으로 선거구가 획정되지만, 현재까지 의회가 위원회의 획정안을 거부하거나 수정을 요구한 바 없다.[17]

공개협의절차는 1944년 하원의석재분배법에 규정되었고, 1958년 개정 법률에서는 각 지역을 현장방문할 것을 의무화하였다. 공개협의는 크게 다음과 같은 절차로 진행된다.[18] 첫째, 위원회는 해당 지역에서 유통되는 하나 이상의 신문에 잠정안을 게시하고 관련 국회의원, 정당 및 지방정부에 관한 세부정보를 제공한다. 선거구획정위원회는 잠정안 게시 이후 1개월 이내에 대표이해관계인들을 초대하여 공청회를 개최한다. 둘째, 반대의견이 접수되면 해당 지역에 대한 조사를 소집하고, 해당 지역을 담당하는 보조위원이 위 지역조사의 의장이 된다. 셋째, 잠정안 게시 이후 접수된 의견들에 대한 문건이 작성 및 공개되고, 위 문건에는 대표이해관계인들의 정보 등이 포함된다.

Registration Service Act 2007 (c. 18) 별표1, 제10조.

14) Boundary Commissions for England, Annual Report 2020/21, 6쪽.

15) https://boundarycommissionforengland.independent.gov.uk/about−us/assistant−commissioners/(최종검색일 2022. 2. 1.)

16) Parliamentry Counstituencies Act 1986 제3, 4조.

17) 서복경, 선거구획정: 해외제도와 적용사례, 입법과정책 제7권 제1호, 2015, 36쪽.

18) Parliamentry Counstituencies Act 1986 제5조.

넷째, 보조위원은 잠정안에 대한 각 지역의 의견을 최종적으로 수렴한다. 한편 잠정안에 반대하는 이해관계인들은 이에 대한 대안을 제출할 수 있다. 다섯째, 선거구획정위원회는 각 지역에서 제출된 보조위원의 보고서와 문건들을 종합하여 잠정안을 수정하거나 그대로 확정할지를 결정한다.

BCE는 2021년 1월 공식적으로 2023년 선거구획정을 위한 활동을 시작하였고, 2021년 6월 8일 최초 잠정안을 발표 및 공개하였다. 2021년 8월 2일까지 공개협의절차가 진행되는데, 유권자는 BCE의 공개적인 의견수렴창구를 통해 자유롭게 의견을 개진할 수 있다.[19] 이후 공개협의절차가 종료되면 유권자는 다른 유권자가 제출한 의견을 열람하고 이에 대한 반박 또는 지지의견을 추가로 제출할 수 있다. 한편 BCE는 유권자의 의견개진을 돕기 위해 선거구획정절차와 선거구획정위원회의 활동에 관한 정기 보고서와 보도자료를 배포하고, 인구기준과 각 지역의 유권자분포 등에 관한 기초자료를 제공한다. BCE는 2023년 7월 선거구획정에 관한 최종 보고서를 제출할 예정이다.

2. 미국

1) 개관

미국 헌법 제1조 제2항 및 수정헌법 제14조는 투표가치의 등가성을 보장한다. 초기 연방대법원은 선거구 간 인구편차 등 선거구획정으로 인한 평등권 침해 문제를 정치적 영역으로 보아 사법심사의 대상이 아니라고 판단하였다.[20] 그러나 당파적 게리맨더링, 소수인종의 투표가치가 희석되는 문제 등 선거구획정에 관한 소송이 지속적으로 제기되었다. 이에 연방대법원은 1962년 Baker v. Carr 판결에서 기존 입장을 번복하여, 선거구획정에 관한 문제가 사법심사의 대상이 된다는 점을 분명히 하였다.[21] 위 판결 이후 선거구획정의 공정성과 획정과정의 독립성, 민주적 정당성에 대한 논의가 더욱 활발하게 진행되었다. 이는 다양한 선거구획정주체가 등장하는 계기가 되었다.

미국은 인구총조사를 기준으로 통상 10년마다 연방하원과 주 의회의 선거구를 재획정한다. 선거구획정의 기초가 되는 인구총조사에는 연령, 인종, 주택소유 여부 등의 인구통계자료가 포함된다. 인구총조사를 기초로 인구수에 비례하여 각 주에 연방하원

---

19) http://www.bcereviews.org.uk/ (최종검색일 2021. 2. 1.)

20) Colegrove v. Green, 328 U.S. 549 (1946).

21) Baker v. Carr, 369 U.S. 186 (1962).

의석이 할당되면, 각 주는 주 헌법 및 법령에서 정한 절차에 따라 연방하원 선거구를 획정한다. 통상 주 의회가 선거구를 획정하지만 공정성을 확보하기 위해 독립된 선거구획정위원회나 중립적 기관 등에 획정권한을 위임하는 경우가 있고, 연방하원선거와 주 의회선거의 선거구획정주체를 달리 정하기도 한다.

2) 선거구획정주체와 구성

50개 주 중 24개 주에서 연방하원의원 또는 주 의회의원의 선거를 획정하기 위한 선거구획정위원회(redistricting commission)를 운영하는데, 그 권한과 역할은 주별로 상이하다. 선거구획정위원회가 선거구획정의 1차적 권한을 보유한 곳이 있는가 하면,[22] 1차 선거구획정권자가 새로운 선거구를 획정하지 못할 때 2차적으로 위원회에서 선거구획정권한을 갖는 경우,[23] 단순한 자문기구 역할만을 수행하는 경우[24] 등으로 나누어 볼 수 있다.[25] 그 외 26개 주에서는 별도의 선거구획정위원회 없이 주 의회에서 선거구를 획정한다.

선거구획정이 정당 간 견제와 정치적 이해관계의 조정을 통해 결정되는 정치적 타협의 산물이라고 보는 관점이 있고, 이해당사자인 정당의 개입을 최소화하여 당파적 이해관계로부터 독립적인 결과물이어야 한다는 관점도 있다. 이러한 관점을 기초로 위원회는 크게 초당파적(bipartisan) 위원회와 무당파적(non-partisan) 위원회로 나누어 볼 수 있다.

초당파적 위원회는 공화당과 민주당의 당원이 위원회 다수를 구성하여, 각 정당의 이해관계를 대변한다. 초당파적 위원회의 특성을 잘 보여주는 애리조나주와 캘리포니아주 선거구획정위원회를 예로 들어 살펴본다. 애리조나주 선거구획정위원회는 초당파적 위원회로 연방하원과 주 의회 선거구를 1차적으로 획정할 권한을 갖는다(애리조

---

22) 캘리포니아주, 콜로라도주, 하와이주, 아이다호주, 미시간주, 몬타나주, 뉴저지주, 버지니아주, 워싱턴주의 연방하원 선거구획정위원회. 알래스카주, 애리조나주, 아칸소주, 캘리포니아주, 콜로라도주, 하와이주, 아이다호주, 미시간주, 미주리주, 몬타나주, 뉴저지주, 오하이오주, 펜셀베니아주, 버지니아주, 워싱턴주의 주 의회 선거구획정위원회.

23) 코네티컷주, 인디아나주, 오하이오주의 연방하원 선거구획정위원회. 코네티컷주, 일리노이주, 미시시피주, 오클라호마주, 텍사스주의 주 의회 선거구획정위원회.

24) 메인주, 뉴멕시코주, 뉴욕주, 유타주의 연방하원 및 주 의회 선거구획정위원회와 버몬트주의 주 의회 선거구획정위원회.

25) 아이오와주의 선거구획정위원회는 위 세 가지 중 어느 유형에도 해당하지 않는 독자적인 유형이다.

나주 헌법 제4조). 애리조나주 선거구획정위원회는 5인의 위원으로 구성되는데, 민주당과 공화당에서 각 10명, 소수당에서 5명의 위원 후보를 추천한다. 총 25명의 후보자 중 하원 최고위원이 1인, 하원의 소수당 원내대표가 1인, 상원 최고위원이 1인, 상원의 소수당 원내대표가 1인을 임명하고 이후 위 4인은 위원회에 대표되어 있는 정당의 구성원이 아닌 후보자들 중 나머지 1인을 의장으로 임명한다. 만약 4인의 견해가 달라 나머지 1인 임명이 교착상태에 빠질 경우, 항소법원 임명위원회에서 선거구획정위원회의 의장을 임명하게 된다.

한편 캘리포니아주는 2008년 주민 무기명발안(Prososition 11)을 채택하여 주 의회 선거구 획정권한을 선거구획정위원회에 위임하였고, 이후 2010년 주민 무기명발안(Proposition 20)을 다시 채택하여 연방하원 선거구 획정권한도 선거구획정위원회에 위임하였다. 캘리포니아주 감사관(California State Auditor)은 지원서류 검토와 지원자 인터뷰 등 절차를 거쳐 시민지원자 중 민주당 20명, 공화당 20명, 소수당 20명의 후보자를 선발한다. 캘리포니아주 감사관은 선발된 60명의 후보자 중 다시 민주당 3명, 공화당 3명, 소수당 2명을 무작위로 선택한다. 선출된 8명의 위원은 남은 후보자 중 6명을 추가로 선발하여 총 14명으로 선거구획정위원회를 구성하게 된다.

반면 무당파적 위원회는 당파와 무관한 중립적 인사로 구성되거나, 혹은 위원회의 당파적 구성이 사전에 지정되지 않는 경우 모두를 일컫는다. 무당파적 위원회에서는 투표가치의 평등을 실현하기 위하여 위원회의 독립성과 공정성을 강조하는 경향을 보인다. 아칸소주의 경우 주 의회 선거구를 선거구획정위원회에서 획정하는데(아칸소주 헌법 제6조), 선거구획정위원회는 주지사, 주의 내무부장관과 법무부장관의 3인으로 구성된다.

한편 아이오와주는 독특한 방식으로 선거구를 획정한다. 아이오와주에서는 1차적으로 입법부 소속 법제처(Legislative Service Agency)가 선거구획정안을 작성하는데, 이때 어떠한 정치적 정보에도 기초하지 않는다(현직 의원의 거주지에 관한 정보조차 제공하지 않는다, 아이오와주 헌법 제3조 제34~38항). 5인으로 구성된 임시 선거구획정위원회가 법제처의 선거구획정절차를 보조한다. 10년 주기로 선거구가 재획정되므로, 임시 선거구획정위원회도 10년마다 구성된다. 아이오와주 의회의 다수당과 소수당 원내대표가 선거구획정위원 5인 중 4인의 위원을 임명하고, 4인의 위원이 나머지 1인을 다시 임명한다. 마지막 5번째 위원의 선정에는 4명 중 3명 이상의 찬성이 필요하다. 선거구획정위원회는 선거구를 획정할 권한이 없고 단지 의견수렴이나 자료제공 등의 보조역할을 수행한다. 법제처의 최초 선거구획정안에 기초하여 선거구획정위원회는 최소 3회의 공청회를 실시하여야 하고, 공청회와 여론수렴결과에 관한 보고서를 작성한다. 법제처는 위와 같은 여론수렴을 거쳐 작성된 선거구획정안을 법안 형태로 주 의회에 제출한다. 주 의회의 찬반투표를 거쳐 획정안이 거부되면, 선거구획정안을 다시 작성하며 위 절차를 되풀이한다. 주 의회가 3번 이상 획정안을 거부하여 1로 끝나는 연도의 9월 1일까지 선거구획정법안이 통과되지 않을 경우, 아이오와주 대법원은 선거구획정안을 채택하도록 할 수 있다(아이오와 주헌법 제3조 제35항). 주 의회가 법제처에서 제출한 선거구획정안을 채택하지 않고 자체적인 별개의 대안을 채택하는 경우, 주 의회는 아이오와주 대법원의 즉각적인 검토를 받아야 한다(아이오와 주헌법 제3조 제36항). 이처럼 아이오와주는 실질적으로 입법부에서 선거구획정안을 작성하고 입법부에서 투표로 이를 결정하며, 선거구획정위원회는 단순 보조적 역할만을 수행한다. 선거구획정안을 결정하지 못한 채 정치적 이해관계가 고착된 상황에서 사법부의 개입을 적극적으로 허용하고 있다는 점도 특징적이다.

3) 선거구획정알고리즘의 활용

선거구획정에는 인구수, 지형, 인종, 정치적 성향, 문화권 등의 다양한 요소가 고려된다. 오늘날에는 컴퓨터 프로그램을 통해 이러한 요소들이 정교하게 선거구 획정에 반영되는데, 미국에서는 각 주별로 다양한 알고리즘을 선거구획정에 활용하고 있다.[26] 이에 선거구획정위원회의 전문성과 독립성을 높이기 위한 알고리즘의 활용 논의와 함께 알고리즘 자체의 공정성에 대한 논쟁도 활발하게 진행되고 있다. 한편 당파적 게리멘더링이 다투어진 사안에서, 선거구획정이 게리멘더링에 해당하지 않는다는 점을 반박하기 위한 근거로 선거구획정알고리즘이 소송에 등장하여 법정에서 시연되기도 하였다. 노스캐롤라이나주,[27] 미시간주,[28] 오하이오주[29]의 선거구획정에 관한 소송에서 전

---

26) Zhang, Emily Rong, Bolstering Faith with Facts: Supporting Independent Redistricting Commissions with Redistricting Algorithms, California Law Review, vol. 109, no. 3, 2021, 997쪽.

27) Common Cause v. Rucho, 318 F. Supp. 3d 777, 870−80 (M.D.N.C. 2018), vacated and remanded 139 S. Ct. 2484 (2019).

28) League of Women Voters of Mich. v. Benson, 373 F. Supp. 3d 867, 893−908 (E.D. Mich. 2019), va−cated, 140 S. Ct. 429 (2019).

문가들은 당파적 게리멘더링 여부를 판단하기 위하여 선거구획정알고리즘에 기초하여 제작된 지도를 활용하였고, 이는 객관적 자료라는 점에서 중요한 역할을 수행하였다.

3. 일본

1) 일본 선거구획정 관련 규정의 변천

일본은 기존 중의원의원선거법(衆議院議員選擧法), 참의원의원선거법(參議院議員選擧法), 지방자치법(地方自治法) 등에서 중의원, 참의원, 지방의회의원 등 선출직 공무원의 선거제도를 규정하였다. 그러나 각급 선거에 관한 조문을 통합하여 공정하고 평등한 선거제도를 확립할 목적으로 쇼와 25년 4월 15일(1950년) 법률 제100호로 공직선거법(公職選擧法)을 제정하였다.

중의원선거의 경우 공직선거법이 중선거구제를 채택하면서 1994년까지 중선거구제하에서 선거가 시행되었고, 선거구획정을 위한 별도의 선거구획정기구는 존재하지 않았다.[30] 다만 선거구 재획정이 필요한 경우 국회가 공직선거법 관련 규정을 개정하는 것으로 그 필요를 충족하였다. 이후 1994년 공직선거법을 개정하여 중선거구제에서 소선거구비례대표양립제로 중의원 선거제도를 변경하였고 중의원의원선거구획정심의회설치법(衆議院議員選擧區畫定審議會設置法)을 제정하여 중의원 소선거구 선거의 선거구 획정을 위한 기구로 중의원의원선거구획정심의회(衆議院議員選擧區畫審議會)를 신설하였다. 참의원선거의 경우 원칙적으로 도도부현(都道府県)을 하나의 선거구로 하기 때문에[31] 별도의 선거구 획정절차나 기구를 필요로 하지 않는다.

2) 중의원선거구획정심의회의 구성

중의원선거구획정심의회설치법(이하 심의회설치법) 제2조는 중의원선거구획정심의회(이하 심의회)가 중의원선거구의 개정에 관하여 조사·심의하여 필요하다고 인정하는 경우 선거구개정안을 작성하여 내각총리대신에게 권고할 수 있음을 규정하고 있다.[32]

---

29) Ohio A. Philip Randolph Inst. v. Householder, 373 F. Supp. 3d 978, 1025－62 (S.D. Ohio 2019), va－cated and remanded, Chabot v. Ohio A. Philip Randolph Inst., 140 S. Ct. 102 (2019).

30) 소은영, "일본의 선거구획정에 대한 헌법적 검토", 헌법재판소 헌법재판연구원, 2019, 11쪽.

31) 공직선거법 제14조는 참의원선거의 선거구 및 선거해야 할 의원의 수를 별표 제3으로 정한다고 규정하고 있고, [별표 3]은 선거구를 각 도도부현으로 정하고 있다.

심의회는 내각부에 소속되는데(제1조),[33] 내각부는 내각의 중요정책에 관한 사무를 돕는 것을 임무로 하는 행정부의 부서이다. 심의회의 조직과 관련하여, 심의회 의원수는 7인으로 국회의원이 아닌 자 중에서 식견이 높고 중의원 소선거구 선출 의원의 선거구의 개정에 관하여 공정한 판단을 할 수 있는 자를 중의원과 참의원의 동의를 얻어 내각총리대신이 임명한다(제6조).[34] 위원의 임기는 5년이며 심의회는 상설기구로서 활동한다.

심의회 회의 및 심의경과의 정보공개와 관련된 내용의 세부적인 사항은 중의원의원선거구획정심의회의 운영에 관한 합의(衆議院議員選挙区画定審議会の運営についての申合せ)에서 규정된다. 위 합의 중 특히 선거구획정절차의 공개에 관한 내용을 중심으로 살펴본다. 위원의 솔직한 의견교환 및 공정한 판단을 보장하기 위하여 회의는 원칙적으로 비공개이지만, 심의경과는 공개된다. 회의 종료 후 심의회 사무국에서 의사의 요지를 작성하고 신속하게 공표한다. 심의회에 제출된 자료는 원칙적으로 공표하나 구체적인 선거구 분할과 관련된 사항을 제외된다. 심의회 회의록은 정보공개 요구가 있더라도 개정안 권고 이전에는 공개하지 않으나 권고 이후에는 발언자의 성명을 제외하고 공개하는 것이 원칙이다. 회의록을 제외한 심의경과, 참고자료 등은 총무성 홈페이지[35]를 통해 공표한다. 공표된 자료에는 각 선거구의 인구조사결과, 인구편차 등이 포함되어 있으며, 관계 도현지사(都県知事)가 개진한 의견사항들도 정리하여 공개된다.

3) 중의원선거구획정심의회의 운영

현재 심의회[36]는 2019년 4월 11일 임기가 시작되어 5년이 경과한 레이와 6년(2024

---

32) 제2조 심의회는 중의원소선거구선출의원의 선거구를 개정함에 관하여, 조사심의하여 필요하다고 인정되는 경우에 그 개정안을 작성하여 내각총리대신에게 권고할 수 있다.

33) 제1조 내각부에 중의원의원선거구획정심의회를 둔다.

34) 제6조 ① 심의회는 의원 7인으로 조직한다.

　② 위원은 국회의원 이외의 자로서, 식견이 높고 중의원소선거구선출의원의 선거구를 개정함에 관하여 공정한 판단을 내릴 수 있는 자 중 양 의원의 동의를 얻어 내각총리대신이 임명한다.

35) https://www.soumu.go.jp/main_sosiki/singi/senkyoku/senkyoku_shingi.html (최종검색일 2022. 2. 1.)

36) 심의회 위원구성 등 내용에 관하여 일본국 총무성 홈페이지 내 선거구획정심의회 부분 참조, https://www.soumu.go.jp/main_sosiki/singi/senkyoku/senkyoku_shingi.html (최종검색일 2022. 2. 1.)

년) 4월 10일 임기가 종료된다. 심의회는 加藤　淳子(かとう　じゅんこ 도쿄 대학 대학원 법학 정치학 연구과 교수), 川人　貞史(かわと　さだふみ 테이쿄 대학 법학부 교수), 久保　信保 (くぼ　のぶやす 일반재단법인 지자체 위성통신기구 이사장), 宍戸　常寿(ししど　じょうじ 도쿄 대학 대학원 법학 정치학 연구과 교수), 住田　裕子(すみた　ひろこ 변호사), 髙橋　滋(たかは し　しげる 호세이 대학 법학부 교수), 宮崎　緑(みやざき　みどり 지바상과대학교수)의 7인 으로 구성되어 있다. 교수, 법학자를 중심으로 구성되어 있으며, 현 심의회 임기 이전 심의회들도 대부분 교수나 법률가를 위원으로 하였다.

심의회는 심의회설치법 제4조37)에 따라 인구조사결과가 관보에 공시된 때로부 터 1년 이내에 선거구획정에 관한 개정안을 작성하여 내각총리대신에게 권고하고 있 다. 헤이세이 6년, 13년, 25년, 29년(각 1994년, 2001년, 2013년, 2017년)에 심의회가 작성 한 선거구 개정안이 내각총리대신에게 제출되었다. 심의회 획정안은 법령상 권고의 효력을 갖지만, 관행상 심의회의 권고안대로 공직선거법이 개정되어 국회에서 의결 된다.38)

4. 평가

영국의 선거구획정위원회는 기관의 중립성을 강조하면서 당파적 이해관계 및 정치 적 압력을 최대한 배제하고 있다. 선거획정위원회 위원 및 보조위원들의 경력 또한 다 양하여 위원회의 전문성을 제고한다. 예를 들어 2021년 기준 BCE 위원 4인 중 1인은 공무원 출신으로 30년간 국토개발부, 보건복지부 등 다양한 정부부처에서 근무한 공 무원 경력을 보유하고 있다.39) BCE 보조위원들의 경우 법률전문가뿐만 아니라 도시 계획전문가, 경찰, 정보기술전문가, 내부무 공무원 등의 다양한 경력을 지닌 전문가로 구성되어 있다. 아울러 BCE에서는 전문가인 통계위원회와 국립지리원장이 평가업무

---

37) 제4조 ① 제2조의 규정에 의한 권고는, 국세조사(통계법 제5조 제2항 본문의 규정에 의해 10년마다 행해지 는 국세조사에 한정한다.)의 결과에 의한 인구가 최초로 관보로 공시된 날로부터 1년 이내에 실시하는 것 으로 한다.

② 전항의 규정에도 불구하고, 심의회는 각 선거구의 국세조사(「통계법」 제5조 제2항 단서의 규정에 따라, 전 항의 국세조사가 실시된 해부터 5년째에 해당하는 해에 실시되는 국세조사에 한한다.)의 결과에 따른 일본 국 민의 인구 중 그 가장 많은 것을 가장 적은 것으로 나누어 얻은 수가 2 이상이 된 때에는 당해 국세조사의 결 과에 따른 인구가 최초로 관보에 공시된 날로부터 1년 이내에 제2조의 규정에 의한 권고를 실시한다.

38) 소은영, 위의 논문(주 30), 21쪽.

39) Colin Byrne.

를 수행하면서 선거구획정의 주요정보를 제공하고 관련 문제해결을 돕는다. 상설 위원회로 장기에 걸쳐 선거구를 획정하고 관련 보고서를 작성한다는 점도 주목할 만하다. 선거구획정안은 약 5~8년 주기로 제출되는데, 선거구획정위원회는 위 기간 동안 충분히 의견을 수렴하고 획정안에 반영하여 이해관계인들의 의사를 조정하는 과정을 거친다. 공직선거법상 국회의원 선거일 18개월 전에 구성되어 임시로 활동하는 한국의 선거구획정위원회와는 대조적이다. 또한 영국의 선거구획정위원회는 선거구획정절차의 정보공개에도 매우 적극적이다. 공개협의절차에서 선거구획정위원회가 수렴한 의견과 관련 문건은 모두 공개되는데, 연간보고서와 뉴스레터를 통해 이를 쉽게 확인할 수 있다. 선거구획정위원회는 다양한 방법을 통해 1차적으로 의견을 수렴하고, 온라인을 통해 이에 대한 반박의견을 제출할 기회를 모든 유권자에게 제공하는 등 절차적 참여를 두텁게 보장한다.

　미국의 선거구획정주체를 이해하기 위해서는 거대 양당을 중심으로 한 정치문화에 대한 고려가 필요하다. 미국의 경우 당파적 게리멘더링을 피하고 민주당과 공화당 간 정치적 알력을 어떻게 조정할지에 초점을 맞추고 있다. 민주당과 공화당, 그리고 소수당의 위원 후보를 어떻게 배분하는지를 중심으로 선거구획정주체의 구성방법이 상이하게 달라진다. 한편 캘리포니아주와 같이 시민참여를 확대하여 시민지원자 중 선거구획정위원회 위원을 선출하는 방식도 특징적이다. 한국의 경우 국회를 통해 간접적으로 유권자가 선거구획정에 대한 정치적 의사를 표현하지만, 캘리포니아주의 경우 시민이 직접 선거구획정의 주체로 참여한다.[40] 한편 입법부와 행정부 외에 사법부가 적극적으로 선거구획정주체로 활동하는 경우도 있다. 아이오와주 등 일부 주에서는 선거구획정이 교착될 경우 사법부가 선거구획정 과정에 직접 개입한다. 반면 한국의 경우 사법부는 선거구획정이 평등원칙에 위반되는 등 소송이 제기될 경우 획정된 선거구에 대한 사후평가를 통해 간접적으로 선거구획정에 관여할 뿐이다. 이는 미국의 사법부가 정치적인 성격을 띠고 있는 것과도 유관하다. 미국의 경우 대부분 주에서 판사를 선출하고 판사를 임명하는 경우에도 대통령, 상원의원, 주지사 등이 정치적 관점에서 임명한다.[41] 따라서 사법부가 정치적 문제에 개입하는 것이 한국이나 영국보다

---

40) 이를 참여민주주의의 실현 및 대의제 보완방안으로 평가하는 견해로, 김영진, "미국에서의 선거구획정 및 게리맨더링에 관한 법적 논의: 우리의 국회의원 지역선거구획정 관련문제에의 시사점", 고려법학 제80호, 2016, 60쪽.

자연스럽다.

일본의 경우 종래 국회의 법령 개정으로 선거구를 획정하였으나 전문성과 독립성을 확보하기 위해 내각에 소속된 전담기구를 창설하였다. 5년 임기의 상설기구라는 점에서 한국보다 안정적인 환경에서 장기적인 관점으로 선거구 획정업무를 수행할 수 있다. 그러나 자민당이 장기집권한 일본의 정치환경을 고려할 때, 선거구획정위원회의 독립성이 담보될 수 있는지 의문이다. 선거구획정위원회의 위원은 내각총리대신이 국회의 동의를 받아 임명하고, 선거구획정위원회는 내각에 소속되므로 구성과 소속 모두 독립성을 기대하기 어렵다.[42] 한편 정보공개와 국민참여 과정도 미흡하다. 영국의 경우 시민 개인이 제출한 의견조차 모두 공개되고 이에 대한 반박기회가 부여되는 반면, 일본의 경우 국민참여에 대한 법령상 근거를 찾아보기 어렵다. 특히 일본의 선거구획정위원회는 여론에 휘둘리지 않고 독립적으로 의사를 개진한다는 취지에서 원칙적으로 회의록을 비공개하고, 자료와 심의경과도 일부만을 공개하고 있다. 그러나 선거구획정 절차는 그 자체로 다양한 이해관계인의 의사를 조정하고 정치적 갈등에 대한 합의를 도출하는 과정이다. 일본의 사례와 같이 정보의 비공개와 절차의 폐쇄성을 강조하는 것은 절차적 정당성을 약화시킬 우려가 있다.

III. 한국의 선거구획정주체와 절차

1. 선거구획정위원회의 설치와 운영

1) 개정 공직선거법과 선거구획정위원회

한국의 선거구획정위원회에는 국회의원선거구획정위원회와 자치구·시·군의원선거구획정위원회가 있으나, 이하에서는 국회의원선거를 중심으로 선거구획정기준과 획정 절차를 살펴본다. 국회의원선거구획정위원회(이하 '획정위원회')는 1994년 제정된 통합선거법 제24조 및 선거구획정위원회 구성 및 운영 등에 관한 규칙을 근거로 국회 내에

---

41) 강휘원, "영국과 한국의 선거구획정위원회-정치적 환경, 운영, 개혁방향"-, 한국정치학회보, 36(4), 2002, 349쪽.

42) 반면 구성과 운영의 형식과 별개로 실질적으로 심의회의 독립성이 유지되고 있다는 견해로, 소은영, 위의 논문(주 30), 21쪽.

최초로 설치되었다. 15대 국회의원 선거에서는 획정위원회가 최초로 총선을 위한 선거구 획정안을 마련하였다. 이후 정치적 중립성을 보장하고 선거관리 주무기관의 전문성을 활용하자는 취지에서 공직선거법을 개정하여 획정위원회를 중앙선거관리위원회의 독립기구로 설치하였다.[43] 국회의원 선거의 선거구획정안은 획정위원회에서 마련하는데, 획정위원회는 중앙선거관리위원회 소속이지만 직무에 관하여 독립한 지위를 갖는다(공직선거법 제24조, 국회의원선거구획정위원회의 설치 및 운영에 관한 규칙 제2조). 획정위원회는 국회의원 선거일 18개월 전부터 국회의원 지역구의 명칭과 구역이 확정되어 효력이 발생되는 날까지 설치 및 운영되는 임시조직이다(공직선거법 제24조 제1항).

2) 구성과 운영

획정위원회는 총 9명으로 구성되는데, 구성원의 다양성을 위해 학계, 법조계, 언론계 등의 추천인사를 위원에 포함시키고 있다. 보다 구체적으로 국회의 소관 상임위원회 또는 특별위원회는 중앙선거관리위원회위원장이 지명한 1명과 학계, 법조계, 언론계, 시민단체, 정당 등으로부터 추천받은 사람 중 8명을 의결로 선정하여 중앙선거관리위원회위원장에게 통보하고, 위 위원장은 통보된 사람을 위원으로 위촉한다(공직선거법 제24조 제4항). 위원장은 위원 중에서 호선한다(공직선거법 제24조 제3항). 다만 국회의원과 정당의 당원은 위원이 될 수 없는데, 정당의 당원은 획정위원회 설치일로부터 과거 1년 동안 당원이었던 사람을 포함한다(공직선거법 제24조 제7항). 당파적 게리멘더링을 최대한 방지하고 선거구획정의 공정성을 확보하기 위한 규정이다. 획정위원회의 회의록은 속기록을 포함하여 원칙적으로 비공개되고, 공개회의를 개최한 경우에만 회의록이 공개된다.

[획정위원회 위원의 위촉 절차][44]

<hr>

43) 공직선거법, 법률 제13334호, 2015. 6. 19. 시행.

44) 국회의원선거구획정위원회, 제21대 국회의원선거 선거구획정 백서, 2020, 38쪽.

한편 획정위원회의 업무를 지원하기 위해 획정위원회 설치 30일 전부터 사무국을 둘 수 있다(공직선거법 제24조 제12항). 사무국은 중앙선거관리위원회 소속 공무원으로 구성된다. 사무국은 선거구획정 관련 자료의 수집·검토, 획정위원회 지원 및 사무국 운영, 보안업무 및 문서관리에 관한 사무, 예산의 집행 등 선거구획정업무에 필요한 사무를 수행한다.[45] 관련하여 선거구획정을 위한 기초자료를 확보하기 위해 사무국은 행정자치부 등 유관기관과 협조하여 인구수, 행정구역 현황 및 전자지도 파일 등에 관한 자료를 제공받는다.[46] 선거구획정 지원프로그램의 기초자료인 셈이다.

2. 선거구획정절차

1) 활동기간

획정위원회는 국회의원 선거일 18개월 전에 임시로 구성되는데, 재적위원 3분의 2 이상의 찬성으로 의결한 획정안과 관련 내용이 기재된 보고서를 국회의원 선거일 전 13개월까지 국회의장에게 제출하여야 한다(공직선거법 제24조 제1항, 제11항). 산술적으로 획정안 준비가 가능한 기간이 5개월에 불과하여, 선거에 임박해서 선거구를 획정하게 된다. 제1차 획정위원회(제15대 총선)는 1995년 3월 3일부터 4월 10일까지 38일, 2차 획정위원회(제16대 총선)는 2000년 1월 22일부터 1월 28일까지 7일, 제20대 총선 획정위원회는 2015년 7월 15일부터 2016년 3월 3일까지 232일, 제21대 총선 획정위원회는 2018년 12월 7일부터 2020년 3월 11일까지 461일간 활동하였다. 13개월 전까지 획정안을 제출하도록 하는 공직선거법의 규정도 준수되지 않고 있다. 제20대 총선 획정위원회의 경우 획정안 제출이 지연되어 대국민 성명서가 발표되기도 하였고, 총선이 불과 세 달 남은 시점에서도 합의에 실패하였다. 당시 획정위원회는 2016년 2월 28일에야 2016년 4월 13일 치러질 총선의 선거구획정 보고서를 채택하였다.[47] 제21대 총선 획정위원회 역시 획정안법정제출기한을 경과하여 보고서를 제출하였다. 획정위원회는 2020년 4월 15일 총선을 앞두고 2020년 3월 3일 최초 보고서를 제출하였는데, 국회 행정안전위원회의 재획정 요구로 불과 3일 만인 3월 6일 수정 보고서를 채택하여 제출하였다.[48]

---

45) 위의 자료(주 44), 57쪽.
46) 위의 자료(주 44), 65쪽.
47) 국회의원선거구획정위원회, 제20대 국회의원선거 선거구획정 백서, 2016, 33쪽.

2) 의견수렴절차와 획정안 제출

획정위원회는 공청회를 개최하여 전문가의 의견을 청취하고, 국회에 의석을 가진 정당 및 지역 현지의 의견 등을 청취한다. 21대 국회의원선거 당시에는 국회에 의석을 가진 정당과 대한지리학회, 한국공법학회, 한국정치학회, 한국행정학회에서 각 1명씩 총 11명의 진술인이 참석하여 공청회를 진행하였다.[49] 지역 현지 의견은 7개 도 지역을 방문하면서 국회에 의석을 가진 정당과 지방자치학회, 지역 시민단체의 추천을 받아 진술인을 선정한다.[50] 그밖에도 국민신문고, 전화, 청원 및 건의서 등을 통한 민원도 선거구획정안 결정에 고려된다.[51]

이후 획정위원회는 선거구획정 지원프로그램(시뮬레이션)의 보조를 받아 획정기준을 토대로 선거구 조정지역 선정과 선거구 조정방안을 합의한다. 획정위원회는 최종 합의결과를 반영하여 선거구획정보고서를 작성하여 위원회 의안으로 상정하고, 법상 의결정족수인 재적위원 2/3 이상의 찬성으로 의결하여 국회의장에 제출한다(공직선거법 제24조 제11항). 이후 국회의장은 제출된 선거구획정안을 소관 상임위원회 또는 특별위원회에 회부하고, 회부받은 위원회에서 이를 심사하여 선거구법률안으로 제안한다.

국회는 원칙적으로 획정위원회가 제출한 획정안을 그대로 반영하여야 한다(공직선거법 제24조의 2 제3항). 다만 국회는 획정안이 공직선거법상 기준에 명백하게 위반되어 재적위원 2/3 이상의 찬성이 있는 경우, 선거구획정안을 다시 제출하여 줄 것을 한차례 요구할 수 있다. 국회에서는 선거구법률안을 수정 없이 표결하는데, 국회의원지역선거구구역표가 포함된 선거구 개정 법률이 공포되면 획정위원회의 활동도 종료한다(공직선거법 제24조의 2 제1항, 제6항).

3. 선거구획정 지원프로그램

인구수와 지도정보를 통합하여 실시간 시뮬레이션으로 최적의 선거구획정안을 제시하고 선거구획정의 공정성을 제고하기 위한 취지에서, 제21대 총선의 획정위원회는

---

48) 국회의원선거구획정위원회, 제21대 국회의원선거 선거구획정 백서, 2020, 28쪽.
49) 위의 자료(주 48), 70쪽.
50) 위의 자료(주 48), 73쪽.
51) 위의 자료(주 48), 78쪽.

지원프로그램(시뮬레이션)을 활용하였다.[52] 프로그램 개발과 운영에는 정부기관이 다수 협력하는데, 행정안전부는 주민등록 통계 자료(인구기준일 이후 읍, 면, 동 등 행정구역 변경 현황 제공), 한국지역정보개발원은 행정도 지도(매월 말일 행정도 지도 데이터 제공), 국토지리정보원은 전자지도(국가공간정보를 국가행정망을 통해 제공, 전국 항공지도일반지도·백지도 최신 자료 제공), 중앙선거관리위원회 정보기반과는 정보자원(운용 서버, 네트워크 및 소프트웨어 지원, 국토지리정보원 전자지도 활용을 위한 행정망 네트워크 지원, 네트워크 운영 및 접속 권한 관리를 통한 정보 보안 관리)을 지원한다.[53]

　　선거구획정 지원프로그램은 크게 ① 구역조정 및 경계조정 기능, ② 선거구지도 다운로드 기능(위원회 논의 시 참고자료로 활용), ③ 선거구구역표 추출기능을 수행한다. 위 ①의 경우 선거구 구역과 경계를 조정하는데, 선거구획정 시 자동으로 인구수가 계산되고 행정구역, 지세, 교통여건, 생활권역 등을 실시간으로 확인할 수 있다. 필요한 경우 지도를 확대 또는 축소하여 고려요소를 확인하고, 여러 대안을 비교 및 검토하는 기능도 포함되어 있다.[54] 획정위원회는 지원프로그램을 통해 선거구를 시뮬레이션한 후 선거구별 지도자료를 다운로드하여 위원회 논의에 참고한다.[55] 다만 현행 지원 프로그램은 인구수 자료를 시각적으로 지도와 통합하는 데에 그친다는 한계가 있다. 미국의 사례처럼 시뮬레이션을 통해 프로그램 자체에서 인구, 인종, 종교, 정치적 성향 등을 고려한 획정안 자체를 제시하는 기능은 없는 것으로 보인다.

---

52) 위의 자료(주 48), 220쪽.
53) 위의 자료(주 48), 225쪽.
54) 위의 자료(주 48), 222쪽.
55) 위의 자료(주 48), 222쪽.

[프로그램 화면 구성도]56)

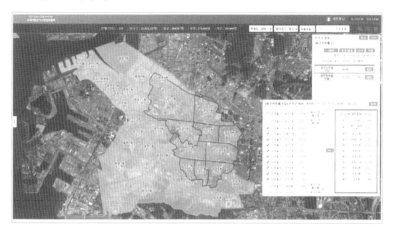

Ⅳ. 비교법적 검토와 개선방안

1. 비교법적 검토와 현행 제도의 문제점

1) 획정위원회의 구성과 민주적 정당성

한국의 경우 국회 소관상임위원회 또는 특별위원회에서 의결로 위원을 선정한다는 점에서, 국회는 획정위원회 구성에서 주도적인 영향력을 행사한다. 정치적 이해관계를 선거구획정에 어떻게 반영하는 것이 민주적인지에 대한 관점에 따라 국회와 획정위원회의 관계 설정을 전혀 다르게 구상하게 된다. 국회와 정당은 선거구획정에 가장 밀접한 이해관계를 갖는 당사자이다. 이에 당파적 이해관계와 무관하게 투표가치가 정당하게 반영될 수 있도록 국회로부터의 독립성이 강조되어야 한다는 관점이 존재할 수 있다. 반면 민주적 정당성에 중점을 두어, 국회와 정당이 선거구획정과정에 개입하여 이해관계를 조정하는 과정에서 유권자의 의사를 대변하고 결과적으로 대의제 민주주의 실현에 기여한다고 볼 여지도 존재한다. 관련하여 국회가 민주적 정당성을 갖는 국민의 대표라는 점에서 선거구획정 과정에서 국회 및 정당의 영향을 완전히 배제하는 것은 가능하지 않으며 바람직하지도 않다고 보는 견해,57) 선거구획정의 공정성 확보

---

56) 위의 자료(주 48), 222쪽.

를 위해 정당의 영향을 가급적 최대한 배제하여야 한다는 견해[58]가 제시된 바 있다.

대의제 민주주의하에서 국회는 민주적 정당성을 지닌 기관으로, 국민의 의사를 가장 잘 대변할 수 있는 지위에 있다. 현행 공직선거법상 정당은 정치적 도관(導管)으로 이들을 지지하는 유권자의 의사가 반영될 수 있도록 최선을 다하게 되고,[59] 이해관계를 조정한 민주적 합의의 결과물로 선거구가 획정된다. 영국 및 미국의 사례와 비교해 보더라도, 대법관과 내각이 위원을 임명하는 영국의 BCE나 시민지원자 후보 중 무작위로 위원을 선발하는 캘리포니아주 선거구획정위원회의 위원구성방식보다 현행 공직선거법상 구성방식이 보다 민주적 정당성을 담보하기에 적합하다. 선거구획정의 공정성은 획정위원회의 운영과 획정안 결정 과정의 독립성과 전문성을 강조하는 것으로도 달성될 수 있다.

2) 비상설기구로서의 한계

앞서 살펴본 바와 같이 획정위원회는 국회의원 선거일 18개월 전에 임시로 구성되고 국회의원 선거일 전 13개월까지 보고서를 국회의장에게 제출하여야 한다. 이처럼 활동기한이 짧아 획정위원회는 선거구획정 과정에서 충분한 시간과 정보를 갖고 의견을 수렴하거나 조정하기 어려운 태생적 한계가 있다. 역대 보고서 제출 시기만 놓고 보더라도 획정위원회는 제20대와 제21대 총선 당시 법정제출기한을 경과하여 촉박하게 획정안을 제출하였다. 반면 영국의 경우 5~8년의 장기에 걸쳐 선거구를 획정하고, 일본의 경우에도 5년 임기의 상설기구로 선거구획정위원회를 설치하여 충분한 심의가 이루어지도록 활동기간을 보장하고 있다.

3) 위원의 다양성과 전문성 강화의 필요성

획정위원회 위원의 다양성과 전문성에 대한 보완이 필요하다. 제20대 국회의원선거 지역선거구 획정 당시 획정위원회는 주로 정치·행정·법학과의 교수로 구성되었는

---

57) 지병근, 선거구 획정의 정치 과정: 제21대 국회의원 선거구 획정 사례 분석, 한국정당학회보, 20(1), 2021, 115−116쪽; Cain, Bruce E., Redistricting commissions: A better political buffer, Yale LJ 121, 2011, 1808쪽.

58) 김종갑, 2020년 총선 선거구획정위원회 구성 및 운영 관련 쟁점 및 고려사항, 한국정치학회보, 32(4), 2018, 1513쪽.

59) 헌법재판소 2020. 4. 23. 선고 2018헌마551 결정.

데,[60] 정작 선거구획정의 중요요소인 통계나 지리전문가는 포함되지 않았다. 제21대의 경우에도 크게 다르지 않아, 주로 정치·행정학과의 교수 및 변호사로 구성되었다.[61] 이처럼 통계 및 지리 분야의 비전문가인 위원들을 대상으로 제21대 총선의 획정위원회에서 전문성 제고를 위해 추진한 사항은 ① 제20대 선거구획정 시 쟁점지역의 사례를 연구하고, ② 고려요소의 개념 및 우선순위를 정립하는 것뿐이었다. 이와 달리 영국 BCE의 경우 전문성을 제고하기 위해 통계위원회와 국립지리원장이 평가자 자격으로 선거구획정 과정에 참여하여 전문지식을 제공한다. 한편 획정위원회는 사무국 구성에 필요한 경우 국가기관과 소속 공무원의 파견을 요청할 수 있으므로, 정부 전문가의 협조를 통해 전문성을 보완할 방법이 충분하였다. 그러나 20대 총선 당시 획정위원회는 전문가 파견도 요청하지 않았다.[62] 다만 선거구획정에 필요한 인구수와 행정구역현황 등 자료를 행정자치부와 국토교통부에 요청하여 업무에 활용하였을 뿐이다.[63]

2. 개선방안

각국의 선거구획정위원회는 고유한 정치문화 속에서 전문성과 독립성, 민주적 정당성 간 긴장관계를 균형있게 유지하기 위해 노력하고 있다. 이러한 비교법적 검토를 기초로, 한국의 획정위원회에 대한 개선방안을 다음과 같이 제안한다.

첫째, 획정위원회의 상설기구화가 필요하다. 선거구획정과정에서 충분한 시간적 여유를 갖고 다양한 정치적 이해관계를 획정안에 반영할 필요가 있다. 그러나 현행 획정위원회는 임시기구로 장기에 걸쳐 획정안을 준비하기 어렵고, 활동기간마저 짧아 급박하게 획정안을 작성하게 된다. 특히 제21대 총선의 경우 불과 총선까지 한달 남짓

---

60) 9인 중 7인이 교수로 국제관계학과 교수, 행정대학원 교수, 정치외교학과 교수, 행정학과 교수, 국제관계학부 교수, 법학전문대학원 교수, 국가정책대학원 교수이다. 나머지 2인은 중앙선거관리위원회 기획조정실장과 한국여성단체연합 상임대표 경력을 지니고 있다; 국회의원선거구획정위원회, 제20대 국회의원선거 선거구획정 백서, 2016, 44쪽.

61) 9인 중 5인이 교수로 공공인재학부 교수, 정치외교학과 (부)교수 2인, 행정학과 교수, 국가정책대학원 산학협력중점교수로 구성되어 있다. 2인은 변호사, 1인은 중앙선거관리위원회 사무차장, 1인은 한국여성단체연합 국제연대센터 소장(2018년 11월 30일 위촉 직후 사의를 표명하여 2018년 12월 5일 해촉되었다) 경력을 지녔다; 국회의원선거구획정위원회, 제21대 국회의원선거 선거구획정 백서, 2020, 52쪽.

62) 국회의원선거구획정위원회, 제20대 국회의원선거 선거구획정 백서, 2016, 43쪽.

63) 위의 자료(주 48), 43쪽.

남은 상황에서 국회 행정안전위원회에서 재획정을 요구하자 획정위원회는 3일만에 수정 보고서를 제출하기도 하였다.[64] 수정 보고서에 대한 충분한 검토가 이루어졌는지 의문이다. 이에 획정위원회를 상설기구화하고, 총선시기에 맞추어 매 국회의원 임기마다 선거구 획정안 및 기존 선거구획정안에 대한 평가, 관련 보고서 등을 제출할 필요가 있다.

둘째, 획정위원회 구성의 다양성과 전문성을 제고할 필요가 있다. 현행 획정위원회의 대다수는 정치·법학·행정학과 교수 및 법률전문가로 구성되어 있다. 선거구획정에는 행정구역, 지세, 교통여건, 생활권역 등 다양한 요소가 고려되어야 하고, 위와 같은 요소를 적절하게 해석하기 위해서는 지리나 통계적 지식이 필요한 경우가 많다. 그러나 현행 획정위원회와 같이 위원들의 전문분야가 편중되어 있을 경우, 다양한 정보와 다양한 가치를 적절하게 고려하기 어려울 우려가 있다. 이처럼 전문성과 다양성을 강화하여 투표가치가 훼손되지 않도록 적절한 선거구를 획정하는 일은 결국 대의제 민주주의를 강화하는 길이 된다.

셋째, 선거구획정알고리즘을 적극적으로 활용하는 방안도 검토해 볼 필요가 있다. 미국의 경우 선거구획정위원회의 전문성을 제고하기 위해 선거구획정안 작성 시 알고리즘을 활용하여 시뮬레이션하고 있다. 실증 데이터가 공개되어 있어 관련 연구도 활발하다. 보다 구체적으로 선형계획법, 집합피복문제/집합분할문제, 유전자 알고리즘과 같은 메타휴리스틱 기법 등을 비롯하여 어떤 알고리즘이 보다 공정하게 선거구를 획정할 수 있는지 논의가 한창이다.[65] 그러나 한국의 경우 알고리즘 개발에 필요한 실증 데이터가 공개되어 있지 않아, 미국의 실증데이터를 기초로 알고리즘을 연구하는 있는 단계에 머물러 있다.[66] 아울러 획정위원회의 지원프로그램에 접근하기 어려워, 알고리즘을 활용하는지, 알고리즘이 도입되어 있다면 어떤 고려요소들을 구체적으로 어떻게 반영하는지 확인할 수 없다.

선거구획정알고리즘을 보다 적극적으로 활용한다면 프로그램의 보조를 받아 인구수뿐만 아니라 행정구역, 지세, 교통여건, 생활권역 등 다양한 요소를 보다 세밀하게 고려할 수 있어 전문성을 제고할 수 있다. 아울러 활동기간 역시 선거구획정알고리즘

---

64) 국회의원선거구획정위원회, 제21대 국회의원선거 선거구획정 백서, 2020, 28쪽.

65) 이상운, 선거구 획정 문제의 분할정복 알고리즘, 한국컴퓨터정보학회논문지, 20(12), 2015, 101쪽.

66) 위의 논문(주 48), 101쪽.

을 통해 효율적으로 활용할 수 있다는 장점이 있다. 획정위원회가 선거구획정알고리즘을 통해 획정안 시뮬레이션에 소요되는 시간을 크게 단축할 경우, 여론수렴절차와 이해관계인들의 갈등을 조정하는 데에 더 많은 시간을 투자할 수 있기 때문이다. 이는 결과적으로 절차적 정당성을 강화하고 보다 성숙한 합의를 이끌어내는 데에 기여하게 된다.

V. 결론

선거구획정주체는 결국 대의제 민주주의의 실현수단인 선거의 핵심요소를 결정할 권한을 누구에게 부여할 것인가의 문제이다. 이에 영국과 미국, 일본에서는 각국의 정치문화와 역사적 경험에 기초하여 선거구획정권한을 다양한 형태의 주체에게 위임하였다. 이를 검토하여 현행 획정위원회의 문제점을 진단하고 개선점을 살펴보았다. 현행 획정위원회는 민주적 정당성과 독립성의 균형을 고려하여 설계되었으나, 비상설기구로서의 한계가 명확하게 존재한다. 이에 상설기구로 안정적인 활동기간을 보장할 필요가 있다. 나아가 다양한 이해관계를 정확히 반영하기 위해서는 획정위원회 구성의 다양성과 전문성을 제고할 필요가 있다. 한편 최근 발전하고 있는 선거구획정알고리즘을 활용하여 획정위원회의 활동기간을 보다 효율적으로 활용하고, 획정위원회의 전문성을 강화할 수 있다.

선거구획정은 결국 투표가치를 평등하게 보전할 수 있는 최적의 수를 찾는 작업이다. 최적의 선거구는 정치적 이해관계와 국민의 의사에 따라 매시점 변화하는 만큼, 완벽한 하나의 해답이 존재하기는 어렵다. 다만 선거구획정주체의 민주적 정당성과 절차적 정당성을 강화하여 제도를 개선하는 과정 속에서 대의제 민주주의를 보다 성숙하게 실현할 기반을 마련할 수 있다는 점에서 현행 제도의 개선점을 진지하게 검토할 필요가 있다.

참고문헌

〈국내문헌〉
단행본
김동희·최계영, 『행정법 I 』, 박영사, 2021
김철용, 『행정법』, 고시계사, 2014
박균성, 『행정법론(上)』, 박영사, 2019
박정훈, 『행정법의 구조와 기능』, 박영사, 2008
성낙인, 『헌법학』, 법문사, 2018
이용복, 『선거법강의』, 박영사, 2021
장영수, 『헌법학』, 홍문사, 2017

논문
강휘원, "영국과 한국의 선거구획정위원회-정치적 환경, 운영, 개혁방향"-, 한국정치학회보, 36
     (4), 2002
_____, "투표의 등가성을 위한 선거구획정의 정치와 기법", 한국정치학회보, 35(2), 2001
_____, "제20대 국회의원 선거구획정의 지역대표성 강화 방안", 한국정치연구, 24(2), 2015
_____, "일본 선거구획정의 사법적 구제", 대한정치학회보, 14(2), 2006
김명진, 김감영, "공간 최적화 기법을 이용한 국회의원 선거구 획정" -용인시를 사례로-, 대한지
     리학회지, 48(3), 2013
김영진, "미국에서의 선거구획정 및 게리맨더링에 관한 법적 논의: 우리의 국회의원 지역선거구획
     정 관련문제에의 시사점", 고려법학 제80호, 2016
김종갑, 2020년 총선 선거구획정위원회 구성 및 운영 관련 쟁점 및 고려사항, 한국정치학회보, 32
     (4), 2018
서복경, "선거구획정: 해외제도와 적용사례", 입법과정책 제7권 제1호, 2015
소은영, "일본의 선거구획정에 대한 헌법적 검토", 헌법재판소 헌법재판연구원, 2019
송병권, "컴퓨터 시뮬레이션을 사용한 당파적 게리맨더링 분석-20대 국회의원 선거를 중심으로"
     -, 한국정당학회보, 17(4), 2018
성중탁, "우리나라 선거구 획정제도의 쟁점과 개선방안", 인권과 정의, 2020
이상운, "선거구 획정 문제의 분할정복 알고리즘", 한국컴퓨터정보학회논문지, 20(12), 2015
임기영, "미국의 선거구 획정에 관한 헌법적 쟁점과 최근의 변화", 헌법재판소 헌법재판연구원, 20
     20
임동근, "국회의원 선거구획정의 지리학적 고찰", 대한지리학회 학술대회논문집, 2016
정만희, "선거구획정의 기본문제-국회의원 선거구획정의 문제점에 관한 비교법적 검토", 공법학

연구, 13(3), 2012

지병근, "선거구 획정의 정치 과정: 제21대 국회의원 선거구 획정 사례 분석", 한국정당학회보, 20
   (1), 2021

〈국외문헌〉

Annie Lo, Citizen and Legislative Efforts to Reform Redistricting in 2018, Brennan Ctr. for Just.
   2018

Cain, Bruce E., Redistricting commissions: A better political buffer, Yale LJ 121 , 2011

Zhang, Emily Rong, Bolstering Faith with Facts: Supporting Independent Redistricting Commiss
   ions with Redistricting Algorithms, California Law Review, vol. 109, no. 3, 2021

〈자료〉

국회의원선거구획정위원회, 제20대 국회의원선거 선거구획정 백서, 2016

국회의원선거구획정위원회, 제21대 국회의원선거 선거구획정 백서, 2020

국회입법조사처, 국회의원 선거구획정의 문제점과 개선방향, 2012

중앙선거관리위원회 선거연수원, 각국의 선거제도 비교표: 별책, 2019

Boundary Commission for England, Initial Report, 1947

https://boundarycommissionforengland.independent.gov.uk/

https://www.soumu.go.jp/main_sosiki/singi/senkyoku/senkyoku_shingi.html

http://www.bcereviews.org.uk/

https://www.ncsl.org/

이공현 약력

1971	제13회 사법시험 합격
1973	사법연수원 제3기 수료
1973 – 1976	서울형사지방법원 판사
1976 – 1977	서울민사지방법원 판사
1978 – 1981	대전지방법원 금산지원 지원장
1982 – 1983	미국 Harvard Law School LL.M.(법학석사)
1983 – 1984	대구고등법원 판사
1984 – 1987	법원행정처 법무담당관
1988	대법원 재판연구관
1988 – 1991	부산지방법원 부장판사
1989	미국 Harvard Law School 방문교수(풀브라이트 연구기금)
1991 – 1993	사법연수원 교수
1993 – 1994	서울지방법원 민사부 부장판사
1994 – 1997	부산고등법원 부장판사
1997 – 1999	법원행정처 사법정책연구실장
1999 – 2001	대법원장 비서실장
2001 – 2003	서울지방법원 민사수석부장판사
2003 – 2005	법원행정처 차장
2005 – 2011	헌법재판소 재판관
2006 – 2011	베니스위원회 위원(2010 – 2011; 집행위원)
2014 – 2011	재단법인 여시재 감사
2017 –	현재 헌법재판소 자문위원회 위원
2018 –	현재 대법원 공직자윤리위원회 위원장
2011 –	현재 법무법인(유) 지평 명예대표변호사

법률의 지평 특별호

이공현: 공화와 공론

초판발행   2022년 10월 4일

발행인   김지형 · 박정식 · 양영태 · 윤성원 · 임성택
편집위원장   임성택
지은이   법무법인(유한) 지평
펴낸이   안종만 · 안상준

편 집   배근하
기획/마케팅   조성호
표지디자인   이수빈
제 작   고철민 · 조영환

펴낸곳   (주) **박영사**
             서울특별시 금천구 가산디지털2로 53, 210호(가산동, 한라시그마밸리)
             등록 1959. 3. 11. 제300-1959-1호(倫)
전 화   02)733-6771
f a x   02)736-4818
e-mail   pys@pybook.co.kr
homepage   www.pybook.co.kr
ISBN   979-11-303-4268-9   93360

정 가   20,000원